Introdução ao Direito Penal da Medicina

ERIC HILGENDORF

INTRODUÇÃO AO DIREITO PENAL DA MEDICINA

Tradução e notas
ORLANDINO GLEIZER

Marcial Pons

MADRI | BARCELONA | BUENOS AIRES | SÃO PAULO

Introdução ao Direito Penal da Medicina
Eric Hilgendorf

Título original
Einführung in das Strafrecht der Medizin

Tradução e notas
Orlandino Gleizer

Editoração eletrônica
Ida Gouveia / HBLYZ / Oficina das Letras®

CIP-Brasil. Catalogação na Publicação
Sindicato Nacional dos Editores de Livros, RJ

Hilgendorf, Eric
Introdução ao direito penal da medicina / Eric Hilgendorf ; tradução Orlandino Gleizer. - 1. ed. - São Paulo: Marcial Pons, 2019.

Tradução de: Einführung in das Strafrecht der Medizin
Inclui bibliografia e índice
ISBN 9788566722666

1. Direito penal. 2. Medicina. I. Hilgendorf, Eric. II. Gleizer, Orlandino. III. Título.

19-54844 CDU: 343.2

www.marcialpons.com.br

Impresso no Brasil

PRÓLOGO

O presente livro é um produto dos encontros sobre Direito Penal da Medicina que eu organizo desde 2001 na Universidade Julius-Maxilimilians em Würzburg. O público alvo não são apenas os juristas, mas também médicos e outros profissionais da área da saúde. Além disso, o livro se dirige a todos que se interessam pelos inúmeros problemas relacionados à Medicina e ao Direito Penal.

A fim de adequar o livro à diversidade desse público alvo, eu me esforcei para apresentar as ideias da forma mais clara e inteligível possível. Os vários quadros sinópticos e esquemas têm a função de facilitar a imersão no tema. Os detalhes dogmáticos, por outro lado, precisaram ceder lugar. Já as questões que envolvem concepções de mundo especialmente controversas, como a regulação jurídica da eutanásia, ao contrário, também foram precedidas por um panorama das evoluções históricas, a fim de possibilitar às leitoras e aos leitores uma opinião independente.

Meike Heinz e Susanne Beck (que, nesse ínterim, se tornou professora em Hannover) também participaram da criação desse livro, assim como Carsten Kusche e, sobretudo, Katharina May. Eu sou enormemente grato a todos eles. Kerstin Schmiedel e Marcel Gernert trabalharam nas notas de rodapé, e eu também sou muito grato a eles por isso.

Críticas construtivas são sempre bem-vindas! Peço, por favor, que sejam enviadas a hilgendorf@jura.uni-wuerzburg.de.

Veitshöchheim, janeiro de 2016.

ERIC HILGENDORF

NOTA DO TRADUTOR

Este livro do Prof. Dr. Dr. Eric Hilgendorf, que agora chega às mãos do leitor brasileiro, conjuga ao menos duas qualidades que, em minha visão, o tornam merecedor desta tradução: ao mesmo tempo em que apresenta uma exposição abrangente dos aspectos jurídicos relevantes do Direito Penal da Medicina, consegue ser claro também ao leitor sem formação jurídica. Ao evitar ao máximo o "juridiquês", que às vezes faz doer os ouvidos do leigo, o autor escreveu um livro também conveniente a profissionais da medicina e seus pacientes. Uma postura válida diante do fato de que, no Direito Penal da Medicina, se encontra um objeto de estudo que surgirá, volta e meia, na vida de qualquer pessoa. Esforcei-me para que a tradução refletisse esse cuidado do autor, e incluí notas de tradução (NT) sempre que as entendi fundamentais para a compreensão do leitor brasileiro.

Proveniente de uma família de médicos, pude aliviar um pouco daquela responsabilidade por ter escolhido o direito como profissão ao me dedicar, com muita satisfação, à tradução deste livro, que contribuirá, como acredito, para a discussão brasileira. Ao Prof. Dr. Dr. Eric Hilgendorf, agradeço a oportunidade e o apoio especial que tornaram esta tarefa acadêmica e este alívio pessoal possíveis.

Por fim, é necessário agradecer também a duas outras pessoas, sem as quais a vida na Alemanha não seria tão proveitosa e os resultados desta tradução, tão satisfatórios. Ao meu querido amigo Lucas Montenegro, sou grato não apenas pela leitura cuidadosa de mais esta tradução, mas também pela fiel parceria que eu poderia, sem exageros, qualificar de irmandade. Ao meu querido professor e amigo, Dr. Luís Greco, por dever o que sequer é possível expressar nestas linhas, dirijo então apenas meus sinceros agradecimentos pelos auxílios prestados em mais este projeto. E aos dois dedico esta tradução.

Berlim, agosto de 2018.

ORLANDINO GLEIZER

BIOGRAFIAS

PROF. DR. DR. ERIC HILGENDORF (Autor)

Nascido em 1960 em Stuttgart, Alemanha, terminou o segundo grau em Ansbach em 1980. Estudou Filosofia, História Moderna, Ciências Religiosas e Ciências Jurídicas na Universidade de Tübingen. Graduou-se nas áreas de Filosofia e História com trabalho sobre a "Evolução histórica da liberdade de expressão parlamentar na Alemanha" (Entwicklungsgeschichte der parlamentarischen Redefreiheit in Deutschland, Peter Lang, Frankfurt a.M. et alii, 1991). Em 1990, obteve o título de Doutor em Filosofia, com a tese "Argumentação na ciência jurídica: da recepção da filosofia analítica e da teoria crítica na investigação fundamental da ciência jurídica" (Argumentation in der Jurisprudenz: Zur Rezeption von analytischer Philosophie und kritischer Theorie in der Grundlagenforschung der Jurisprudenz, Duncker & Humboldt, Berlin, 1991). Em 1992, obteve o título de Doutor em Direito, com sua tese "Responsabilidade jurídico-penal pelo produto na 'sociedade de riscos'" (Strafrechtliche Produzentenhaftung in der 'Risikogesellschaft', Duncker & Humboldt, Berlim, 1993). Em 1997, obteve sua *venia legendi* na Universidade de Tübingen para as áreas de direito penal, direito processual penal e filosofia do direito, com sua tese de habilitação "Da delimitação entre proposições sobre fatos e juízos de valor no direito penal" (Zur Abgrenzung von Tatsachenaussagen und Werturteilen im Strafrecht, Duncker & Humboldt, Berlim, 1998). Após a habilitação como professor, foi Professor Titular de Direito Penal na Universidade de Kontanz; desde 2001, leciona na Universidade Julius-Maximilians de Würzburg, como Professor Catedrático de Direito Penal, Direito Processual Penal, Teoria do Direito, Direito da Informação e Informática

Jurídica. De 2010 a 2012, foi decano da Faculdade de Direito da Universidade de Würzburg. Seus principais âmbitos de pesquisa são a dogmática jurídico-penal geral, o direito penal da medicina, o direito penal biológico, o direito penal econômico e o direito penal da técnica. A isso se soma seu compromisso com a investigação sobre os fundamentos do direito (direito comparado, filosofia do direito, teoria do direito, bioética, história do pensamento jurídico e história do direito penal).

Orlandino Gleizer (Tradutor)

Nascido em 1989, no estado do Rio de Janeiro, graduou-se bacharel em Direito pela Pontifícia Universidade Católica do Rio de Janeiro (PUC-RJ) em 2012. Desde então, atua como advogado criminal no Brasil. Em 2015, obteve o título de Mestre em Direito pela Universidade Estadual do Rio de Janeiro (UERJ), com a dissertação "Sobre um possível papel do *compliance* criminal na aferição da culpabilidade penal das pessoas jurídicas". Mudou-se para a Alemanha em 2015, para cursar LL.M. em Direito na Universidade de Augsburg, para o qual apresentou a dissertação de mestrado "Diferentes problemas do monitoramento de telecomunicações" (Verschiedene Streitpunkte der Telekommunikationsüberwachung). Desde 2016, é assistente científico da cátedra do Prof. Dr. Dr. Eric Hilgendorf na Universidade Julius Maximiliam de Würzburg. Em 2017, iniciou seu doutorado em direito na Universidade Humboldt de Berlim, sob orientação do Prof. Dr. Luís Greco. Seus principais âmbitos de pesquisa são a dogmática da parte geral do direito penal, o direito penal econômico e o direito processual penal.

SUMÁRIO

ABREVIATURAS, SIGLAS E PALAVRAS ESTRANGEIRAS

Abs. – *Absatz* (parágrafo ou subparágrafo)

AG – Amtsgericht (juízo de 1º grau, cf. §§ 22 e ss. GVG)

AMG – Arzneimittelgesetz (Lei de Medicamentos)

AöR – Archiv des öffentlichen Rechts (revista jurídica)

AP – Arbeitsrechtliche Praxis (livro de julgados do Tribunal Federal do Trabalho; repositório de jurisprudência)

APuZ – Aus Politik und Zeitgeschichte (revista jurídica)

Art. – Artigo

ArztR – Arztrecht (Direito Médico)

ArztStrafR – Arztstrafrecht (Direito Penal do Médico)

AT – Allgemeiner Teil (Parte Geral)

Az. – Aktenzeichen (número do processo)

BÄK – Bundesärztekammer (Conselho Federal de Medicina)

BAG – Bundesarbeitsgericht (Tribunal Federal do Trabalho)

BayObLG – Bayerisches Oberstes Landesgericht (Superior Tribunal de Justiça da Baviera)

BB – Betriebs-Berater (revista jurídica)

BFG – Bundesfinanzhof (Corte Federal de Finanças)

BGB – Bürgerliches Gesetzbuch (Código Civil)

BGBl. – Bundesgesetzblatt (veículo de publicação das leis alemãs)

BGH – Bundesgerichtshof (Corte de Justiça Federal alemã, competente para a interpretação da lei federal)

BGHSt – Sammlung der Entscheidungen des Bundesgerichtshofs in Strafsachen (repertório oficial de decisões do BGH em matéria penal)

BGHZ – Sammlung der Entscheidungen des Bundesgerichtshofs in Zivilsachen (repertório oficial de decisões do BGH em matéria cível)

BioPat-RL – Biopatentrichtlinie (diretrizes sobre patentes de biotecnologia)

BT – Besonderer Teil (Parte Especial)

BT-Drs. – Bundestags-Drucksache (Atas do Parlamento Federal)

BtMG – Betäubungsmittelgesetz (Lei de Drogas)

BVerfG – Bundesverfassungsgericht (Tribunal Constitucional Federal)

BVerfGE – Sammlung von Entscheidungen des Bundesverfassungsgerichts (repertório oficial de decisões do BVerfG)

DÄBl. – Deutsches Ärzteblatt

DFG – Deutsche Forschungsgemeinschaft

DIP – Diagnóstico Pré-Implantacional

DNA – Ácido desoxirribonucleico

DSO – Deutsche Stiftung Organtransplantation (Fundação Alemã de Transplante de Órgãos)

ed. – Edição

EG – Europäische Gemeinschaft (Comunidade Européia)

EGMR – Europäischer Gerichtshof für Menschenrechte (Corte Europeia de Direitos Humanos)

ESchG – Embryonenschutzgesetz (Lei de Proteção aos Embriões)

EuGH – Europäischer Gerichtshof (Tribunal Europeu)

FamRZ – Zeitschrift für das gesamte Familienrecht (revista jurídica em matéria de direito de família)

FAZ – Frankfurter Allgemeine Zeitung (jornal alemão)

FD-SozVR – Fachdienst Sozialversicherungsrecht (Online-Newsletter)

FS – Festschrift (coletânea de artigos em homenagem)

GewO – Gewerbeordnung (Lei sobre atividades profissionais)

GG – Grundgesetz (Lei Fundamental, Constituição Federal alemã)

GRUR Int – Gewerblicher Rechtsschutz und Urheberrecht Internationaler Teil (revista jurídica)

GS – Gedächtnisschrift (coletânea de artigos em memória)

HdB – Handbuch (Manual, Tratado)

HIV – Vírus da imunodeficiência humana

IVF – In-vitro-Fertilisation (fertilização *in vitro*)

JA – Juristische Arbeitsblätter (revista jurídica)

JR – Juristische Rundschau (revista jurídica)

Jura – Juristische Ausbildung (revista jurídica)

JuS – Juristische Schulung (revista jurídica)

JZ – Juristische Zeitung (revista jurídica)

Kap. – Kapitel (capítulo)

KG – Kammergericht (tribunal de justiça de Berlim)

LG – Landgericht (juízo estadual na Alemanha, cf. §§ 59 ss. GVG)

LK – Leipziger Kommentar (cf. bibliografia)

LohnFG – Lohnfortzahlungsgesetz (lei que regula o pagamento de salário em feriado e casos de doenças)

LSG – Landessozialgericht (Corte Estadual para assuntos previdenciários)

MAH – Münchener Anwaltshandbuch (coletânea jurídica)

MBO-Ä – (Muster-)Berufsordnung für die in Deutschland tätigen Ärztinnen und Ärzte (livro de procedimentos-padrão para médicas e médicos com atuação na Alemanha)

MDR – Monatsschrift für Deutsches Recht (revista jurídica)

MedR – Medizinrecht (revista jurídica)

MedStrafR – Medizinstrafrecht (Direito Penal da Medicina)

MüKo – Münchener Kommentar (cf. bibliografia)

NJW – Neue Juristische Wochenschrift (revista jurídica)

NK – Nomos Kommentar (cf. bibliografia)

nm. – número marginal

Nr. – número

NStZ – Neue Zeitschrift für Strafrecht (revista jurídica)

NStZ-RR – Neue Zeitschrift für Strafrecht – Recthsprechungsreport (revista jurídica)

NT – Notas de Tradução

NVwZ – Neue Zeitschrift für Verwaltungsrecht (revista jurídica)

OLG – Oberlandsgericht (corte de justiça estadual na Alemanha, cf. §§ 115 ss. GVG)

öStGB – österreicher Strafregesetzbuch (Código Penal austríaco)

p. – página

PEG(-Sonde) – Perkutane endoskopische Gastrostomie (= sonda estomacal através da camada abdominal)

PET – Positronen-Emissions-Tomographie (tomografia por emissão de pósitrons)

pp. – páginas

RGSt – Entscheidungen des Reichsgerichts in Strafsachen (repertório oficial da Corte Imperial de Justiça de 1879 a 1945)

s. – e seguinte

ss. – e seguintes

Satz – Frase da norma

SÄZ – Schweizerische Ärztezeitung (revista suíça de ciências médicas)

SGB – Sozialgesetzbuch (Código Previdenciário alemão)

StaatsR – Staatsrecht (Direito do Estado)

StÄG – Strafrechtsänderungsgesetz (Lei de Reforma do Direito Penal)

StäKo – Ständige Kommission Organtransplantation (comissão competente para assuntos de transplantes de órgãos)

SteuerR – Steuerrecht (Direito Tributário)

StG – Strafgesetzbuch (Código Penal)

StrafR – Strafrecht (Direito Penal)

StV – Strafverteidiger (revista jurídica)

StZG – Stammzellgesetz (Lei de Células-Tronco)

TPG – Transplantationsgesetz (Lei de Transplantes de Órgãos)

UStG – Umsatzsteuergesetz (Lei de Imposto sobre Circulação de Mercadorias e Serviços)

Var. – variante

VerfassungsR – Verfassungsrecht (Direito Constitucional)

VersR – Versicherungsrecht (revista jurídica)

VG – Verwaltungsgericht (Tribunal Administrativo)

Vol. – Volume

WHO – World Health Organization (Organização Mundial da Saúde – OMS)

WirtschaftsR – Wirtschaftsrecht (Direito Econômico)

Wistra – Zeitschrift für Wirtschafts- und Steuerrecht (revista jurídica)

WRV – Weimarer Reichsverfassung (Constituição do Império de Weimar)

ZRP – Zeitschrift für Rechtspolitik (revista jurídica)

ZStW – Zeitschrift für die gesamte Strafrechtswissenschaft (revista jurídica)

§ 1. Introdução

I. Medicina e Direito Penal

Medicina e direito não são meras disciplinas teóricas, mas ciências aplicadas que influenciam nossas vidas de várias maneiras. Por isso, os problemas do Direito Penal da Medicina não são discutidos de forma meramente teórica, mas possuem enorme relevância prática. Durante suas atividades cotidianas, os médicos e outros profissionais da saúde são confrontados o tempo todo com problemas jurídicos. Basicamente toda intervenção médica que interfira na integridade corporal do paciente pressupõe seu consentimento e, para tanto, também seu esclarecimento conforme as regras da ordem jurídica, caso o médico não queira ser penalmente responsabilizado. 1

Além disso, a densa relevância prática do Direito Penal da Medicina levanta sempre novos problemas, já que a rápida evolução das pesquisas médicas termina por exigir um constante desenvolvimento dos moldes jurídicos. Por isso, o Direito Penal da Medicina não é uma matéria finalizada, mas está sob constante transformação. Exemplos atuais são, por exemplo, o direito à eutanásia e ao diagnóstico pré-implantacional. 2

Um outro traço comum entre a medicina e o direito é a orientação humana. As duas disciplinas são diretamente voltadas às necessidades do homem. A medicina está em uma relação estreita com as ciências naturais, especialmente com a biologia humana, e é, por isso, uma ciência natural aplicada. A ciência jurídica, ao contrário, acentua tradicionalmente sua autonomia metodológica. Apenas com algumas limitações ela pode ser descrita como uma ciência social aplicada. 3

II. Um panorama da história do Direito Penal da Medicina

4 O Direito Penal da Medicina não é uma criação do nosso tempo. O Código de Hamurabi, que surgiu por volta de 1700 anos antes do começo de nosso calendário, já regulava, em seus §§ 215 ss., a punição do médico por conta de uma operação erroneamente conduzida. Na antiguidade grega, surgiu o juramento de Hipócrates (cerca de 400 a.C.), que até hoje é base dos padrões éticos da medicina e fonte essencial do Direito Penal da Medicina tradicional.[1] Ele contém a chamada "regra de ouro da medicina". No Direito Romano, conhecia-se a figura da responsabilidade médica.[2] Na história jurídica alemã, a responsabilidade do médico apareceu pela primeira vez no Art. 134 do *Codex Criminalis Carolina* de 1532, que regulava o homicídio por "negligência ou imperícia".[3]

5 Hoje, o Direito Penal da Medicina é um componente permanente do Direito Penal. O Código Penal vigente contém inúmeras normas (também) relacionadas à responsabilidade penal do médico, como o homicídio culposo, a lesão corporal, o aborto e o dever de sigilo médico.

6 Se nos voltarmos às principais discussões do Direito Penal da Medicina dos últimos 100 anos, chama a atenção a estreita correlação entre o desenvolvimento da medicina e suas possibilidades técnicas:

- No início do século XX, o Direito Penal da Medicina tem uma particular preocupação em estabelecer se a intervenção médica curativa deve ser considerada lesão corporal. Outra questão é a permissibilidade da perfuração, a morte da criança durante o processo de parto para salvar a vida da mãe.
- Nos anos vinte do século passado, passa-se a discutir a liberalização do aborto e da eutanásia. Novos tópicos provêm da eugenia e da biologia racial e afetam, entre outras coisas, a esterilização do "inferior".
- A eugenia e a biologia racial acobertam, durante o Terceiro Reich, os crimes nazistas. O livro publicado já em 1920 do conceituado professor de Direito Penal Karl Binding e do psiquiatra Alfred Hoche sobre "A aprovação da aniquilação da vida indigna de ser vivida"[4] se torna particularmente influente, e é usado para legitimar assassinatos em massa de deficientes mentais.

1. Ver em Cap. 1 nm. 8 ss.
2. A esse respeito, cf. *Below* Der Arzt im römischen Recht, 108 ss.
3. *Eser* FS Tübinger Juristenfakultät, 1977, 391 (329 s.).
4. *Binding/Hoche*, Die Freigabe der Vernichtung lebensunwerten Lebens.

• Após o final da guerra, em 1946 e 1947, foram realizados os julgamentos médicos em Nuremberg contra os médicos complacentes com o regime nazista. No campo da inseminação artificial, discutiu-se intensamente, nos anos cinquenta, a admissibilidade da fertilização artificial.

• Desde a invenção da "pílula anti-bebê" nos anos sessenta, a admissibilidade de medidas anticoncepcionais passou a ser intensamente discutida. Paralelamente, a discussão em Direito Penal da Medicina concentrou-se nas consequências criminais do "desastre do Contergan"[5*] e dos primeiros transplantes cardíacos.

• Nos anos setenta, o desenvolvimento do Direito Penal da Medicina foi marcadamente influenciado pela Ética Médica e pela Bioética desenvolvidas nos EUA, que foram rapidamente incorporadas na Alemanha.

• Na década de oitenta, a discussão pública e o Direito Penal da Medicina sofreram influência especialmente da medicina reprodutiva moderna e da engenharia genética (sobretudo a fertilização *in vitro* e mais tarde também diagnósticos pré-implantacionais).

• No início da década de noventa, ganhou atenção pública o "caso de Erlangen", no qual uma grávida com morte cerebral deveria ter suas funções vitais mantidas até a retirada do bebê com vida. A avaliação jurídico-penal desse caso cria problemas significativos até hoje.[6] A clonagem de células humanas e as alterações germinativas são outros problemas centrais da discussão biojurídica e jurídico-penal da época. Já em 1991, o legislador tentava criar parâmetros penais para o tratamento das novas possibilidades biotecnológicas, com a aprovação da Lei de Proteção aos Embriões.

• Em 2001, o legislador aprovou a Lei de Células-Tronco, que em 2007 teve que ser alterada por questões internacionais não-previstas (dentre outras, os riscos significativos de responsabilidade criminal para pesquisadores alemães e estrangeiros em redes internacionais de pesquisa). Problemas semelhantes surgiram também em relação à Lei de Proteção aos Embriões.[7]

[*] NT: O caso Contergan foi um escândalo envolvendo medicamentos na Alemanha, descoberto em 1961. O sedativo Contergan, que continha a substância Talidomida, causava má-formações dos fetos, quando utilizado por gestantes, originando crianças portadoras de problemas neurológicos e deficiências físicas, principalmente nos braços e nas pernas. Para mais informações, cf. em: https://www.dw.com/pt-br/1961-sedativo-contergan-%-C3%A9-retirado-do-mercado/a-678470 (acesso em 20.9.2018).

5. LG Aachen JZ 1971, 507.

6. *Hilgendorf* JuS 1993, 97 ss.

7. *Hilgendorf* FS Sootak, 91 ss.

• Hoje, a eutanásia está no centro das discussões do Direito Penal da Medicina, especialmente no que diz respeito à admissibilidade do suicídio medicamente assistido de pacientes com graves enfermidades, que, no entanto, têm capacidade de decisão, bem como das chamadas sociedades de eutanásia como *Dignitas* e *Exit*.

• Todas as previsões indicam que os campos problemáticos serão, no futuro, o "aperfeiçoamento" das pessoas saudáveis por meio da medicina, os diagnósticos genéticos preditivos, as técnicas de diagnóstico por imagem e, por fim, o crescente emprego de robôs na medicina, até o ponto em que homens e máquinas se fundirão.[8]

7 Esse panorama mostra quão forte é a relação entre o desenvolvimento do Direito Penal da Medicina e o progresso da medicina e das tecnologias em geral.

III. O juramento de Hipócrates

8 O Juramento de Hipócrates tem especial importância para a medicina. Ele recebeu o nome do médico grego Hipócrates (465-375 a.C.), considerado o "pai da medicina". Não se sabe ao certo se o juramento realmente vem de Hipócrates. Por um lado, o juramento é um documento histórico que contém elementos claramente relacionados ao seu tempo. Por outro lado, no entanto, o juramento hipocrático tem até hoje uma função orientadora que independe das circunstâncias de sua época. Ainda é possível extrair do documento as bases da ética médica.

9 O juramento é o seguinte:

> "Eu juro, por Apolo médico, por Esculápio, Hígia e Panacea, e tomo por testemunhas todos os deuses e todas as deusas, cumprir, segundo minhas capacidades e meu entendimento, o juramento e o contrato seguintes.
>
> Eu estimarei, tanto quanto estimo meus pais, aquele que me ensinou esta arte; eu terei uma vida comum e, se necessário for, compartilharei com ele meus bens; terei seus filhos por meus próprios irmãos; ensinar-lhes-ei esta arte, se eles tiverem necessidade de aprendê-la, sem remuneração nem contrato; farei participar dos preceitos, das lições e de todo o resto do ensino meus filhos, os de meu mestre e os discípulos inscritos segundo os regulamentos da profissão, porém, a nenhum outro.
>
> Aplicarei os preceitos médicos para o bem do doente segundo a minha capacidade e entendimento, nunca para causar dano ou mal a alguém. A ninguém darei remédio letal,

8. Mais a respeito no cap. 11.

> mesmo que alguém me peça para fazê-lo, e da mesma forma não aconselharei jamais alguém que o queira fazê-lo. Do mesmo modo, não darei a nenhuma mulher uma substância abortiva. Conservarei imaculadas minha vida e minha arte. Não praticarei a talha vesical, mesmo diante da existência confirmada de cálculos; deixarei essa operação aos práticos que cuidam disso. Em toda casa entrarei para o bem dos doentes, mantendo-me longe de todo o dano voluntário e de toda a sedução, sobretudo dos prazeres do amor, com as mulheres ou com os homens livres ou escravizados. Aquilo que, no exercício ou fora do exercício da profissão e no convívio da sociedade, eu tiver visto ou ouvido, que não seja preciso divulgar, eu conservarei inteiramente secreto. Se eu cumprir este juramento com fidelidade, que me seja dado gozar felizmente da vida e da minha profissão, honrado para sempre entre os homens; se eu dele me afastar ou infringir, que o contrário me aconteça."[9]

O juramento consiste em vários elementos diferentes. Ele começa com **10**
uma fórmula de juramento e a invocação dos deuses. Em seguida, ocorre a representação do relacionamento entre aluno e professor. Assim, as partes principais do juramento são as obrigações do médico, cuja principal regra pode ser resumida na declaração de que o médico não pode causar danos a quem quer que seja (*neminem laede*). Posteriormente, são apresentadas regras que intentam evitar os abusos de poder pelos médicos. Depois disso, o médico ainda está obrigado à confidencialidade, e o homicídio intencionado e o aborto lhe são proibidos.[10] A proibição de tratamento de cálculo é um exemplo da proibição de intervenções que excedem a competência e o treinamento do médico. Além disso, o médico não pode ter relações sexuais com seus pacientes. É interessante que, na passagem crucial do texto, as mulheres e homens, livres e escravos, são mencionados em um único fôlego. Então, pode-se extrair disso o fato de que circunstâncias como gênero e status do paciente não têm relevância para o médico.

9. Citado conforme *Hippokrates*, Ausgewählte Schriften, 8 – 10 (foram mantidas as numerações usadas nessa fonte) – *traduzido livremente do alemão para o português*; cf. também *Eser/Lutterotti/Sporken*, Lexikon Medizin, Ethik, Recht, 114.

10. A proibição de dar uma substância letal a alguém é geralmente entendida exclusivamente como a proibição de auxiliar o suicídio, interpretação que, no entanto, não parece imperativa, tendo em vista a difundida aceitação do suicídio na antiguidade. Pelo sentido literal, obviamente, a referida passagem do juramento deve ser entendida como proibição de um homicídio intencional solicitado por um terceiro. Portanto, é proibido ao médico dar a alguém uma substância letal, e isso mesmo caso um terceiro lhe tenha requisitado a morte. Por essas razões, parece, no mínimo, discutível se essa proibição também compreende o auxílio ao suicídio.

11 É possível distinguir três funções do juramento: primeiro, ele formula o *ethos* clássico do médico, constituindo uma base central da ética profissional médica. Além disso, a obrigação de não causar danos ao paciente e a o dever de sigilo são estabelecidos pelos elementos centrais da relação de confiança entre o médico e o paciente, que ainda hoje é um pressuposto inafastável para um tratamento bem-sucedido. Por fim, o juramento define o médico como um profissional, criando uma identidade de grupo em relação à medicina.

12 Mesmo que o Juramento de Hipócrates continue possuindo significando central para a regulação da profissão médica, por conta de sua relação com as circunstâncias fáticas do século IV a.C., ele também possui aspectos que, da perspectiva de hoje, devem ser considerados problemáticos. É o caso da proibição da atividade cirúrgica, que à época advinha da rigorosa separação entre médicos e cirurgiões, e que já não é sustentável hoje em dia. A proibição do aborto ou do auxílio ao aborto foi relativizada por meio de um amplo consenso social, e essa relativização também terminou por ser adotada pelo Código Penal alemão [StGB], nos §§ 218 ss. A proibição da eutanásia, se é mesmo que foi tratada no juramento,[11] é hoje um tema muito controverso e é problemática, pelo menos, no que se refere à eutanásia passiva (ou melhor, à interrupção do tratamento) e à eutanásia ativa que tenha a finalidade de aliviar a dor (a chamada eutanásia ativa indireta).

13 Outra coisa problemática, e não mais compatível com o nosso tempo, é o tom paternalista do juramento. É por isso que hoje se faz referência muitas vezes a uma ética médica "pós-hipocrática", que confere um maior peso ao direito do paciente à autodeterminação. A legislação e a jurisprudência também reconheceram o direito do paciente à autodeterminação: nenhuma medida médica pode contrariar a vontade do paciente.[12]

14 Nesse sentido, discute-se se o juramento prescreve um *ethos* médico ainda compatível com a modernidade. É possível responder que não, já que muitos elementos do juramento são relacionados ao seu tempo e já não são convincentes. O seu conteúdo ainda atual é aquele que se refere ao dever do médico de agir exclusivamente para o benefício do paciente, de não prejudicar quem quer que seja e de manter sigilo.

IV. O Juramento de Genebra da Associação Médica Mundial

15 Após a Segunda Guerra Mundial, a Associação Médica Mundial (*World Medical Association*) elaborou o Juramento de Genebra. Ele foi aprovado em 1948. A declaração destina-se a apresentar uma versão moderna

11. Cf. nota 10.

12. De forma extensa → Cap. 2 nm. 8 ss., 21 ss.

do Juramento de Hipócrates, e foi criada em resposta às experiências com humanos, ao programa de eutanásia do *Terceiro Reich* e aos processos-médicos de Nuremberg dos anos 1946-47. O juramento foi adotado pelo Conselho Federal de Medicina alemão e hoje é considerado parte do ordenamento profissional médico. O reconhecimento do juramento foi um pré-requisito para que os médicos alemães fossem aceitos na Associação Médica Mundial a partir do final da década de 40.

A versão atual do juramento (2006) tem a seguinte forma:* 16

"Ao ser aceito como profissional da medicina, juro solenemente:

> Colocar a minha vida a serviço da humanidade. Dar às minhas professoras e aos meus professores o devido respeito e gratidão. Fazer o meu trabalho com a melhor consciência e dignidade. A saúde da minha paciente ou do meu paciente será a minha mais alta prioridade. Também guardarei os segredos confiados a mim mesmo após a morte da paciente ou do paciente. Manterei, com todos os meios à minha disposição, a honra e as nobres tradições da profissão médica. Meus colegas serão minhas irmãs e irmãos. Eu não me deixarei influenciar, no desempenho das minhas obrigações éticas, pela idade, doença ou deficiência, credo, origem étnica, sexo, nacionalidade, filiação política, raça, orientação sexual, status social ou outros fatores relacionados à minha paciente ou ao meu paciente. Defenderei o mais alto respeito pela vida humana. Mesmo sob ameaça, não usarei meus conhecimentos médicos para violar direitos humanos e liberdades civis. Faço esse juramento, solene e livremente, por minha honra."[13]

O conteúdo do voto é muito semelhante ao juramento hipocrático. No 17
entanto, estão ausentes o componente religioso bem como a obrigação, já não atual, de ensinar apenas um grupo específico de alunos e de não realizar uma cirurgia específica (a cirurgia de cálculo). Uma diferença essencial em relação ao juramento de Hipócrates é também o fato de não conter a provisão sobre a eutanásia. Por outro lado, aborda-se a proteção da vida humana em desenvolvimento. Em última análise, trata-se de uma forma moderna e secular do Juramento de Hipócrates.

V. Base legal do Direito Penal da Medicina

Não existe uma lei especial que regule todo o Direito Penal da 18
Medicina. As disposições penais mais importantes do Direito Penal da

* NT: A Associação Médica Mundial alterou recentemente (2017) a versão deste juramento médico, dando maior destaque à autonomia do paciente. Acessível em: https://www.wma.net/policies-post/wma-declaration-of-geneva/ (acesso em: 8.9.2018).

13. https://www.wma.net/wp-content/uploads/2018/07/Decl-of-Geneva-v2006-1.pdf

Medicina estão contidas no Código Penal alemão (StGB). Particularmente relevantes são o § 212 (homicídio) e o § 222 (homicídio culposo), o § 216 (homicídio a pedido), o § 218 (aborto) e os §§ 223 ss. (lesão corporal). Algumas questões do Direito Médico são reguladas por leis especiais, que também contêm provisões criminais. Destacam-se, particularmente, a Lei de Proteção aos Embriões (ESchG), a Lei de Células-Tronco (StZG), a Lei de Medicamentos (AMG), a Lei de Drogas (BtMG) e a Lei de Transplantes de Órgãos (TPG). Também se encontram dispostos na Constituição Alemã (GG) direitos fundamentais do paciente que influenciam o Direito Penal da Medicina, especialmente a dignidade humana (Art. 1 I GG) e o direito à vida e à integridade física (Art. 2 Abs. 2 S. 1 GG). Existem também importantes diretrizes europeias e internacionais, como, por exemplo, a Convenção de Bioética do Conselho Europeu.

19 **Panorama 1: Fontes jurídicas do Direito Penal da Medicina**

Prescrições europeias e internacionais

Constituição

Normas infraconstitucionais

Código Penal (StGB), Lei de Proteção aos Embriões (ESchG), Lei de Células-Tronco (StZG), Lei de Medicamentos (AMG), Lei de Drogas (BtMG), Lei de Transplantes de Órgãos (TPG).

VI. Tendências de desenvolvimento do Direito Penal da Medicina

20 Os clássicos campos problemáticos do Direito Penal da Medicina eram tratados antigamente sob o nome de "Direito Penal do Médico" [*Arztstrafrecht*]. A questão principal era a responsável nas várias áreas de seu trabalho, por exemplo, por lesões corporais no caso de (falha em) intervenção médica curativa ou por uma eutanásia inadmissível. Desde então, o foco da discussão criminal se expandiu; a atividade dos outros funcionários da área médica (enfermeiros, recepcionistas de clínicas etc.) também passou a ser levada em consideração. E isso é levado em conta, terminologicamente, pelo uso predominante de "*Direito Penal da Medicina*" no lugar de "Direito Penal do Médico".

21 Atualmente, o conjunto de problemas do Direito Penal do Médico ou do Direito Penal da Medicina está novamente em expansão. Nesse conjunto,

também são tematizadas questões que dificilmente se relacionam a uma "cura", no sentido clássico do termo na medicina. Esse é o caso, por exemplo, do diagnóstico pré-implantacional e dos aperfeiçoamentos [*Enhancement*]. O Direito Penal da Medicina está, novamente, sofrendo mutações, para se tornar um "*Direito Penal Biológico*".[14]

VII. Peculiaridades do Direito Penal da Medicina

Em comparação com o restante do Direito Penal, o Direito Penal da Medicina tem algumas peculiaridades. Por um lado, como já foi demonstrado, ele é dependente, em um grau considerável, do desenvolvimento técnico da Medicina. Uma vez que este desenvolvimento está atualmente em rápido progresso, o Direito Penal da Medicina é constantemente confrontado com novos problemas. **22**

De uma perspectiva jurídica, o Direito Penal da Medicina é significativamente influenciado pelos direitos fundamentais, por exemplo, o direito do paciente à autodeterminação, decorrente do Art. 2 Abs. 1 da Constituição alemã (em conjugação com o Art. 1 Abs. 1 do mesmo diploma). Essa forte influência dos direitos fundamentais tem um efeito liberal de segurança e pode, portanto, ser avaliada como algo positivo. Por outro lado, o Direito Penal e a dogmática dos direitos fundamentais têm diferentes estruturas de argumentação, que, no Direito Penal da Medicina, muitas vezes não podem ser combinadas sem algumas dificuldades. **23**

Uma terceira característica especial do Direito Penal da Medicina é que existe pouca, e em algumas áreas nenhuma, base jurídica. Por um lado, isso se deve ao constante desenvolvimento das possibilidades médicas e, por outro, aos enormes problemas éticos que surgem no campo do Direito Penal da Medicina. Em muitos casos, os políticos parecem não estar dispostos a comprometer-se em tomar uma posição clara.[15] Também deve ser lembrado que questões de proteção embrionária, eutanásia, transplante de órgãos e muitas outras relevantes não se relacionam apenas ao direito, mas também a outras disciplinas como à bioética, à teologia moral e à economia. Além disso, algumas incertezas decorrem do fato de que, no Direito Penal da Medicina, entrelaçam-se diferentes subdisciplinas do direito. **24**

Tudo isso causa uma grande insegurança jurídica, o que significa que médicos e profissionais da saúde muitas vezes se movem nos limites **25**

14. *Hilgendorf* FS Brohm, 387 ss.

15. Tendo em vista o fato de que muitas questões controversas são especialmente carregadas de formas de conceber o mundo, essa atitude parece compreensível, muitas vezes, até razoável. Por outro lado, em casos concretos, o ônus da tomada de decisão é transferido à jurisprudência, quando as leis são silentes.

jurídicos e se veem, em seus trabalhos, amedrontados pelo fato de que devem contar com uma responsabilização penal por seus comportamentos, já que o direito não lhes formula orientações claras e inequívocas. Portanto, uma das tarefas mais importantes do Direito Penal da Medicina, enquanto disciplina,[16] é identificar e estruturar claramente as questões relevantes e desenvolver avaliações jurídicas que possam ser usadas pelo julgador como base para a tomada de decisão em casos concretos. Desta forma, a atividade do profissional médico e de outros profissionais da saúde adquire limites mais seguros. Além disso, o Direito Penal da Medicina pode fornecer um trabalho preliminar para o legislador, esclarecendo e sistematizando questões relevantes, e dando-lhe importantes ferramentas para a tomada de decisões.

16. O termo "Direito Penal da Medicina" designa, de acordo com o sentido jurídico comum, por um lado, a soma de todas as normas dessa área jurídica e, por outro lado, a ciência dogmática que se ocupa dessas normas.

§ 2. A intervenção médica curativa

I. Introdução e panorama dos problemas a serem tratados neste capítulo

Um problema central do Direito Penal é a intervenção médica curativa e, em particular, os deveres de informação relacionados a ela. Antes de cada procedimento, o médico deve esclarecer ao paciente sobre a forma e os riscos típicos do procedimento. Para isso, ele deve saber a extensão do dever de esclarecimento, prescrito pela lei. Na prática médica, isso é muitas vezes problemático. Isso se deve principalmente ao fato de que os médicos sabem pouco sobre o termo "esclarecimento sobre todos os riscos típicos". As diretrizes concretas sobre a extensão das informações necessárias em casos específicos são raramente formuladas, e quando o são, por serem tão detalhadas e específicas para o caso em questão, se tornam pouco práticas no cotidiano médico. 1

Aqui, é útil um olhar para os fundamentos do dever de esclarecimento: por meio do esclarecimento, pretende-se defender a autodeterminação do paciente. A Constituição alemã confere ao indivíduo o direito de dispor de seu próprio corpo e decidir, por si mesmo, se uma intervenção ou um tratamento, com todas as suas possíveis consequências, deve ser realizado ou não. Este direito à autodeterminação é uma expressão do direito geral à privacidade (Art. 1º Abs. 1 em conjugação com o artigo 2º Abs. 1, da Constituição alemã).[1] 2

II. A intervenção curativa no sentido estrito como lesão corporal

Uma intervenção médica pode ser feita com diversas finalidades. Por um lado, pode-se ter o objetivo de curar o paciente. Nesse caso, fala-se em 3

1. A esse respeito, e de forma mais específica, BGH JZ 1984, 893 (894); BVerfG JZ 1979, 596 (601).

uma intervenção de cura em sentido estrito. Por outro lado, há intervenções que não se destinam principalmente a curar o paciente de uma condição, como a cirurgia puramente estética. Na ciência jurídica, é controverso se a intervenção médica curativa se subsume ao delito de lesão corporal. De acordo com a opinião majoritária, tanto as intervenções curativas com indicação clínica quanto aquelas sem indicação clínica se subsumem ao delito de lesão corporal, do § 223 do StGB.[2] Para entender isso, é necessário conhecer as dimensões básicas do delito, a tipicidade, a antijuridicidade e a culpabilidade, assim como suas interações na solução dos problemas de Direito Penal.

4

Esquema de verificação do delito:

1. Tipicidade
   a) tipicidade objetiva
   b) tipicidade subjetiva
2. Antijuridicidade
3. Culpabilidade

1. Excurso: tipicidade, antijuridicidade e culpabilidade[3]

5 Só podem ser punidos aqueles que agem de maneira típica, antijurídica e culpável. Satisfazer o tipo penal de um fato punível significa realizar o conteúdo de injusto típico do comportamento proibido. Satisfaz o tipo penal, por exemplo, aquele que mata alguém dolosamente (homicídio, § 212 StGB) ou que subtrai de alguém uma coisa alheia móvel (furto, § 242 StGB). No caso de lesão corporal, o *tipo penal* é satisfeito caso uma outra pessoa venha a ser ofendida corporalmente ou ter sua saúde prejudicada (§ 223 Abs. 1 StGB). Internamente ao tipo penal, diferencia-se ainda entre elementos típicos objetivos e subjetivos. Os elementos objetivos descrevem aqueles elementos do fato punível que, objetivamente, representam o conteúdo do injusto (por exemplo, ferir uma pessoa). A tipicidade subjetiva se refere à atitude psíquica do autor: ele pode praticar o tipo penal dolosamente, com conhecimento e vontade, ou culposamente, com desatenção aos cuidados exigidos no trânsito.[4]

2. Especificamente, em Cap. 2 nm. 8 ss.

3. Os próximos parágrafos se destinam a leitoras e leitores sem formação jurídica. Aqueles que já participaram das aulas de Parte Geral do Direito Penal podem ignorá-los.

4. Dito de forma mais exata, apenas a culpa consciente pertence ao tipo subjetivo. Caso o autor não seja consciente de seu comportamento culposo, ele atua apenas violando um

6 Para a afirmação da punibilidade de alguém não basta que um tipo penal de uma ação punível tenha sido satisfeito. Também é necessário que o fato seja antijurídico. Isso ocorre quando não há *razões de justificação* para a ação do autor. Essas razões de justificação são, por exemplo, a legítima defesa ou o estado de necessidade justificante assim como o consentimento, que tem uma importância especial no Direito Penal da Medicina. Caso o paciente consinta de forma válida com uma intervenção curativa, o médico, apesar de ter satisfeito o tipo penal de lesão corporal por meio de sua intervenção, não é passível de punição. No entanto, o pressuposto para um consentimento válido é que o paciente tenha sido previamente informado sobre a intervenção.

7 Outro pressuposto de comportamentos puníveis é a *culpabilidade* por esse comportamento. Culpabilidade significa reprovabilidade.[5] Portanto, na terceira etapa da análise do delito, examina-se a reprovabilidade pessoal pelo comportamento. Nesse aspecto, é relevante, por exemplo, a capacidade de culpabilidade do autor assim como a questão da consciência do injusto.

2. A intervenção curativa como lesão corporal

8 É controverso, na ciência jurídica, se uma intervenção curativa executada *lege artis* satisfaz o tipo penal de lesão corporal (§ 223 Abs. 1 StGB). Uma lesão corporal pressupõe uma ofensa corporal ou um dano à saúde de outra pessoa. A ofensa corporal é entendida como um tratamento nocivo e inadequado que afeta o bem-estar físico ou a integridade corporal de forma relevante.[6] Danificação da saúde é a causação ou o agravamento de uma condição patológica.[7]

9 Desde 1894, a jurisprudência afirma a ocorrência de lesão corporal no caso de intervenções curativas.[8] Segundo esse entendimento, intervenções curativas satisfazem o tipo penal de lesão corporal (§ 223 StGB), mesmo que elas sejam executadas pelo bem do paciente e ainda que o paciente seja, de fato, curado. A consequência disso é o fato de que o médico pode ser penalizado, caso o paciente não tenha consentido de forma válida com a intervenção ou não haja outra razão de justificação. O fundamento dessa posição jurisprudencial é a proteção da autonomia do paciente. Como a legislação quase não protege a autonomia do paciente por outros

dever objetivo, o que, no entanto, já é suficiente para sua punição por delito culposo. Mais a respeito em *Hilgendorf/Valerius* StrafR AT § 12 nm. 11.

5. *Hilgendorf/Valerius* StrafR AT § 6 nm. 2 s.

6. BGHSt 14, 269 (271); *Fischer* StGB § 223 nm. 4.

7. *Fischer* StGB § 223 nm. 8.

8. RGSt 25, 375 ss.

dispositivos,[9] só é possível garantir que o médico não seja condenado por lesões corporais caso as intervenções na integridade física do paciente sempre sejam realizadas com seu consentimento. Nisso, não reside qualquer prejuízo contra a profissão médica. Os juízes também agem tipicamente quando condenam alguém a uma sentença de prisão, porque eles satisfazem o tipo penal de cárcere privado segundo o § 239 StGB. Eles só não são punidos porque agem de forma justificada, segundo os pressupostos de um processo penal conforme a lei.

10 No entanto, segundo uma parcela da literatura, intervenções médicas curativas *lege artis* não preenchem o tipo penal da danificação da saúde, uma vez que são realizadas com a intenção de melhorar ou conservar a saúde do paciente. Não se analisa o ato individualmente, mas o resultado global do tratamento.[10] Da mesma forma, também não se preenche o tipo penal em sua alternativa ofensa corporal, já que isso pressupõe um tratamento nocivo e inadequado, que não é de se assumir em relação a uma intervenção médica. Além disso, argumenta-se que a jurisprudência coloca o médico no mesmo nível de um "esfaqueador".[11] Não seria compreensível nem para os médicos e nem para a coletividade o motivo de medidas necessárias para a promoção da saúde ou, pelo menos, para sua conservação preencherem um tipo penal.[12] Esses argumentos são no mínimo compreensíveis. No entanto, é pouco provável que a jurisprudência mude em um futuro próximo. Por isso, apenas o legislador poderia criar nova base legal.[13]

9. Em casos limítrofes, o tipo penal de constrangimento ilegal, § 240 StGB, também pode ser eventualmente satisfeito.

10. Um panorama pode ser encontrado em LK-StGB/*Lilie* Introdução ao § 223 nm. 3 ss.

11. *Bockelmann*, Strafrecht des Arztes, 62.

12. Outros argumentos em *Hilgendorf* FS Kühl, 509 (510 ss.).

13. *Ulsenheimer*, ArztStrafR, nm. 328.

Panorama 2: Discussão a respeito da tipicidade da intervenção curativa 11

<table>
<tr><td colspan="2">Problema: A intervenção curativa executada lege artis configura uma lesão corporal no sentido do § 223 Abs. 1 StGB?</td></tr>
<tr><td colspan="2">Pressuposto: A intervenção teria que configurar uma ofensa corporal ou um dano à saúde.</td></tr>
<tr><td>Jurisprudência

Intervenção curativa preenche o tipo penal de lesão corporal, ou seja, o médico é punível caso a intervenção não seja justificada por um consentimento válido do paciente.

Motivo: Proteção da autonomia do paciente.</td><td>Parte da literatura

Intervenção curativa não preenche o tipo penal, já que, pelo resultado global do tratamento, o estado de saúde do paciente é melhorado ou, pelo menos, conservado.

Motivo: Pouco compreensível o porquê de medidas para a promoção da saúde se amoldarem a tipos penais.</td></tr>
</table>

III. Problemas especiais da intervenção curativa

Mesmo que se aceite, como a jurisprudência, que uma intervenção de cura satisfaz os pressupostos típicos de uma lesão corporal, nem todas as dificuldades estão superadas. 12

Em primeiro lugar, é problemático o fato de que uma intervenção curativa pode afetar não apenas a integridade física, mas também o direito à autodeterminação do paciente. No entanto, esse bem jurídico não é protegido apenas pelos tipos penais de lesão corporal, mas também pelos §§ 239, 240 StGB (cárcere privado e constrangimento ilegal). Mas essas normas não cobrem todos os casos de tratamentos curativos impostos ao paciente. A construção escolhida pela opinião majoritária, a de que o tratamento curativo preenche o tipo penal de lesão corporal, mas pode ser justificado pelo consentimento do paciente, destina-se principalmente a proteger o direito de autodeterminação do paciente (→ Cap. 2 nm. 9). Essa construção, no entanto, acrescenta ao tipo penal de lesão corporal um bem jurídico, na realidade, estranho a ele. 13

Além disso, surge a questão de se as intervenções minimamente invasivas, nas quais a integridade física e o bem-estar físico do paciente são apenas muito pouco comprometidos, também podem ser qualificadas como lesões corporais. Caso o fundamento seja a autodeterminação do paciente, 14 então a resposta deveria ser afirmativa. No entanto, segundo a interpretação usual, os maus-tratos físicos ou danos à saúde só são afirmados caso os efeitos físicos não sejam completamente insignificantes.[14] Não é possível fazer valer algo diferente apenas para as intervenções médicas.

15 Um problema semelhante surge nos tratamentos não-invasivos, tais como a ministração ou prescrição de medicamentos, a aplicação de pomadas ou a irradiação. Enquanto não houver nenhum resultado típico, como a ocorrência de efeitos colaterais em medicamentos, doenças de órgãos internos ou alterações de tecido devido à irradiação, pode-se dificilmente afirmar uma lesão corporal na forma de dano à saúde (§ 223, Abs. 1 Var. 2 StGB). Só seria alcançado um resultado diferente se já o perigo da ocorrência de consequências negativas já fosse considerado suficiente. A lesão corporal, no entanto, não é um tipo penal de perigo; muito pelo contrário, ela exige um resultado. Em todo caso, pode-se questionar a ocorrência de uma ofensa corporal, ou seja, de um tratamento nocivo e inadequado que afete o bem-estar físico ou a integridade física de forma significante (§ 223 Abs. 1 Var. 1 StGB). De acordo com essa definição, diferentemente do prejuízo à saúde, a ocorrência de uma condição patológica não é necessária. No entanto, deve-se verificar, no caso concreto, se o limiar de significância foi ultrapassado. Assim, a mera aplicação de uma pomada, por si só, dificilmente pode ser considerada como um tratamento nocivo e inadequado.

16 Isso levanta, contudo, a questão a respeito de se o paciente está satisfatoriamente protegido contra tratamentos não solicitados ou não autorizados. Do ponto de vista da autonomia do paciente, há uma necessidade de proteger o paciente de tratamentos indesejáveis que não afetem sua condição física imediatamente, mas que possam vir a causar efeitos negativos no futuro. O direito constitucional à autodeterminação confere ao paciente o poder de dispor sozinho sobre o seu corpo. O próprio paciente pode decidir o que acontece com seu corpo. Portanto, seria possivelmente útil ter um tipo penal separado que criminalizasse o tratamento curativo arbitrário, como existe no direito penal austríaco, por exemplo. Segundo esse tipo penal, deve-se punir aquele que trata alguém cujo consentimento não foi conferido, e isso mesmo que o tratamento seja realizado segundo os preceitos da ciência médica (§ 110 Abs. 1 öStGB).[15]

17 Outro problema é a aplicabilidade das qualificadoras da lesão corporal, que aumentam a sanção em certos casos. No direito penal médico, deve-se levar em consideração, especialmente, a qualificadora de lesão corporal perigosa, do § 224 Abs. 1 Nr. 2 Alt. 2 StGB, que prescreve pena para aquele que comete uma lesão corporal com a utilização de um instrumento perigoso.

14. *Fischer* StGB § 223 nm. 6.

15. A esse respeito e mais específico, *Fabrizy* öStGB § 110 nm. 1b.

Um instrumento perigoso, segundo a definição aceita em geral, é um objeto que, devido às suas propriedades e à forma de sua concreta utilização, é adequado a causar lesões significantes.[16] Como exemplo de instrumento perigoso, pode-se mencionar a faca de cozinha que vem a ser cravada no peito de uma outra pessoa, assim como a frigideira, em si mesma inofensiva, utilizada em um forte golpe contra a cabeça de um terceiro. A questão é saber se isso também se aplica aos instrumentos cirúrgicos que venham a ser utilizados por um médico *lege artis*. Tanto a jurisprudência como a literatura negam a aplicabilidade dessa qualificadora, com o argumento de que esses instrumentos não são utilizados como armas, ou seja, como meio de ataque ou de defesa.[17] De uma perspectiva político-criminal, o privilégio dos médicos nesses casos faz sentido, mas não se mostra muito compatível com a interpretação geral do § 224 Abs. 1 Nr. 2 StGB.

Como resultado, deve-se assumir que, embora a classificação da intervenção curativa como lesão corporal típica proteja a autonomia do paciente, ela levanta uma série de questões, que indicam ser apropriado passar a considerar a criação de um tipo penal especial para a proteção do paciente contra intervenções curativas arbitrárias. **18**

IV. Intervenções sem indicação clínica

As intervenções sem indicação clínica devem ser avaliadas diferentemente das intervenções com indicação clínica. Nesse grupo, incluem-se, por exemplo, cirurgias puramente estéticas, muitos casos de aborto, esterilização voluntária, doping, a remoção de órgão para transplante, experimentos científicos em humanos, a inseminação artificial e as várias formas de "aperfeiçoamentos" [*Enhancement*]. Por "aperfeiçoamentos" entende-se o aumento do desempenho físico por meio de mecanismos artificiais, como a instalação de chips para o aumento da capacidade cerebral.[18] **19**

Diferentemente do que ocorre em relação às intervenções com indicação clínica, o objetivo geral do tratamento, nesse grupo de casos, não é a melhoria ou a conservação do estado de saúde do paciente, mas a satisfação de desejos adicionais. Tais intervenções são predominantemente consideradas lesões corporais. **20**

16. *Hilgendorf* ZStW 112 (2000), 811; *Wessels/Hettinger* BT 1 § 5 nm. 275.
17. *Lackner/Kühl* StGB § 224 nm. 6.
18. Ver → Cap. 11.

V. A justificação por meio do consentimento

21 Caso a intervenção curativa seja considerada uma lesão corporal típica, o médico deve poder contar com uma causa de justificação, para evitar a responsabilidade penal. O mesmo se aplica às intervenções sem indicação clínica. A justificativa mais importante no Direito Penal da Medicina é o consentimento.[19]

1. Pressupostos gerais de um consentimento válido

22 Se houver um consentimento válido, o comportamento típico – neste caso, a lesão corporal – não é antijurídico e, portanto, não é punível. Um consentimento válido tem os seguintes pressupostos:

1. Disponibilidade do bem jurídico: o bem jurídico precisa ser disponível, ou seja, a renúncia ao bem jurídico deve ser lícita. Por exemplo, não é lícito dispor de bens jurídicos coletivos (ex., meio ambiente) e do bem jurídico vida. Já a proteção da integridade física, ao contrário, pode ser dispensada.

2. Direito de disposição do consentidor: o consentidor deve ter o direito de disposição, ou seja, ele deve ser o único possuidor do bem jurídico sobre o qual recai o dano. No caso de tratamento médico, isso geralmente não é problemático. O paciente é o único possuidor do seu direito à integridade física.

3. Disposição antes do ato: o consentimento deve ter sido concedido antes do ato e deve persistir durante todo o ato.

4. Capacidade de compreensão e julgamento: o paciente deve ser capaz de consentir, ou seja, ele deve, segundo sua maturidade mental e moral, estar em condições de reconhecer o significado e a extensão da renúncia ao bem jurídico e avaliá-la adequadamente. Para isso, não há limites de idade específicos; o consentidor não tem que ter plena capacidade civil, ou seja, ser maior de idade. Mesmo os menores de idade podem consentir validamente com uma intervenção se possuírem uma maturidade mental compatível, que deverá ser verificada em cada caso individualmente, cf. → Cap. 2 nm. 26 s.

5. Ausência de vício de vontade: o consentimento deve corresponder à verdadeira vontade do paciente e deve estar livre dos chamados vícios de vontade; a esse respeito, cf. → Cap. 2 nm. 24 s.

6. Além disso, o consentimento deve se basear em um conjunto suficiente de informações. O paciente deve ter sido informado de forma apropriada, cf.

19. *Hilgendorf/Valerius* StrafR AT § 5 nm. 109 ss.

→ Cap. 2 nm. 39 ss. Historicamente, o dever de fornecer informações foi inicialmente utilizado para colocar os profissionais não-médicos em uma situação pior.[20]

7. Elemento subjetivo de justificação: o médico deve agir em razão do consentimento, ou seja, deve conhecê-lo e tê-lo como base de seu tratamento.

8. Ausência de violação aos bons costumes: a intervenção não pode atentar contra os bons costumes (§ 228 StGB); em detalhes → Cap; 2 nm. 35 ss.

Esquema de verificação: consentimento 23

1. Disponibilidade do bem jurídico
2. Direito de disposição por parte do consentidor
3. Consentimento antes da intervenção
4. Capacidade de compreensão e julgamento
5. Ausência de vícios de vontade
6. Esclarecimentos apropriados com informações suficientes
7. Elemento subjetivo de justificação
8. Ausência de violação aos bons costumes

2. Vícios de vontade

O consentimento deve estar livre de vícios de vontade. Isso significa 24
que ele não pode estar baseado em ameaça, coação, engano ou em um erro de declaração.[21] Puros erros de motivação,[22] como, por exemplo, equívocos de valoração a respeito das qualificações do médico, são, ao contrário, geralmente irrelevantes, a menos que a baixa qualificação aumente o risco de uma intervenção perigosa.[23] No entanto, a situação é diferente caso o paciente exija explicitamente que um determinado médico realize o tratamento (p.ex., o médico chefe). Então, caso o tratamento seja realizado por outro médico, o consentimento não é válido.

20. RGSt 25, 375 (medicina natural); RGSt 50, 37 (cura por reza).

21. No erro de declaração, aquilo que é declarado não coincide com aquilo que o agente quis declarar, portanto, ele erra sobre o significado de sua declaração.

22. O erro de motivo é concernente à formação da vontade que conduz a uma ação determinada (p.ex., a uma declaração de consentimento).

23. MüKoStGB/*Joecks* § 223 nm. 77 ss.

25 Neste contexto, também são problemáticos os casos de testes secretos de HIV. Aqui se deve fazer a seguinte distinção: caso a coleta de sangue seja feita com o único objetivo de realizar um teste de HIV e o paciente seja ludibriado, acreditando que a amostra de sangue servirá para outros propósitos, haverá um engano, que torna o seu consentimento inválido. Caso o paciente dê um consentimento geral, que se estenda à execução de todos os testes necessários para o tratamento médico concreto, então, segundo a perspectiva dominante, o teste de HIV não pode ser realizado com base neste consentimento, caso a anamnese não indique qualquer evidência de infecção pelo vírus HIV.[24] Portanto, neste caso, o consentimento também é ineficaz.

3. Intervenções em menores de idade

26 Os menores de idade também podem consentir validamente no tratamento, caso possuam maturidades mental e moral necessárias. Em relação a crianças menores de 14 anos, geralmente é assumido o contrário, ou seja, que eles não têm capacidade de consentir.[25] O problemático é o consentimento de adolescentes entre 14 e 18 anos. Em princípio, quanto menor é a intervenção e suas possíveis consequências, maior é a possibilidade de se aceitar a capacidade de consentimento. Ao mesmo tempo, quanto mais jovem é o paciente, mais se deve rejeitar a sua capacidade de consentimento e, inversamente, quanto mais ele se aproxima da maioridade, maior é a probabilidade de se assumir a sua capacidade de consentir. Assim, no caso de intervenções leves, como, p.ex., a coleta de uma amostra de sangue, a capacidade de consentimento é geralmente assumida a partir dos 16 anos.[26] No entanto, mesmo em relação a jovens entre 14 e 15 anos, já se pode afirmar essa capacidade levando em consideração as circunstâncias.[27]

27 Caso o menor de idade tenha plena capacidade de compreensão, apenas sua vontade é decisiva, e a vontade de seu representante legal (geralmente os pais), contrária à sua, será irrelevante. Caso ainda não haja capacidade de compreensão e julgamento, deve-se buscar o consentimento do representante legal. Em relação a isso, o médico deve estar ciente de que geralmente os pais dividem a custódia parental e, portanto, ambos devem concordar com o tratamento. Por isso, a jurisprudência distingue a gravidade da intervenção. No caso de intervenções leves, o médico pode obter apenas a autorização de um dos pais. No caso de intervenções moderadas, ele deve se certificar de que o pai ausente concorda plenamente com o tratamento. Por fim, em

24. *Uhlenbruck* MedR 1996, 206.
25. *Ulsenheimer* ArztStrafR nm. 418.
26. Schönke/Schröder/*Eser* § 223 nm. 38c.
27. *Ulsenheimer* ArztStrafR nm. 420.

intervenções graves, que envolvam decisões difíceis e de amplo alcance e riscos significativos para a criança, o médico deve ter certeza de que ambos os pais concordam com o tratamento.[28] No entanto, este posicionamento jurisprudencial é questionável na medida em que ainda não se sabe de que maneira o médico deve ter certeza quando apenas um dos pais está presente e quais exigências devem ser observadas para se ter certeza.[29]

4. Caso especial: circuncisão de lactentes e crianças pequenas

A circuncisão de meninos é uma lesão corporal típica. No entanto, 28
caso haja capacidade de consentimento (→ Cap. 2 nm. 26 s.), é possível que a lesão seja justificada pelo consentimento. Os problemas residem na justificação da circuncisão de bebês e crianças pequenas, incapazes de consentir. Em regra, esse consentimento só pode ser concedido pelos responsáveis, geralmente, os pais.[30] No entanto, a validade geral de tal consentimento tem sido questionada há muito tempo por uma parte da literatura.[31]

Em 2012, o chamado "julgamento da circuncisão" do LG de Colônia 29
causou discussões acaloradas nos debates políticos e na sociedade.[32] Questionava-se se a circuncisão de um menino incapaz de consentir, realizada por motivos religiosos, portanto sem indicação clínica, seria lícita. No plano da justificação, há um conflito entre, de um lado, a integridade física e a autonomia privada da criança e, do outro, o direito de educação e a liberdade religiosa dos pais.

O LG de Colônia decidiu que o consentimento do responsável legal por 30
motivação religiosa, em princípio, não corresponde aos interesses da criança, já que esse consentimento pretende autorizar uma mudança permanente e irreversível no corpo, o que também iria de encontro aos interesses da criança em poder decidir, mais tarde, a sua própria religião.[33] De acordo com o § 1627 S. 1 BGB, o direito de guarda só abrange medidas educacionais que sirvam ao bem-estar da criança. Sendo assim, "a circuncisão da criança incapaz de consentir não se justifica nem do ponto de vista da evitação da

28. BGH NJW 1988, 2946 ss.

29. Mais detalhes sobre o todo, *Ulsenheimer* ArztStrafR nm. 416 ss.

30. *Fischer* StGB § 223 nm. 45.

31. Defendendo a punibilidade: *Herzberg* JZ 2009, 332 ss.; *Herzberg* MedR 2012, 169 ss.; *Jerouschek* NStZ 2008, 313 (317 s.); *Kempf* JR 2012, 434 (439); *Putzke* NJW 2008, 1568 ff.; contrários: *Rohe* JZ 2007, 801 (805); Zähle AöR 2009, 434 (446 s.); *Schwarz* JZ 2008, 1125 ss.; *Valerius* JA 2010, 481 (484 s.).

32. LG Köln NJW 2012, 2128 ss.; *Putzke* MedR 2012, 621 ss.

33. LG Köln NStZ 2012, 449.

exclusão do respectivo ambiente religioso e social nem em razão dos direitos parentais de educação".[34]

31 Em resposta à decisão, o legislador introduziu o § 1631d no BGB.[35] Agora, o responsável também possui o direito de consentir com uma circuncisão sem indicações clínicas de uma criança do sexo masculino, incapaz de compreender e tomar decisões, caso essa circuncisão seja realizada de acordo com as regras da ciência médica. O motivo da circuncisão não é relevante para a avaliação do procedimento médico. Segundo a norma, a circuncisão é permitida, de acordo com os pressupostos formulados na lei, caso os pais simplesmente a autorizem, não sendo relevante se eles o fazem por motivos religiosos, culturais, sociais ou de higiene.[36]

32 A circuncisão de meninas, que é realizada principalmente em países africanos, mas também na Indonésia, por motivos religiosos ou com base em certas tradições, segundo a vontade do legislador, não pode ser justificada pelo consentimento dos responsáveis. Por meio da 47ª Lei de Alteração do Código Penal alemão de 2013, a "mutilação genital" de pessoas do sexo feminino passou a ser, inclusive, tratada como tipo penal qualificado, no § 226a StGB. A introdução do § 226a StGB teve um caráter mais simbólico, objetivando, sobretudo, "reforçar a consciência do injusto".[37-38]

33 No parecer jurídico-penal produzido por ocasião da 70º Conferência dos Juristas Alemães, realizada em Hanover em 2014, as disparidades existentes entre as regulações sobre intervenções genitais em meninas e em meninos foram corretamente criticadas.[39] De uma perspectiva moral, assim como constitucional, é necessário saber qual é a razão material para um tratamento desigual entre os sexos (que, em atenção ao Art. 3 Abs. 3 GG, é carente de justificação). Até agora, essa justificativa não foi dada.[40] Além disso, não parece ter sido suficientemente discutido o fato de que a circuncisão em meninos também pode ter um efeito tão destrutivo que também mereça ser considerada uma mutilação. Portanto, é necessário exigir que o § 1631d BGB também seja aplicado analogamente à circuncisão feminina, que, em todos os aspectos relevantes, equivale à circuncisão de meninos, que é justificada. Isso já seria possível *de lege lata*. Por outro lado, o § 226a do StGB deveria, *de lege ferenda*, ser concebido de forma neutra em termos de

34. LG Köln NJW 2012, 2128 (2129).

35. *Wessels/Hettinger* BT 1 nm. 340.

36. *Steibach* NVwZ 2013, 550 (551).

37. BT-Drs. 17/13707, 1.

38. *Fischer* StGB § 226 a nm. 2b.

39. *Hörnle,* Gutachten C zum DJT 2014, p. 56 ss.

40. Crítico, com razão, *Walter* JZ 2012, 1110 ss.

gênero, de modo que as vítimas masculinas de mutilação genital também fossem abrangidas pela norma.[41]

Panorama 3: circuncisão de lactentes e crianças pequenas

34

Circuncisão de meninos	**Circuncisão de meninas**
1. Satisfaz o tipo penal da lesão corporal. 2. Circuncisão justificada pelo consentimento dos responsáveis pela criança, independentemente das razões, que podem ser religiosas, culturais ou de higiene.	1. Satisfaz o tipo penal de lesão corporal. 2. Não é justificada pelo consentimento. (constitucionalmente questionável)
Mutilação genital em pessoas do sexo masculino Não se enquadra a nenhum preceito do § 226 StGB. (constitucionalmente questionável)	**Mutilação genital em pessoas do sexo feminino** Expressamente punível pelo tipo penal especial qualificado do § 226a StGB.

Crítica: Ausência de razão material para o tratamento desigual entre os sexos, carente de justificação em razão do Art. 3 Abs. 3 GG.

5. Intervenção violadora dos bons costumes

Uma lesão só pode ser justificada por um consentimento caso não viole os bons costumes (§ 228 StGB). Segundo a definição comum, o fato viola os bons costumes caso ele contrarie o "sentimento de decência de todas as pessoas ponderadas e justas".[42] O ponto de referência não é a moral privada do juiz ou uma "lei moral" atemporal no sentido filosófico, mas a visão empiricamente verificável da comunidade jurídica. É frequentemente problemático estabelecer limites bem claros, porque a fórmula é muito imprecisa. Em geral, o que decide a questão são os objetivos do procedimento e o propósito da ação médica. 35

Intervenções objetivamente nocivas, que não visem a um propósito significativo ou que até mesmo visem a um propósito reprovável, como, 36

41. *Hörnle*, Gutachten C zum DJT 2014, p. 58; de acordo, *Hilgendorf* StV 2014, 555 (560).

42. *Hilgendorf/Valerius* AT § 5 nm. 128.

p.ex., uma mutilação ou uma fraude contra seguros, violam os bons costumes.[43] Mas um aumento extremo dos seios que seja danoso à saúde ou mudanças faciais significativas com prognóstico ruim a longo prazo também violariam os bons costumes.

37 No chamado "caso da escrava sexual", o BGH se deparou com problemas de limites do consentimento. A decisão, que é de enorme importância, baseou-se nos seguintes fatos:

> "A companheira do réu demonstrou grande interesse em exercer práticas sexuais excepcionais, sobretudo, os chamados 'jogos de escravidão'. Essas práticas compreendiam, dentre outras coisas, o seguinte exercício: o réu tinha que exercer pressão sobre a laringe, o osso hioide e a traqueia de sua parceira com um objeto, para induzir sua privação temporária de oxigênio, o que a deixava excitada. Por conta da compleição corporal da sra. R, que nos últimos tempos havia aumentado perceptivelmente sua circunferência corporal, o réu expressou suas preocupações, uma vez que temia que ela não pudesse mais receber oxigênio devido à fixação das pernas por cima da barriga até a cabeça. No entanto, ela desacreditou os receios do parceiro e exigiu que, desta vez, ele usasse o tubo de metal em vez das cordas usadas anteriormente." No processo de estrangulamento, sua parceira veio a óbito.

38 Segundo a perspectiva do BGH, não se pode presumir que práticas sadomasoquistas consentidas sejam, *per se*, uma violação aos bons costumes. Pelo contrário, o ato só é imoral se, com base em uma consideração objetiva prévia de todas as circunstâncias relevantes do fato, o consentidor é colocado em perigo concreto de morte pelo ato de lesão corporal.[44]

VI. Os esclarecimentos médicos

1. Um panorama dos pressupostos de um esclarecimento efetivo

39 O consentimento só pode ser válido caso o paciente tenha sido suficientemente informado. O objetivo do esclarecimento médico deve ser o de fornecer ao paciente um conjunto suficiente de informações com base no qual ele possa tomar uma decisão autodeterminada. Em termos de conteúdo, o esclarecimento deve, em primeiro lugar, estender-se aos possíveis efeitos do procedimento (de forma específica → Cap. 2 nm. 54 ss.). E o paciente ainda deve ser esclarecido, a tempo, sobre o fato de ainda ter a oportunidade de sopesar, com profundidade, os prós e contras da intervenção. No entanto,

43. OLG Düsseldorf NStZ-RR 1997, 325 (327); MüKoStGB/*Hardtung* § 228 nm. 38.

44. BGHSt 49, 166.

não há uma forma específica para esses esclarecimentos. Não é necessário que sejam feitos especialmente por escrito, mas isso certamente facilita provar que os esclarecimentos foram prestados e em que extensão. Por fim, o dever de prestar informações ao paciente cabe, em princípio, ao médico responsável pela intervenção.

Panorama 4: Pressupostos de um esclarecimento efetivo

1. Fornecimento de informações suficientes para uma decisão autodeterminada 40
2. Esclarecimentos com conteúdo suficiente e apontamento de possíveis riscos da intervenção
3. Esclarecimentos prestados oportunamente
4. Sem forma pré-estabelecida
5. Esclarecimentos prestados por quem tem o dever de prestá-los

2. Espécies de esclarecimentos

Em muitos casos, distingue-se entre o esclarecimento para a autodeterminação, que é subdividido em esclarecimento sobre diagnóstico, sobre progressão clínica e sobre riscos, e o esclarecimento sobre terapia.[45] No entanto, na prática, as formas de esclarecimento podem coincidir. 41

A função do esclarecimento para possibilitar uma decisão autodeterminada por parte do paciente se baseia no conceito de autodeterminação: com o esclarecimento sobre diagnóstico, o paciente é informado sobre detecções médicas. No entanto, isso só é necessário, do ponto de vista do direito penal,[46] caso o diagnóstico venha a ser seguido por uma outra intervenção ou uma terapia, com as quais o médico possa vir a ser responsabilizado por lesão corporal. Em relação ao esclarecimento sobre diagnóstico, o problema reside, especialmente, na notícia de uma doença fatal. Nesse caso, o direito do paciente à autodeterminação exige uma explicação verdadeira, no entanto, em uma forma cautelosa e suave, mesmo que haja o receio de que o paciente venha a encarar com dificuldade a notícia. Nesse momento, os limites são dados apenas por possíveis contraindicações médicas, cf. → Cap. 2 nm. 63. 42

O objetivo do esclarecimento sobre procedimento é informar o paciente sobre o provável desenvolvimento do seu estado de saúde e sobre 43

45. Roxin/Schroth HdB MedStrafR/*Schöch* 57 ss.

46. Diferente no direito civil: o esclarecimento sobre o diagnóstico é um dos principais deveres do médico advindos do contrato de tratamento.

a terapia proposta. Isso inclui fornecer informações sobre os vários métodos de tratamento e sobre o tipo, a gravidade, a extensão, a execução e as dores da intervenção pretendida, bem como esclarecer sobre as consequências que devem ser seguramente esperadas por conta do procedimento.

44 O esclarecimento sobre os riscos refere-se às informações sobre os riscos associados à intervenção ou ao tratamento. É aqui que surgem os problemas mais comuns na prática, já que muitas vezes não é claro até que ponto o paciente deve ser informado sobre os riscos e quais são os riscos mais remotos que, se necessário, devem ser mencionados; a esse respeito, cf. → Cap. 2 nm. 54 ss.

45 O esclarecimento sobre o tratamento (também chamado de esclarecimento de segurança) visa informar ao paciente sobre as terapias necessárias e o sobre o comportamento necessário do paciente para evitar danos. Essa forma de esclarecimento, ao contrário do esclarecimento para a autodeterminação, não se propõe, principalmente, a permitir o direito do paciente à autodeterminação, mas a evitar danos. Na ausência desse esclarecimento, comete-se um erro de tratamento, em razão do qual o médico pode ser punido por lesão corporal culposa ou até por homicídio culposo. Como exemplo de esclarecimentos de segurança, podem ser mencionadas as informações a respeito dos controles e dos exames necessários e as informações sobre os efeitos de medicamentos.

46 **Panorama 5: Espécies de esclarecimento**

Esclarecimento para a autodeterminação			Esclarecimento sobre terapia
Esclarecimento sobre diagnóstico	Esclarecimento sobre procedimento	Esclarecimento sobre riscos	

3. O momento do esclarecimento

47 O paciente deve ser esclarecido antes do procedimento ser realizado e em tempo suficiente para que o paciente tenha a oportunidade de ponderar os prós e contras do procedimento com calma e, se necessário, conversar com sua família a respeito. Além disso, deve-se esclarecer o paciente em um momento em que sua capacidade de tomada de decisão não esteja prejudicada em razão de medicamentos. Nos casos concretos, o momento correto para esclarecer o paciente depende do tipo e da gravidade do procedimento e de sua urgência.

Os tribunais formularam algumas diretrizes a respeito desse momento: em intervenções menos graves, de baixo risco, é suficiente prestar os esclarecimentos ao paciente no dia anterior à intervenção.[47] O mesmo se aplica em relação ao esclarecimento sobre os riscos da anestesia.[48] Em relação a procedimentos ambulatoriais, que envolvem poucos riscos, o esclarecimento pode ser realizado no próprio dia da intervenção.[49] No entanto, para intervenções muito graves, que trazem riscos consideráveis, o esclarecimento deve ser prestado em uma outra data, antes do agendamento de uma operação marcada.[50] Não é suficiente esclarecer o paciente apenas na véspera da cirurgia, porque assim não lhe sobra tempo suficiente para avaliar os riscos e benefícios da operação. Mas se a intervenção for muito urgente, pode ser suficiente esclarecê-lo com menos antecedência. Em casos de alto risco para a vida, os esclarecimentos podem ser prestados alguns minutos ou mesmo segundos antes do procedimento.[51] **48**

Deve-se notar que um esclarecimento tardio não torna o consentimento, necessariamente, inválido. No caso em que o paciente não mudaria de ideia a respeito do consentimento, se houvesse sido esclarecido no tempo certo, o consentimento é efetivo segundo a opinião majoritária (→ Cap. 2 nm. 71 s.). **49**

4. Forma do esclarecimento

O esclarecimento não precisa ter forma específica, ou seja, não precisa ser por escrito. A assinatura do paciente não é especialmente necessária. No entanto, na prática clínica, são usados geralmente formulários de esclarecimento. Eles facilitam a prova para o médico, assim como os registros nos prontuários. **50**

Deve-se notar, no entanto, que os formulários não podem substituir os diálogos para o esclarecimento. Eles podem, no máximo, preparar e dar apoio à necessária conversa "sigilosa" entre o médico e o paciente, mas não podem perturbar a relação médico-paciente com uma burocracia excessiva. O recomendado é um esclarecimento passo-a-passo, no qual o paciente é informado, primeiro, pelos folhetos e, em seguida, por uma discussão detalhada com o médico. **51**

47. BGH NJW 1992, 2351 (2352).

48. BGH NJW 1992, 2351 (2352).

49. BGH NJW 1994, 3010 (3011).

50. BGH NJW 1992, 2351 (2352).

51. Roxin/Schroth/ HdB MedStrafR/*Schöch* p. 66.

52 Panorama 6: Momento do esclarecimento

Regra geral: O paciente deve ser esclarecido antes do procedimento ser realizado e deve ter a possibilidade de sopesar os prós e contras do procedimento com calma.

Caso concreto: O momento correto para esclarecer o paciente depende do tipo e da gravidade do procedimento e de sua urgência.

Em intervenções menos graves, de baixos riscos →	É suficiente esclarecer o paciente no dia anterior à intervenção.
Em procedimentos ambulatoriais, com poucos riscos →	É suficiente esclarecer o paciente no dia da intervenção.
Em intervenções muito graves, com riscos consideráveis →	O paciente deve ser esclarecido em uma outra data, antes do agendamento de uma cirurgia.
Em casos de alto risco para a vida →	Os esclarecimentos podem ser prestados alguns minutos ou mesmo segundos antes do procedimento.

Em casos de esclarecimentos tardios: Há possibilidade de justificação do ato por meio da figura do consentimento hipotético

5. A pessoa obrigada a prestar os esclarecimentos

53 Em geral, é o médico responsável pelo tratamento quem deve prestar os esclarecimentos, ou seja, em princípio, é o médico que realizará o procedimento quem deve esclarecer o próprio paciente. No entanto, também é aceitável que isso seja realizado por uma delegação de outros médicos, mas não de auxiliares. Contudo, é necessário que a delegação seja organizada de modo a garantir um esclarecimento exaustivo, que não seja deficiente por conta da falta de qualificações do médico esclarecedor ou pela falta de transferência da obrigação de esclarecer.[52] Se o esclarecimento for realizado por um médico de outra especialidade, o médico que trata o paciente pode contar com o fato de que o outro médico tenha respondido, devidamente, as questões relativas à sua especialidade.

52. *Ulsenheimer* ArztStrafR nm. 409 s.

6. Extensão da obrigação de esclarecimento

Com relação à extensão da obrigação de prestar esclarecimentos, existem grandes incertezas na prática médica. Um ponto de partida útil para considerar a extensão do esclarecimento é, em primeiro lugar, o seu propósito: capacitar o paciente a avaliar os riscos e benefícios da intervenção e tomar uma decisão autodeterminada com base nas informações fornecidas a ele. Principalmente os tribunais cíveis exigem um esclarecimento bem extenso, que inclua todos os riscos típicos associados ao procedimento. A jurisprudência penal adotou em grande parte esses altos requisitos. Por isso, as exigências para os esclarecimentos a respeito de intervenções muito graves e/ou de intervenções sem indicação clínica são bem altas. **54**

A jurisprudência desenvolveu a seguinte fórmula básica: "o paciente deve ser informado sobre as descobertas, assim como sobre a natureza, as chances e os riscos da intervenção, da forma como é de se esperar que uma pessoa racional, no lugar do paciente, deva ser informada para que possa decidir sobre seu consentimento".[53] Em detalhes, aplica-se o seguinte. **55**

Em primeiro lugar, o paciente deve ser informado sobre a realização do procedimento, assim como a natureza, a finalidade e as alternativas do tratamento. Por exemplo, o paciente deve ser informado sobre se a intervenção tem fins terapêuticos, se serve ao diagnóstico ou se tem, simplesmente, propósitos científicos ou experimentais.[54] O paciente não deve ser informado apenas de medidas usuais, mas também de opções alternativas de tratamento, como, por exemplo, um tratamento medicamentoso, mesmo que para toda a vida, ao invés de uma cirurgia padrão. No entanto, métodos não-ortodoxos não precisam ser oferecidos.[55] **56**

O paciente ainda deve, em todo caso, ser esclarecido a respeito das consequências mais prováveis e certas da intervenção, como, por exemplo, de dores significativas e do estado pós-operatório. O problema está em saber até que ponto o paciente deve ser informado sobre outros riscos, em especial sobre os riscos que, estatisticamente, são mais improváveis. A jurisprudência anterior exigia que o paciente, acima de tudo, fosse informado sobre todas as consequências "típicas" da operação, o que inclui tanto os riscos mais frequentes como outros "próprios" do tratamento.[56] **57**

Em razão de crítica massiva, a jurisprudência voltou atrás parcialmente. **58**
O que interessa hoje é saber se, e em que medida, o risco da intervenção em

53. BVerfGE 52, 131, 16; BGHSt 11, 111.

54. Com detalhes, Schönke/Schröder/*Eser* StGB § 223 nm. 41 ss.

55. BGH NStZ 1996, 34; MüKoStGB/*Joecks* § 223 nm. 87.

56. BGH VersR 1959, 391; MDR 1962, 45.

questão, tendo em vista a urgência da intervenção e os riscos associados à sua não-execução e segundo a sua natureza, gravidade e previsibilidade, podem afetar uma pessoa racional.[57] Assim, até mesmo riscos estatisticamente raros devem ser esclarecidos, caso tenham a capacidade de afetar a condição física ou a vida futura do paciente.[58] A propósito, ao avaliar o grau dos riscos, as condições da clínica e as habilidades e capacidades individuais do médico devem ser levadas em consideração.[59] Em relação a procedimentos sem indicação clínica, tais como cirurgias plásticas, as exigências são particularmente mais altas.

59 Além disso, também se deve levar em conta que, quanto maior é a urgência em realizar a intervenção, maiores são os perigos de sua não-realização. Um caso extremo é o de procedimentos com alto risco para a vida: nesse caso, a diferenciação em relação ao consentimento presumido (→ Cap. 2 nm. 67 ss.) nem sempre é possível. A jurisprudência diminui muito os requisitos para o esclarecimento nesses casos. Se forem necessárias intervenções imediatas para salvar a vida do paciente, o médico não precisa "se preocupar demais" com o consentimento.[60]

7. Ausência do dever de esclarecimento

60 Caso o paciente já esteja suficientemente informado e, por isso, não seja mais carente de esclarecimentos, o médico está liberado de prestar esclarecimentos em relação a esses fatos. Assim, riscos de conhecimento geral, como o perigo de uma embolia ou de uma infecção nas feridas da cirurgia, só precisam ser mencionados caso esses conhecimentos não possam ser esperados do paciente.[61]

61 O direito do paciente à autodeterminação significa que ele pode renunciar, total ou parcialmente, ao seu direito de ser esclarecido. No entanto, isso não significa que não deva haver qualquer conversa entre médico e paciente. A fim de exercer o seu direito à autodeterminação, o paciente deve, pelo menos, saber a que está renunciando. Portanto, ele tem que saber que uma intervenção é necessária e que ela envolve riscos; só então ele pode efetivamente renunciar a mais esclarecimentos. Assim, não é válida uma renúncia em branco.

57. BGH NJW 1963, 393 (394); NJW 1972, 335 (337); NJW 1977, 337 (338); NJW 1980, 1905 (1907); NJW 1994, 793 (794).

58. BGH NJW 1985, 2192; NJW 1991, 2344 (2345); NJW 1994, 2414.

59. LG Bremen MedR 1983, 73 (75); Schönke/Schröder/*Eser* StGB § 223 nm. 41d.

60. BGHSt 12, 379 (382).

61. MüKoStGB/*Joecks* § 223 nm. 93; outra posição, Schönke/Schröder/*Eser* StGB § 223 nm. 42b (nenhum esclarecimento).

É controverso se uma renúncia ao esclarecimento só é válida caso explícita ou se um comportamento implícito já é suficiente. A jurisprudência entende por suficiente que o paciente indique por meio de seu comportamento não desejar (outras) informações.[62] Segundo uma outra opinião, por motivos de clareza jurídica, é necessária uma renúncia explícita.[63] **62**

Os médicos frequentemente apontam o fato de que, em certas situações, esclarecer o paciente é inadequado ou mesmo perigoso. Caso a prestação de informações ao paciente, no caso concreto, conduza a uma piora do seu estado de saúde, é possível pensar até mesmo em uma responsabilização penal do médico por lesões corporais. Nesses casos, o médico estaria em uma corda bamba, pois ele, por um lado, deve proteger o direito do paciente à autodeterminação, mas, por outro lado, não quer e não pode sobrecarregá-lo com a verdade – por vezes, "brutal". No entanto, o esclarecimento devido só pode, por razões médicas, ser omitido em casos excepcionais. A jurisprudência exige que, para tanto, seja de se esperar que o esclarecimento provoque danos não remediáveis à saúde do paciente ou riscos ao sucesso de cura, e não apenas uma perturbação da condição psicológica do mesmo.[64] No caso da chamada síndrome de Basedow, é indiscutível a contraindicação médica em esclarecer o paciente, já que qualquer pequena excitação psíquica pode ser fatal. Nesse caso, a justificativa é baseada nas regras do consentimento presumido.[65] **63**

Caso um paciente não seja capaz de tomar decisões ou esteja inconsciente e o procedimento não possa ser adiado, pode-se proceder sem consentimento. Nesse caso, também se aplicam as regras do consentimento presumido (→ Cap. 2 nm. 69 ss.). **64**

8. Problemas práticos com o esclarecimento

Na prática, nem sempre é fácil esclarecer o paciente. Muitas vezes, a extensão do esclarecimento necessário na situação não é clara. Os médicos, geralmente, não têm tempo nem possibilidade de se informarem sobre a extensão necessária dos esclarecimentos em cada caso. Além disso, a obrigação de prestar esclarecimento conduz, muitas vezes, a muita burocracia e formalidade, de modo que existe o perigo de que o verdadeiro diálogo de esclarecimento fique em segundo plano ou seja seriamente prejudicado. **65**

62. BGHY 29, 46, 57; *Roßner* NJW 1990, 2291; LK-StGB/*Hirsch* § 228 nm. 20.

63. Roxin/Schroth HdB MedStrafR/*Schöch* 72; NK-StGB/*Paeffgen* § 228 nm. 81.

64. BGHZ 29, 176 (183 ss.); BGHZ 29, 46 (57); BGH NJW 1972, 335 (337); BGHSt 11, 111 (116).

65. Roxin/Schroth HdB MedStrafR/*Schöch* 73.

66 A propósito, o paciente livre e tomador de decisões autorresponsáveis é um modelo ideal. Na prática, muitos fatores diferentes influenciam a decisão do paciente. Nesse sentido, por exemplo, o médico muitas vezes tem a tendência, inconsciente, de apresentar melhor e mais detalhadamente a sua solução favorita, associada às suas vantagens, em vez daqueles métodos dos quais ele pessoalmente não está convencido. Em muitos casos, o paciente, de qualquer forma, também não tem uma escolha de verdade. De que adianta ele conhecer até os mais improváveis riscos de uma cirurgia, que ainda serão muito estressantes, se o procedimento for inevitável? Além disso, também há pacientes intelectualmente fracos, que não estão em condições de seguir as instruções do médico e tomar uma decisão autodeterminada. Problemas como esses mostram que a discussão a respeito da construção legal do dever de informar, que se destina à proteção da autonomia do paciente, ainda não chegou ao fim.

VII. Justificação por meio do consentimento presumido

67 Se o paciente não tiver capacidade de consentimento, por estar, por exemplo, inconsciente ou sob efeito de medicação, pode-se considerar, ainda, uma justificação baseada em um consentimento presumido.

68 Uma justificação por consentimento presumido pressupõe que o consentimento do paciente não possa ter sido obtido ou, pelo menos, não a tempo. Além disso, o procedimento deve corresponder à presumível vontade do paciente. Para se decidir a esse respeito, não se deve considerar uma ponderação de bens e interesses orientada por princípios objetivos (como no estado de necessidade justificante[66]), senão realizar uma avaliação de probabilidades sobre a verdadeira vontade do paciente. Nessa avaliação de probabilidades, deve ser incluído tudo que seja de conhecimento do médico, em relação aos interesses, às necessidades, aos desejos e aos valores do paciente. Critérios objetivos, como, por exemplo, os parâmetros de avaliação de um paciente que age racionalmente, só devem ser considerados caso não existam outras pistas da real vontade do paciente. O médico não pode substituir a vontade do paciente por suas próprias opiniões a respeito do que, medicamente, faz mais sentido.

69 As disposições de vontade do paciente têm um significado especial na aferição de sua vontade: a vontade especificada nessas declarações deve ser observada pelo médico, a menos que o paciente, nesse ínterim, tenha se distanciado, perceptivelmente, de suas últimas declarações. A esse respeito, conferir a seção especial a respeito das declarações prévias do paciente, no Capítulo 4.

66. *Hilgendorf/Valerius* StrafR AT § 5 nm. 70 ss.; *Kühl* StrafR AT § 9 nm. 47a.

Panorama 7: Pressupostos do consentimento presumido 70

1. Disponibilidade do bem jurídico
2. Direito de disposição por parte do consentidor
3. Capacidade de compreensão e de julgamento por parte do consentidor
4. Ausência de declaração de consentimento por parte do paciente
5. Intervenção corresponde à vontade presumida do paciente
6. Elemento subjetivo de justificação

VIII. Consentimento hipotético

Na literatura recente, discute-se a possibilidade de um chamado "consentimento hipotético".[67] Segundo essa posição, a antijuridicidade deve ser excluída no caso em que o paciente teria consentido com a intervenção curativa, se tivesse sido esclarecido devidamente. 71

A ausência de esclarecimento, portanto, só conduz à antijuridicidade da intervenção na hipótese em que o paciente não teria consentido caso tivesse recebido os devidos esclarecimento. A crítica na literatura se dirige, sobretudo, às dificuldades de prova de uma constatação *a posteriori.* Como se deve determinar com certeza que o paciente teria consentido diante do esclarecimento devido? Existe uma ameaça de redução das proteções aos bens jurídicos por meio de uma errônea constatação de um consentimento hipotético. Isso prejudicaria o instituto jurídico do consentimento presumido e colocaria em risco o direito à autodeterminação dos pacientes.[68] 72

IX. Justificação por meio do estado de necessidade justificante, § 34 StGB

Também é possível justificar uma contenda em razão de um estado de necessidade justificante (§ 34 StGB). Isso pressupõe, em primeiro lugar, uma situação de estado de necessidade: um perigo atual para a vida ou integridade física do paciente (ou um outro bem jurídico, que, no entanto, dificilmente poderia ser relevante no contexto que estamos trabalhando). A intervenção deve ser urgente. Além disso, deve haver uma ação adequada, 73

67. *Hilgendorf/Valerius* StrafR AT § 5 nm. 138 ss.

68. *Fischer* StGB § 223 nm. 34; *Jäger* StrafR AT nm. 146c.

no sentido do § 34 StGB, ou seja, a intervenção deve ser objetivamente necessária. Portanto, não pode existir outro método igualmente eficaz para o afastamento do perigo que afete menos o paciente. Em relação à ponderação de bens e interesses, é necessário, em seguida, avaliar se o interesse protegido (vida e/ou saúde do paciente) se sobrepõe consideravelmente ao interesse atingido, no caso, o direito à autodeterminação.

74 Uma justificação do médico em razão de um estado de necessidade (§ 34 StGB) é considerada, por exemplo, quando um paciente da emergência é internado e, além de não existir um consentimento explícito em relação à cirurgia de emergência, também não há tempo para determinar uma vontade presumida do paciente.

75

Esquema de verificação do estado de necessidade justificante (§ 34 StGB)

1. Situação de estado de necessidade do § 34 StGB
   a) bem jurídico passível de ser protegido em estado de necessidade
   b) perigo atual para o bem jurídico
2. Ação em estado de necessidade
   a) necessidade
   b) ponderação de bens e interesses
3. Elemento subjetivo de justificação

X. A ampliação cirúrgica

1. A problemática da ampliação cirúrgica

76 Um problema especial é o da chamada ampliação cirúrgica. Durante a cirurgia, o médico vai além da intervenção inicialmente planejada. Se a possibilidade de uma ampliação cirúrgica já tiver sido discutida com o paciente antes da operação e, em relação a isso, ele tiver consentido, não há qualquer particularidade. O caso é diferente, no entanto, se o paciente não tiver sido informado sobre a possibilidade de uma ampliação cirúrgica. Neste caso, de acordo com a jurisprudência, há uma lesão corporal não justificada pelo consentimento.[69] Para afastar a punição do médico, devem ser buscadas outras justificativas.

69. BGHSt 45, 219.

2. Causas de justificação em casos de ampliação cirúrgica

Justificar uma ampliação cirúrgica durante a operação por meio do consentimento só é considerado em casos excepcionais, a saber, quando o paciente está consciente e capaz de tomar decisões durante a operação. 77

Em muitos casos, considera-se uma justificação por consentimento presumido. Para isso, é necessário que a cirurgia tenha se ampliado em interesse do paciente, que não seja possível obter seu consentimento e que a ampliação cirúrgica corresponda à sua verdadeira vontade. A "verdadeira vontade" deve ser determinada por meio de uma avaliação probabilística (→ Cap. 2 nm. 68). 78

Se a ampliação cirúrgica se destina a afastar um perigo iminente de ocorrência de danos irreparáveis ou a morte, é suficiente, segundo a jurisprudência, que os critérios objetivados sugiram que a decisão de ampliar a cirurgia pareça racional do ponto de vista do paciente.[70] Se, por outro lado, apesar de a extensão da cirurgia parecer racional de um ponto de vista médico, mas não houver perigo agudo para a vida ou um considerável risco para a saúde do paciente, o médico deve, em regra, obter o consentimento do paciente. Dessa forma, o ginecologista, por exemplo, não pode realizar uma esterilização durante a cesariana, só porque, durante a operação, chegou à conclusão de que outra gravidez poderia ser fatal para a mulher.[71] 79

O consentimento presumido não serve para "curar" um esclarecimento defeituoso. Caso o médico tenha previsto a possibilidade de uma ampliação cirúrgica no momento em que esclareceu o paciente, mas não tenha esclarecido a seu respeito, ele não pode ser justificado pelo consentimento presumido, mesmo que a ampliação do ato cirúrgico tenha sido realizada, objetivamente, em interesse do paciente.[72] 80

Além disso, também se deve considerar uma justificação por estado de necessidade (§ 34 StGB); a esse respeito, cf. já → Cap. 2 nm. 73 ss. Caso a ampliação cirúrgica seja urgente, há uma situação de estado de necessidade. Além disso, a ampliação cirúrgica deve ser objetivamente necessária, de modo que não pode existir outro método igualmente eficaz que afete menos o paciente. Em relação à ponderação de bens e interesses, é necessário, em seguida, avaliar se o interesse protegido (vida e/ou saúde do paciente) se sobrepõe consideravelmente ao interesse atingido, no caso, o direito do paciente à autodeterminação. 81

70. BGHSt 11, 111 (115); 35, 246; 45, 219; Schönke/Schröder/*Eser* StGB § 223 nm. 44b; Roxin/Schroth HdB MedStrafR/*Schroth* 41.

71. BGHSt 45, 219; Roxin/Schroth HdB MedStrafR/*Schroth* 39 s.

72. Roxin/Schroth HdB MedStrafR/*Schroth* 41 s.

82 **Panorama 8: Possíveis causas de justificação em casos de ampliação cirúrgica**

> 1. Consentimento
>
> Em casos excepcionais, quando o paciente, durante a operação, está consciente e capaz de tomar decisões
>
> 2. Consentimento presumido
>
> Ampliação cirúrgica é realizada em interesse do paciente, não é possível obter o consentimento e a ampliação cirúrgica corresponde à verdadeira vontade do paciente
>
> 3. Estado de necessidade justificante (§ 34 StGB)

XI. Formas especiais de intervenção

83 As seguintes variantes de intervenção médica são reguladas por lei devido às suas graves consequências para o paciente: o transplante de órgãos é regulado pela Lei de Transplantes de Órgãos (TPG) de 1997,[73] a mudança de sexo é regulada pela Lei da Transsexualidade de 1980, e a castração é regulada pela Lei de Castração de 1969.

73. → Cap. 8.

§ 3. Excurso: a história da eutanásia

I. Sobre o conceito de eutanásia

O termo "eutanásia" se origina do grego e se refere ao auxílio para a morte de doentes terminais e gravemente feridos, com o objetivo de poupá-los de sofrimentos agonizantes. Ao longo dos séculos, ele tem sido interpretado de diferentes maneiras, desde sua descrição, na antiguidade, como uma "boa morte" até a – ideologicamente motivada – aniquilação da "vida indigna de viver" no período do Terceiro Reich, quando o termo se fundiu aos aspectos (eugênicos) de "higiene racial" e foi mal utilizado para legitimar assassinatos em massa de pessoas portadoras de deficiências físicas e mentais. 1

No debate de hoje, o termo "eutanásia", apesar de seu desgaste histórico, é muito utilizado no contexto da discussão sobre auxílio para a morte e suicídio assistido. Isso corresponde ao seu uso internacional, especialmente em países anglo-saxões ("euthanasia"). Para uma melhor compreensão da discussão atual e de suas raízes históricas, é útil apresentar uma revisão da história da eutanásia e de suas raízes na história do pensamento. 2

II. Eutanásia na antiguidade

O termo grego "eutanásia" descreve originalmente uma "morte boa, feliz e bela". Na antiguidade, o suicídio e o auxílio eram considerados amplamente admissíveis.[1] É controverso se o juramento de Hipócrates,[2] do século IV ou V a.C., se distancia dessa admissibilidade.[3] 3

1. *Decher*, Signatur der Freiheit, p. 41 ss.
2. → Cap. 1 nm. 8 ss.
3. → Cap. 1 nm. 10.

4 Na transição para a Idade Média, a doutrina cristã, que rejeitava qualquer forma de eutanásia em geral, ganhou influência. Segundo a crença cristã, Deus tem o poder exclusivo sobre a vida humana. Por isso, de acordo com a forma de pensar medieval, a eutanásia era proibida. No entanto, se isso correspondia à realidade da morte na Idade Média é mais do que duvidoso.[3]

III. Idade Moderna

5 No Renascimento, as ideias dos antigos a respeito da eutanásia foram novamente descobertas. *Thomas Morus* (1478-1535) acrescentou a respeito:

> "Entretanto, no caso de a doença não ser não apenas incurável, mas também provocar um sofrimento atroz e contínuo, os sacerdotes e as autoridades públicas exortam o enfermo a não prolongar mais sua agonia. Lembram ao enfermo de que agora ele está incapacitado para a vida, tornando-se um fardo para os outros e para si próprio e que, na realidade, está apenas sobrevivendo à própria morte. Dizem-lhe que não deveria permitir que a doença continuasse a fazê-lo sofrer por mais tempo e que a vida, ao transformar-se numa simples tortura, e o mundo, numa mera prisão, não deveria hesitar em libertar-se, ou deixar que outros o libertassem dessa vida arruinada. Seria um gesto sábio, dizem eles, uma vez que, para ele, a morte põe um fim à agonia. Além disso, estaria seguindo os conselhos de sacerdotes, que são os intérpretes da vontade de Deus, e que asseguram que esse seria um gesto santo e piedoso. Os que se deixam persuadir põem fim aos seus dias, jejuando voluntariamente até a morte ou então tomando uma poção que os faz adormecer sem sofrimento, até que morram sem o perceberem. Todavia, essa solução jamais é imposta sem o consentimento do enfermo e quando este decide o contrário, os cuidados a ele dispensados não diminuem. Nas circunstâncias em que a morte é recomendada pelas autoridades públicas, considera-se a eutanásia um gesto honrado."[4-5*]

6 Com essas observações, as ideias dos antigos a respeito da eutanásia foram retomadas. O que é novo, no entanto, é a ênfase na autodeterminação: a eutanásia só pode ser realizada com o consentimento do paciente.

4. O suicídio também era fortemente recusado por importantes autores cristãos da Idade Média, a esse respeito, *Decher*, Signatur der Freiheit, p. 21 ss., 29 ss.

5. *Morus*, Utopia, 81.

* NT: Tradução para o português de *Melo Franco*, em: Morus, Thomas. Utopia, Tradução: Anah de Melo Franco, Brasília: Editora Universidade de Brasília, 2004, p. 92 s.

IV. A respeito do debate sobre a eutanásia nos séculos XIX e XX

Nos séculos XIX e XX, o conceito de eutanásia sofreu uma significativa mudança. O termo passou a abranger o "auxílio para a morte" com encurtamento da vida mesmo contra a vontade da pessoa em questão. A "eutanásia" passa a estar cada vez mais associada à ideia de aniquilar uma "vida indigna de viver". **7**

1. Darwinismo social

No chamado "darwinismo social", o darwinismo (designação que remete ao fundador da teoria da evolução, Charles Darwin 1809-1882) foi transferido, de forma extremamente destorcida, para a análise da sociedade humana. O ponto de partida da teoria é a desigualdade de pessoas e raças. Dessa desigualdade advém, segundo as ideias do darwinismo social, uma luta pela existência, na qual somente os mais adaptados podem e devem sobreviver. No entanto, o darwinismo social só possui uma conexão indireta com Darwin, porque as bases fundamentais de outros teóricos já haviam sido estabelecidas antes das teorias de Darwin. Pode-se mencionar, aqui, especialmente, o teórico social britânico *Herbert Spencer* (1820-1903), a quem se refere inclusive Darwin.[6] Ele, e não Darwin, é o verdadeiro pai do darwinismo social. **8**

O pensamento central do darwinismo social era a convicção de que a vida social seria uma "luta pela existência", na qual somente os mais adaptados poderiam e deveriam prevalecer, porque a eles se aplicaria o "direito do mais forte". Esse pensamento lançou os fundamentos da eugenia e da higiene racial. **9**

O darwinismo social apareceu em diferentes variantes: em primeiro lugar, como um liberalismo econômico forçado ("disputa trabalhista econômica") nos EUA, onde ele possuiu uma estreita relação com certas variantes do protestantismo (seus principais representantes foram *Carnegie* e *Rockefeller*). Na Grã-Bretanha, ele serviu, dentre outras coisas, para a legitimação do imperialismo. Um representante central de um darwinismo social modificado na Alemanha foi o zoólogo e filósofo natural *Ernst Haeckel* (1834-1919), que formulou uma teoria unificadora da vida, intitulada por ele de "monismo", segundo a qual, seres humanos, história e moral se baseavam em um princípio fundamental único, a saber, a teoria da descendência de Darwin. **10**

6. *Darwin*, Die Entstehung der Arten, 676: "Em um futuro distante, eu prevejo um amplo campo para pesquisas ainda mais importantes. A psicologia continuará certamente sendo construída sobre as bases já criadas por *Herbert Spencer,* de que toda faculdade da razão e toda capacidade só pode ser adquirida gradual e progressivamente" (*tradução livre do alemão*).

11 No final do século XIX, o darwinismo social se aliou à crença racial.[7] *Graf Gobineau* (1816-1882) defendeu, em seu "*Ensaio sobre a desigualdade das raças humanas*", que os sujeitos da luta pela existência não são os indivíduos, mas as raças, e que, em relação às raças, a raça ariana seria superior às demais. Misturando-se, perderiam as raças suas características originárias. *Gobineau* interpretou isso como um declínio civilizatório. Quando, de 1898 a 1901, seu trabalho foi publicado na versão alemã e logo passou a ser muito debatido, sobretudo, na literatura científico-popular, o fanatismo racial e a pesquisa racial se associaram ao antissemitismo, de raízes no início do cristianismo,[8] gerando uma mistura extremamente controversa.

2. Eugenia

12 O termo eugenia remete à teoria da criação humana (eugenia) formulada por *Francis Galton* (1822-1911), um primo de *Darwin*. Ela é vista como pano de fundo da teoria do darwinismo social, apresentada acima. Em um artigo publicado em 1865, "Hereditary Talent and Character", Galton defendeu elevar o nível moral e intelectual da raça humana por meio da promoção da procriação dos mais eficientes e, ao mesmo tempo, limitação da procriação dos inferiores.[9] Suas ideias sobre eficiência correspondem aos modelos vitorianos: nos homens, o ideal é marcado pelo talento, caráter e força física, nas mulheres, por meio da graça, beleza e boa saúde, bom temperamento e competências domésticas.[10]

13 A eugenia se ocupava das influências que poderiam mudar a raça humana e melhorá-la. Criou-se uma distinção entre eugenia positiva e negativa. A eugenia negativa visa prevenir a deterioração dos genes humanos por meio da degeneração ou "desnaturação". Como medidas idôneas para essa prevenção, defendia-se proibições de casamentos, esterilização ou castração voluntária ou involuntária, bem como a eliminação dos portadores de "doenças hereditárias", ou seja, medidas que deveriam evitar a reprodução de pessoas consideradas geneticamente inferiores.[11] A eugenia positiva, ao contrário, significava a melhoria do material genético por meio de medidas ativas, como regras de promoção de casamentos e "programas de correção" especiais, que estavam muitas vezes associados a avisos de "contra-seleção" por medidas político-sociais.

7. *Mann*, Biologismus im 19. Jahrhundert, 73 (80).

8. No cristianismo, os judeus, já no final da Antiguidade, eram estigmatizados como "assassinos de Deus". Na Idade Média, alternavam-se fases de tolerância e fases de perseguição e mortes por motivos religiosos.

9. *Hilgendorf* FS Horn, 1131 (1148).

10. *Hilgendorf* FS Horn, 1131 (1136).

11. *Kröner* "Eugenik" in Korff/Beck/Mikat, Lexikon der Bioethik, 694.

Por volta de 1900, iniciou-se, nos países industriais mais importantes, um processo de institucionalização da eugenia. Os EUA lideravam o processo; lá, as demandas eugênicas foram legalmente instituídas em muitos estados, por exemplo, em 1907, pela Lei sobre Esterilização Compulsória na Louisiana, que, até 1917, foi adotada por mais 16 estados. Essa lei previa a esterilização compulsória de criminosos, e a maioria das leis previa também a esterilização de epilépticos, doentes mentais e loucos que se tratassem em instituições estatais.[12] O pensamento eugênico também teve uma grande influência para a Lei de Restrição da Imigração americana de 1924, que restringiu a imigração de pessoas "racialmente inferiores" da parte oriental e da parte sul da Europa e de países não europeus.[13] 14

3. Higiene racial

A forma alemã de eugenia era a higiene racial. Ela foi fundada pelo médico de Breslau, *Alfred Ploetz* (1860 -1940), que publicou, em 1895, sua obra "*Princípios de uma higiene racial, 1ª parte. A eficiência de nossa raça e a proteção dos fracos. Um ensaio sobre higiene racial e sua relação com os ideais humanos, especialmente o socialismo*". Nunca foi publicada uma 2ª parte. Em 1904, ele fundou os "*Arquivos para biologia racial e social*" e, no ano seguinte, a Sociedade de Higiene Racial. Ambos contribuíram significativamente para a institucionalização da eugenia na Alemanha. Outros importantes defensores da eugenia foram o médico de Munique, *Friedrich Wilhelm Schallmayer* (1857-1919) e os médicos de Freiburg, *Eugen Fischer* (1874-1967) e *Fritz Lenz* (1887-1976) bem como *Othmar Freiherr von Verschuer* (1896-1969). 15

A higiene racial encontrou muitos seguidores, sobretudo, após a Primeira Guerra Mundial. Isso se deu também por conta dos efeitos da guerra, que moldaram a sociedade. Na guerra, muitos jovens saudáveis foram mortos, o que levou a um declínio na taxa de natalidade. O sentimento geral, em razão da derrota na guerra e da crise econômica, era depressivo, doenças como a tuberculose e a sífilis se alastravam, assim como o alcoolismo. Uma grande parte da população estava na miséria. 16

Essas condições fizeram com que as ideias de higiene racial fossem prontamente adotadas por amplos setores da população. Foram fundadas sociedades eugênicas em muitas cidades alemãs. Já muito antes de 1933, a higiene racial estava firmemente institucionalizada até mesmo nas universidades alemãs. Em 1927, foi inaugurado em Berlin-Dahlem o Instituto Kaiser Wilhelm de Antropologia, Genética Humana e Eugenia, que 17

12. *Kröner* "Eugenik" in Korff/Beck/Mikat, Lexikon der Bioethik, 695.

13. *Kröner* "Eugenik" in Korff/Beck/Mikat, Lexikon der Bioethik, 696.

viria a desempenhar um importante papel na pesquisa sobre teorias raciais no período do Nacional-Socialismo.

18 Na República de Weimar, quase todos os partidos mostraram grande interesse em uma política social baseada na eugenia. Na ciência jurídica alemã, no entanto, as demandas eugênicas quase não foram registradas até 1933, o que, dentre outras coisas, se devia ao apego juspositivista à dogmática jurídica e à defesa contra todas as influências políticas extrajurídicas.[14]

19 Em termos de conteúdo, a higiene racial se voltava principalmente à eugenia negativa,[15] ou seja, impedir a reprodução de "pessoas geneticamente inferiores". A principal demanda era a esterilização voluntária, às vezes também a compulsória, de pessoas com inclinações patológicas.

4. Eutanásia no tempo do nacional-socialismo

20 A associação entre teoria racial e darwinismo social é característica do nacional-socialismo, especialmente do pensamento de Hitler. Embora já houvesse, antes de 1933, associações entre os partidários da eugenia e da higiene racial e os nazistas, elas ainda não eram muito estreitas. Isso mudou no tempo do nacional-socialismo. Os defensores científicos da higiene racial receberam financiamento de Hitler para promoção de suas cátedras nas universidades. Com isso, Hitler foi capaz de usar a "ciência da higiene racial" para legitimar seu programa político.

21 A primeira implementação jurídica do programa de eugenia nazista ocorreu por meio da Lei sobre Contracepção de Descendência Geneticamente Patológica.[16] Essa lei permitiu a esterilização compulsória de pessoas que sofriam de determinadas doenças, que eram consideradas hereditárias, como demência congênita, esquizofrenia, insanidade circular (maníaco-depressiva), cegueira hereditária e surdez, assim como alcoolismo grave. Para conferir às esterilizações aparências de Estado de Direito, decidia-se sobre a esterilização forçada na corte de saúde hereditária, formada por juristas e médicos. Até 1945, mais de 300.000 pessoas foram esterilizadas com base nesta lei; em cerca de 6.000 casos, a esterilização causou a morte ou danos graves para a saúde dos esterilizados.

22 No entanto, isso não se manteve assim. A partir do outono de 1939, foram assassinadas, sob a ordem de Hitler, mais de 70.000 pessoas em hospitais psiquiátricos. A ordem foi emitida apenas em outubro de 1939, mas data de 1º de setembro de 1939, provavelmente, por supor-se que a

14. *Hilgendorf* FS Horn, 1137.

15. *Kröner* "Eugenik" in Korff/Beck/Mikat, Lexikon der Bioethik, 696.

16. Especificamente a esse respeito, *Czeguhn* em Czeguhn/Hilgendorf/Weitzel, Eugenik und Euthanasie 1850-1945, 147.

coincidência temporal com o início da guerra daria uma certa justificação moral e, assim, poderia superar as resistências contra a quebra do tabu. Não havia base legal para a ordem. Chama-se o episódio de "Ação T4", porque a ação foi organizada na Rua Tiergarten, n. 4, em Berlim. De lá, foram enviados questionários às instituições psiquiátricas da Alemanha, por meio dos quais os médicos das instituições tinham que fornecer informações sobre o estado de saúde de seus pacientes.

Protestos notáveis de médicos veteranos e das psiquiatrias universitárias 23
fracassaram. Somente a partir da pregação pública do Bispo de Münster, *Clemens Graf von Galen*, no verão de 1941, os assassinatos de doentes mentais e deficientes foram oficialmente interrompidos.[17] No entanto, segundo estimativas, outras 30.000 pessoas foram mortas posteriormente em ações secretas de eutanásia, a chamada eutanásia selvagem. Os piores excessos ocorreram nos campos de concentração, especialmente em Auschwitz. Lá, sob a direção do médico *Josef Mengele*, especializado em pesquisa de gêmeos, prisioneiros foram submetidos a exames médicos torturantes, inclusive vivissecções sem qualquer anestésico.[18] Os resultados de *Mengele* foram avaliados em colaboração com o renomado Instituto Kaiser Wilhelm de Antropologia de Berlim e usados cientificamente.

5. O precursor da eutanásia nazista

Os precursores intelectuais, embora de forma involuntária, do 24
assassinato de pessoas supostamente indignas de vida, sob o regime nazista, foram o professor de direito penal *Karl Binding* e o psiquiatra *Alfred Hoche*. No trabalho publicado em 1920 sobre "*A liberação da aniquilação da vida indigna. Sua medida e sua forma*",[19] eles lançaram a base argumentativa para a justificação dos assassinatos posteriores. Enquanto Binding, um dos principais professores de direito penal do seu tempo, apresentou a problemática de uma perspectiva criminal, Hoche abordou a perspectiva médica. Em relação ao resultado, eles concordam amplamente; no entanto, seus textos se diferenciam consideravelmente em raciocínio e dicção.

Binding aborda o tema em várias etapas: primeiro, ele discute a 25
ausência de responsabilidade penal do suicídio. Em seguida, examina o "efeito puro da eutanásia", ou seja, a "substituição de mortes causadas por doenças dolorosas e talvez ainda de longa duração por mortes indolores".[20]

17. O sermão está reproduzido em partes em *Wiesing*, Ethik in der Medizin, 64 ss.

18. A respeito de Mengele, ver *Lifton*, Ärzte im Dritten Reich, 386 ss.

19. A 2ª edição (publicada em 1922) foi republicada, com um prefácio, em 2006 pela Wolfgang Naucke.

20. *Binding/Hoche*, Freigabe der Vernichtung lebensunwerten Lebens, 17.

Ele não vê, nesse ato, uma ação de homicídio no sentido jurídico, mas sim um tratamento curativo, que prescinde de um consentimento.[21]

26 Então, segue-se à discussão do homicídio a pedido, momento em que ele, de um lado, enfatiza a autodeterminação dos homens e eleva o indivíduo a soberano de sua vida, mas, por outro lado, insiste na necessidade de uma proteção abrangente da vida. Nesse momento, Binding enfatiza que o pedido de um doente terminal ou de alguém fatalmente ferido teria maior peso do que o pedido de "eliminação de uma vida robusta".[22] No geral, seu raciocínio se restringe ao escopo daquilo que é discutido no debate jurídico-penal de seu tempo.

27 Sobre a "eliminação de uma vida indigna", *Binding* formula a seguinte questão central:

> "Há vidas humanas que perderam tanto a qualidade de bem jurídico, que a existência, tanto da perspectiva do vivente como da sociedade, não teria mais valor?"[23]

Binding responde afirmativamente em relação a três grupos de pessoas:

> (1) "Aqueles que, em razão de doença ou lesão, não têm salvação, e que, em plena compreensão de sua situação, têm um desejo urgente de extinção e, de alguma forma, o reconhecem".[24]
>
> (2) "O segundo grupo consiste nos loucos incuráveis – tanto os de nascença como os que assim se tornaram, por exemplo, como os paralíticos no último estágio de sofrimento. Eles não têm nem vontade de viver nem de morrer. Assim, não há, por parte deles, consentimento a ser considerado para o homicídio, que, por outro lado, não se choca com uma contraposta vontade de viver, que tivesse que ser violada".[25]
>
> (3) E, finalmente, ele menciona as "personalidades espiritualmente saudáveis que se tornam inconscientes por algum evento, como ferimentos muito graves, indubitavelmente fatais, e que, caso despertassem de sua inconsciência, despertariam para uma miséria inominável."[26]

21. *Binding/Hoche*, Freigabe der Vernichtung lebensunwerten Lebens, 18.

22. *Binding/Hoche*, Freigabe der Vernichtung lebensunwerten Lebens, 24.

23. *Binding/Hoche*, Freigabe der Vernichtung lebensunwerten Lebens, 26.

24. *Binding/Hoche*, Freigabe der Vernichtung lebensunwerten Lebens, 28.

25. *Binding/Hoche*, Freigabe der Vernichtung lebensunwerten Lebens, 30.

26. *Binding/Hoche*, Freigabe der Vernichtung lebensunwerten Lebens, 31.

No entanto, Binding continua defendendo o direito à autodeterminação e enfatiza que a "liberação da eliminação da vida indigna" não é válida caso não haja consentimento ou consentimento presumido: 28

> "Portanto, no tocante à liberação de suas mortes, são consideradas sempre as pessoas com doenças incuráveis, e à incurabilidade da doença ainda se somam sempre o desejo de morte ou consentimento, ou se somariam caso o doente não estivesse no estágio crítico de inconsciência ou pudesse ter consciência de sua condição. Como dito acima, qualquer liberação de homicídio que contrarie a vontade de viver da pessoa a ser morta ou já morta é excluída."[27]

Hoche complementa as explicações de Binding com aspectos econômicos. Sua linguagem também é formulada de maneira bem mais dramática do que a de Binding: 29

> "A questão a respeito de ser o esforço necessário para essa categoria de existências peso-morto [*Ballastexistenzen*] justificado em todas as direções não era urgente nos tempos prósperos passados; agora, isso é diferente e temos que nos ocupar seriamente disso. [...] A nossa tarefa alemã será por muito tempo a seguinte: um resumo ao máximo de todas as possibilidades, uma liberação de toda a capacidade disponível para propósitos necessários. O cumprimento dessa tarefa se opõe aos esforços modernos de ser indulgente com todos, se possível também com os fracos de todos os tipos, e garantir cuidado e proteção a elementos que, embora não estejam mentalmente mortos, possuem menor valor em razão de suas organizações – esforços que conquistam suas especiais amplitudes pelo fato de, até agora, não ter sido possível, nem mesmo ter sido tentado de forma séria, impedir a reprodução destes indivíduos defeituosos. [...] Do ponto de vista da moral estatal, de fato, não se pode duvidar de que foram praticados excessos na ânsia por manter incondicionalmente vidas inferiores. De um ponto de vista externo, esquecemos, a esse respeito, de considerar o organismo estatal como um todo, com suas próprias leis e direitos, da mesma forma como um organismo humano autocontido, que, como nós médicos sabemos, no interesse pela prosperidade do todo, também revela e repele partes ou partículas únicas sem valor ou prejudiciais."[28]

Segundo *Hoche*, o critério decisivo para uma "vida indigna" é a perda dos interesses próprios. Em sua opinião, o indivíduo incapaz de sentir 30

27. *Binding/Hoche*, Freigabe der Vernichtung lebensunwerten Lebens, 32.
28. *Binding/Hoche*, Freigabe der Vernichtung lebensunwerten Lebens, 51 ss.

necessidades ou interesses estaria mentalmente morto, de modo a não haver qualquer injusto em sua morte corporal:

> "No caso do assassinato de uma pessoa mentalmente morta, que, segundo o estado das coisas, não tem capacidade cerebral para exercer uma pretensão subjetiva a qualquer coisa, dentre outras, portanto, a manter sua vida, [...] não se viola qualquer pretensão subjetiva. [...] Em relação aos mentalmente mortos, a 'compaixão' [no alemão, literalmente, co-sofrimento, *Mitleid*], tanto na vida como na morte, é o último recurso da emoção; onde não há sofrimento [*Leid*], não há como sofrer junto [*Mit-Leiden*]."[29]

31 Os escritos de *Binding* e *Hoche* foram discutidos intensamente, mas foram predominantemente rejeitados, especialmente na ciência jurídica.[30] No entanto, no mais tardar desde a virada do século, surgiu um distinto receio de uma "degeneração" biológica, para a qual *Binding* e *Hoche* apontavam uma saída, embora altamente duvidosa de uma perspectiva moral.

32 Em 1933, os nacionais-socialistas utilizaram essas propostas para corroborar "cientificamente" suas próprias crenças racistas e antissemitas. O psiquiatra *Ernst Rüdin*, que prestou colaborações fundamentais para a "Lei sobre Contracepção de Descendência Geneticamente Patológica", defendeu a lei com as seguintes palavras:

> "A higiene racial é necessária para combater a seleção negativa que ameaça a saúde genética média de todos os povos civilizados. Em seus fundamentos, ela não tem nada a ver com política. Porque todo os povos serão dependentes dela. Além do esforço vital para alcançar uma taxa de natalidade suficiente dos geneticamente saudáveis e talentosos, também são necessárias medidas para uma erradicação indulgente dos geneticamente deficientes. A natureza erradica, impiedosamente e com a maior crueldade, tudo o que não é adaptado, retirando do caminho os portadores de genes defeituosos, antes que eles se propaguem o suficiente. Através da higiene racial, os seres humanos substituem a dolorosa erradicação do indivíduo por uma erradicação indolor das células reprodutivas, simplesmente impedindo a fertilização de células geneticamente defeituosas. Dessa forma, a higiene racial resolve e supera, de maneira mais humana, os contrastes existentes até agora entre as exigências cruéis da natureza e as demandas civilizatórias da humanidade."[31]

29. *Binding/Hoche*, Freigabe der Vernichtung lebensunwerten Lebens, 55.
30. Ver, por exemplo, *Meltzer*, Das Problem der Abkürzung "lebenswerten Lebens", 1925, mas também as contribuições de *Elster* e *Pelckmann* em Eser (Orgs.), Recht und Medizin, 85 ss.; 102 ss.
31. Citado conforme *Wiesing*, Ethik in der Medizin, 61 s.

Após o fim do regime nacional-socialista, o termo "eugenia" foi desacreditado em todo o mundo. Alguns dos médicos responsáveis pelos casos de eutanásia foram condenados no Julgamento dos Médicos de Nuremberg em 1946/1947.[32] 33

V. Diferenças em relação à discussão atual

A necessidade de eliminação de "vidas indignas" foi fundamentada tanto biológica quanto economicamente. A argumentação biológica era caracterizada, como mostrado no exemplo acima de *Rüdins*, pela utilização de ideias biológicas ou pseudobiológicas em relação à sociedade humana, sem que as particularidades fossem consideradas. Termos descritivos (como "natural") eram equacionados de forma irrefletida com termos normativos (por exemplo, "bom") e aspirações políticas eram apresentadas como biologicamente necessárias por meio da utilização da terminologia científico-biológica.[33] 34

As abordagens de orientação econômica supunham que "existências-peso-morto [*Ballastexistenzen*] geneticamente inferiores" arruinavam economicamente a sociedade e reduziam as forças saudáveis, extremamente necessárias para a reconstrução da Alemanha. Exemplos disso são os textos de *Hoche* mostrados acima. 35

Atualmente, o direito à vida dos doentes e deficientes não é de forma alguma questionado. O mesmo se aplica à proteção jurídica de pacientes terminais, em relação aos quais é completamente vedada a eutanásia sem ou contra suas vontades (→ Cap. 4 nm. 5 ss.). Por isso, só são discutidos atualmente os casos em que as próprias pessoas afetadas desejam ajuda. 36

32. Mitscherlich/Mielke, Medizin ohne Menschlichkeit.

33. *Hilgendorf* FS Horn, 1131 (1142).

§ 4. O tratamento jurídico da eutanásia – bases jurídicas e propostas atuais de reforma

I. Introdução

Lidar com a morte é um dos maiores desafios bioéticos e médicos da atualidade. O progresso médico ampliou, significativamente, nossas possibilidades de ação no final da vida. Hoje, é tecnicamente possível manter vivo por meses, quando não por anos, alguém que esteja à beira da morte. No entanto, muitas vezes é duvidoso se a extensão da vida biológica corresponde aos desejos e interesses da pessoa em questão. A maior parte das pessoas rejeita a ideia de postergar a morte caso não já haja uma qualidade de vida tolerável. Por isso, as possibilidades de uma extensão técnica da vida e a vontade da pessoa envolvida estão muitas vezes em conflito. 1

O legislador alemão, até agora, não conseguiu resolver este dilema, e deixou, aos tribunais, a tarefa de estruturar juridicamente a morte e a eutanásia. Essa tarefa é tudo menos fácil. Os progressos médico-tecnológicos desafiam as crenças tradicionais relacionadas à proteção da vida humana no final de seu desenvolvimento individual. E isso acarreta problemas consideráveis para o sistema legal, suficientes para gerar inconsistências manifestas. Não é possível alcançar, pela simples interpretação das normas legais existentes (por exemplo, a proteção da dignidade humana e a proteção jurídico-penal da vida), uma solução para as questões pendentes. Para isso, são também necessárias considerações éticas, em relação às quais, no entanto, não apenas as opiniões dos filósofos, mas também de outros especialistas, políticos e até da opinião pública devem ser levadas em conta. 2

Um fator importante no debate sobre o alcance da eutanásia autorizada é a visão tradicional de que o homem não deve dispor livremente de sua própria vida. No direito penal, essa visão foi refletida no § 216 StGB (homicídio a pedido). Segundo esse dispositivo, o homicídio de alguém é punível mesmo que tenha sido executado com o consentimento da vítima, 3 ou ainda a seu próprio pedido: "se alguém foi conduzido a matar uma pessoa por um pedido expresso e sério desta, encontra-se sujeito a pena restritiva de liberdade de seis meses a cinco anos".

4 O tipo penal do § 216 StGB tem sido objeto de numerosos debates, frequentemente muito carregados de emoção.[1] A razão para isso é que esta regra jurídica proíbe a eutanásia ativa mesmo para pessoas com doenças terminais e, por isso, em determinadas circunstâncias, pode obrigar que alguém suporte uma morte agonizante e considerada indigna. Para poder conduzir racionalmente os debates sobre a eutanásia, é necessário primeiro esclarecer a terminologia utilizada.

II. Conceito e tipos de "eutanásia"

5 "Por eutanásia, entende-se o auxílio prestado a uma pessoa gravemente doente em razão de sua vontade ou, pelo menos, de sua presumida vontade, a fim de lhe possibilitar uma morte digna compatível com suas ideias."[2]

6 Em geral, o termo "eutanásia" abrange, portanto, apenas as ações realizadas por outra pessoa (geralmente um médico) com base na vontade real ou presumida do paciente. O fundamento central da eutanásia é o direito do paciente de determinar sua própria vida e, portanto, também o término de sua própria vida.[3]

7 Para a afirmação de um consentimento presumido são estabelecidos requisitos bem rigorosos. O determinante é a vontade presumida do paciente no exato momento da intervenção, estabelecida por meio de uma consideração cuidadosa de todas as circunstâncias. Nisso, incluem-se não apenas as declarações verbais ou escritas prestadas pelo paciente, mas, eventualmente, também suas convicções religiosas e ideológicas e outros valores pessoais. Critérios objetivos, como o que seria "razoável" ou "normal", ao contrário, não têm qualquer importância autônoma para essa aferição.[4]

8 Apenas se, apesar de uma verificação acurada, não for possível determinar a vontade presumida do indivíduo, é que se pode recorrer a valores gerais. Nesse caso, é aconselhável ter uma grande cautela. Em caso de dúvidas, a proteção da vida humana deve prevalecer em relação às considerações pessoais do médico, dos parentes ou de outras pessoas envolvidas.

1. NK-StGB/*Neumann* § 216 nm. 1 ss.; aprofundando MüKoStGB/*Schneider* § 216 nm. 1 – 8; *Sternberg-Lieben*, Die objektiven Schranken der Einwilligung im Strafrecht, 103 ss.

2. Roxin/Schroth HdB MedStrafR/*Roxin*, 83.

3. *Hilgendorf* JZ 2014, 545.

4. BGHSt 35, 246 (249).

Caso não exista uma diretiva antecipada de vontade do paciente, na qual seja possível identificar sua vontade real,[5] e, apesar de uma verificação o mais precisa possível, não seja possível assumir que o paciente tenha uma vontade presumida correspondente ao ato, não se trata de eutanásia, mas, pelo contrário, de um homicídio, nos termos do § 212 StGB, ou (por exemplo, havendo cobiça) de um homicídio qualificado, nos termos do § 211 StGB. 9

O primeiro tipo de eutanásia é o acompanhamento do paciente terminal [*Sterbebegleitung*], ou seja, a execução de tratamentos para o alívio da dor e a atenção humana prestada durante o processo de morte de alguém. A ministração de medicamentos para aliviar a dor ou para a redução da consciência que não cause, de forma alguma, o encurtamento da vida e seja praticada com o consentimento explícito ou presumido do paciente, além de não ser punível, ainda é, moral e juridicamente, imperativa.[6] Inclusive, a omissão da prestação de um auxílio necessário diante da dor de um paciente ainda pode gerar responsabilidade penal para o médico ou sua equipe de enfermagem, em razão de uma omissão de socorro, nos termos do § 323c StGB, ou de uma lesão corporal por omissão, nos termos dos §§ 223 e 13 StGB. 10

A situação é diferente no segundo tipo de eutanásia. Nesse caso, pratica-se um encurtamento da expectativa de vida remanescente do paciente em harmonia com sua vontade. Por isso, o que se entende por eutanásia em sentido estrito é altamente controverso. 11

A eutanásia pode ter tanto uma forma de atuação ativa como passiva. A eutanásia ativa pressupõe uma ação (ativa), a passiva, uma omissão, ou seja, “deixar morrer”. Nos últimos tempos, fala-se muito também em interrupção do tratamento.[7] Além disso, a forma ativa também pode ser divida entre eutanásia ativa direta e indireta. A eutanásia ativa indireta se refere a medidas de tratamento que são usadas para aliviar problemas graves de saúde[8] e têm o efeito colateral de reduzir a expectativa de vida. Um exemplo disso é a ministração frequente de altas doses de morfina em 12

5. A diretiva antecipada de vontade do paciente será tratada detalhadamente no Cap. 4 nm. 20 ss.

6. *Wessels/Hettinger* StrafR BT I nm. 31.

7. Essa terminologia é preferencial porque pode ser compreendida mais facilmente por aqueles que não têm formação jurídica (inclusive os profissionais da área médica). A terminologia modificada, no entanto, não modifica o fato de que se trata, dogmaticamente, de uma omissão, de modo que, no caso de morte, precisam estar presentes os elementos típicos de um delito omissivo (impróprio), §§ 212, 13 StGB.

8. Em regra, tratar-se-á de uma dor forte, mas também estão abrangidos outros problemas graves, como, por exemplo, dispneia, asfixia, cf. Roxin/Schroth HdB MedStrafR/*Roxin* 89 s.

estágios terminais de cânceres. Atualmente, a literatura e a jurisprudência, de forma quase unânime, trataram tais medidas paliativas de tratamento, que possuem como efeito colateral o encurtamento não intencional, mas inevitável, da vida, como impuníveis.[9]

13 No entanto, o fundamento dessa posição não é unânime: uma opinião minoritária[10] não enxerga em um tal tratamento, segundo seu "sentido social global", uma ação de homicídio no sentido próprio. Isso porque esse tratamento não seria um atentado contra a vida, mas teria exatamente o propósito de servir à própria vida e torná-la mais suportável em suas últimas horas. No entanto, esse argumento mistura, de forma inadmissível, considerações morais com questões conceituais e se afasta demasiadamente da linguagem geral (e legal), segundo a qual "uma ação de homicídio" ocorre sempre que uma pessoa é morta por uma ação de outra (ou mesmo por uma ação própria). A segurança jurídica do Direito Penal estaria seriamente prejudicada caso construções conceitualmente claras fossem neutralizadas por considerações casuísticas moralmente motivadas.

14 Segundo uma correta perspectiva dominante, até haveria uma ação de homicídio, mas ela estaria justificada por conta da existência de um estado de necessidade justificante, nos termos do § 34 StGB, e, portanto, não seria antijurídica. Essa é a posição que veio a ser adotada pelo BGH. Em suas decisões mais recentes, o BGH defende que uma morte com dignidade e sem dores insuportáveis constituiria um bem jurídico superior em contraposição a uma curta extensão da expectativa de vida.[11]

15 A valoração jurídica fica muito mais difícil quando se trata de uma eutanásia ativa direta. A eutanásia ativa direta é o homicídio intencional de um doente grave, mediante sua solicitação, por meio da ministração de uma dose excessiva de medicamentos para dor ou de sedativos, anestésicos, injeções de potássio, insulina, etc. Essa ação satisfaz o tipo penal de homicídio ou de homicídio a pedido e, segundo a posição dominante, de forma não justificada.[12]

16 A eutanásia passiva se refere à abdicação de medidas prolongadoras da vida, em casos, por exemplo, de pacientes em coma irreversível ou gravemente doentes. Frequentemente, são casos em que o médico, com o consentimento do paciente, não tenta a "qualquer custo", tomando todas as medidas possíveis, prolongar a vida de doentes graves.

9. BGHSt 42, 301; *Wessels/Hettinger* StrafR BT 1 § 1 nm. 31 a; *Ulsenheimer* ArztStrafR nm. 697.

10. *Wessels/Hettinger* StrafR BT 1 § 1 nm. 32.

11. BGHSt 42, 301 (305).

12. *Ulsenheimer* ArztStrafR nm. 696.

Nesses casos, inclui-se também a interrupção de sessões de diálise, de nutrição e respiração artificial ou de intubação. Do ponto de vista jurídico, o aspecto central da ação, ao serem desligados os equipamentos que dão suporte à vida, não é a ação de apertar o botão de desligar, mas a "omissão" da tomada de ulteriores medidas prolongadoras da vida, ou seja, uma eutanásia "passiva". Como mostram os exemplos, a expressão, se entendida de forma estrita, conduz a equívocos, porque a "eutanásia passiva" também contém, em regra, elementos de um agir ativo. Portanto, é preferível utilizar o termo "interrupção de tratamento".[13] **17**

A interrupção de tratamento não é punível. Segundo o posicionamento do BGH, inclusive, a questão é encarada mais como um *direito* do que como um *dever* do médico de tratar o paciente.[14] Uma ação arbitrária do médico contra a vontade do paciente viola o direito deste à autodeterminação sobre seu corpo e sua dignidade.[15] O dever do médico de tratar o paciente termina, segundo posição pacífica, quando o sofrimento deste se torna incurável segundo a convicção médica, a doença apresenta uma evolução fatal e a morte está prestes a ocorrer.[16] **18**

13. Cf. nota 7.

14. BGHSt 32, 367 (378); BGHSt 55, 191 (198 s.); *Wessels/Hettinger* StrafR BT 1 § 1 nm. 34.

15. BGHSt 37, 376 (378); 40, 257 (262).

16. BGHSt 32,367 (371).

19 Panorama 9: Tipos de eutanásia

<table>
<tr><td colspan="4">Eutanásia
Auxílio, prestado em razão da vontade ou da vontade presumida de um paciente muito doente, para possibilitação de uma morte humanamente digna.</td></tr>
<tr><td>Ausência de medidas que abreviem a vida</td><td colspan="3">Execução de medidas que abreviem a vida</td></tr>
<tr><td rowspan="2">Cuidado e atenção ao paciente
Cuidados, tratamentos para alívio da dor e atenção humana durante o processo de morte de uma pessoa</td><td colspan="2">Eutanásia ativa
Eutanásia por meio de um agir (ativo)</td><td rowspan="2">Eutanásia passiva
Eutanásia por meio de omissão, ou seja, abdicação de medidas para a conservação da vida</td></tr>
<tr><td>Eutanásia ativa indireta
Medidas de tratamento para a redução dos males que, assumidamente, têm, como efeito colateral, a redução do tempo de vida</td><td>Eutanásia ativa direta
Homicídio intencional de um doente, segundo sua vontade, por meio da ministração de altas doses de medicamentos para a dor ou de sedativos</td></tr>
<tr><td>Sem dúvida, impunível, e até mesmo imperativo</td><td>Impunível, em razão da justificação do § 34 StGB</td><td>Punível, em razão da ausência de causa de justificação</td><td>Impunível</td></tr>
</table>

III. Direitiva antecipada de vontade do paciente

Em 18 de agosto de 2009, o parlamento alemão aprovou uma lei sobre a direitiva antecipada de vontade do paciente. Essa lei foi precedida por anos de discussão, durante os quais três diferentes projetos foram apresentados no parlamento; os projetos diferiam entre si, especialmente, em relação à vinculação das disposições de vontade. 20

O novo § 1901a BGB tem a seguinte redação: 21

> "(1) Se uma pessoa maior de idade, com capacidade para consentir, manifesta por escrito que, em caso de eventual perda da capacidade de consentir, deseja ou não deseja (direitiva antecipada de vontade) ser submetida a determinados exames para averiguação de seu estado de saúde, a tratamentos ou a intervenções médicas que, ao tempo da direitiva antecipada de vontade ainda não eram iminentes, deve seu representante verificar se estas disposições correspondem à sua situação atual de vida e de tratamento. Se este for o caso, o representante deve expressar e fazer valer a vontade da pessoa que está sendo tratada. A direitiva antecipada de vontade pode ser revogada a qualquer momento sem formalidades.
>
> (2) Caso não existam disposições de vontade ou as existentes não correspondam mais à situação de vida e de tratamento do paciente, deve seu representante verificar a vontade real ou presumida do representado em relação ao tratamento e, com base nela, consentir ou não nas medidas médicas dispostas na Abs. 1. A vontade presumida deve ser determinada com base em evidências concretas. Para tanto, deve-se levar em conta, especialmente, anteriores declarações verbais ou escritas do representado, suas convicções éticas e religiosas e outros valores pessoais.
>
> (3) As Abs. 1 e 2 se aplicam independentemente do tipo e do estágio da doença do representado."

Portanto, segundo o § 1901a BGB a direitiva antecipada de vontade escrita vincula a todos. E isso mesmo que o paciente não sofra de uma doença que o conduza irreversivelmente à morte. A vontade subjetiva do paciente é vinculante, ela não pode ser contornada por meio de referências sobre seu bem-estar objetivo. Segundo o § 1904 BGB, em casos de dúvidas a respeito da vontade do paciente, decisões sérias a respeito de intervenções médicas não podem ser tomadas sem a aprovação do Tribunal de Curatela [*Betreuungsgericht*]. 22

Durante os debates legislativos, houve muitas críticas, especialmente por parte dos profissionais médicos, a respeito da ausência de previsão, na proposta de legislação finalmente aprovada, para prévias consultas de 23 aconselhamento, e que isso geraria um "automatismo questionável", que não faria jus à "individualidade do paciente".[17] Haveria casos que a lei não poderia resolver. Esses argumentos também foram usados, por fileiras do parlamento, para defender a abstenção da regulação das disposições de vontade.[18]

24 Apesar da atual legislação sobre as disposições de vontade, questões importantes ainda permanecem sem resposta.[19] Os casos particularmente mais problemáticos são aqueles nos quais a vontade do paciente não é clara. Se, por exemplo, o paciente já tiver apresentado sua diretiva antecipada de vontade há muitos anos, surge a questão a respeito de se essa ainda seria sua vontade atual. Na prática, também surge sempre a questão a respeito de se o paciente, ao declarar sua vontade antecipadamente, foi sequer capaz de prever a situação concreta e se esta está abarcada por sua vontade. Também não dá para descartar subsequentes falsificações da diretiva antecipada de vontade, por exemplo, por parentes. Por isso, em muitos casos, a avaliação e a interpretação das disposições de vontade por parentes e médicos desempenham um papel crucial.

25 A regulamentação sobre as disposições de vontade de pacientes deixou claro que a sociedade, hoje, atribui uma importância crucial para a vontade do paciente, mesmo em se tratando de questões de vida ou morte. E isso afeta diretamente o direito à eutanásia.[20]

IV. Casos problemáticos

1. Atenção à vontade do paciente

26 Basicamente, o paciente decide sozinho a respeito da execução e do tipo de tratamento. Um médico que trata um paciente contra sua vontade pode ser responsabilizado por lesão corporal.[21] No entanto, é controverso se isso também vale para o caso de um suicida que recusa todos os tratamentos.

27 Nesse caso, é necessário estabelecer, em primeiro lugar, se o suicida está agindo com livre arbítrio ou não. Se as decisões do paciente não são fundadas em seu livre arbítrio, não sendo ele, por exemplo, devido a uma

17. Comunicação de imprensa do Conselho Federal de Medicina alemão de 6.3.2008, www.bundesaerztekammer.de.

18. Requerimento do deputado Philipp Hüppe, dentre outros, BT-Drs. 16/13262.

19. A esse respeito, cf. *Müller* MedR 2009, 309 ss.; *Richter-Kuhlmann* Deutsches Ärzteblatt 2009, A 1178.

20. Isso é acentuado pelo BGH, sobretudo no caso "Putz-Urteil", BGH julg. De 25.6.2010 – 2 StR 454/09, NJW 2010, 2963.

21. → Cap. 2

grave depressão, capaz de refletir sobre sua própria situação com clareza e de tomar uma decisão livre, o médico possui o dever de agir para salvar o paciente mesmo que contra a vontade deste. Caso contrário, ele pode ser penalmente responsabilizado por omissão de socorro, nos termos do § 323c StGB, ou até mesmo por homicídio culposo, nos termos dos §§ 212 e 13 StGB.

A situação é diferente, no entanto, nos casos em que o paciente se **28**
decide livremente pelo suicídio, como no caso a seguir (caso Dr. Wittig):[22]

> *Uma viúva de 76 anos de idade, com uma doença cardíaca grave e com grande dificuldade de locomoção, não via mais razão em viver após a morte de seu marido e declarou repetidas vezes o seu desejo de morrer. Em outubro de 1980, ela declarou, por escrito, não querer ser internada em um hospital, em um lar de idosos ou em uma unidade de tratamentos intensivos, ser contra o uso de equipamentos e remoção de órgãos e seu desejo de morrer de forma digna. No ano seguinte, ela escreveu uma declaração semelhante. Em novembro de 1981, seu médico, Dr. W, a encontrou inconsciente sobre o sofá. Sob suas mãos cruzadas, estava um bilhete manuscrito com a nota "Para o meu médico – por favor, sem hospital – redenção". Dr. W. entendeu que a mulher havia tomado uma overdose de morfina e de soníferos para se suicidar. Ele percebeu que ela não poderia mais ser salva sem que ficasse com danos permanentes. Ele ficou no apartamento até ela morrer, às 7h da manhã seguinte.*

A questão nesse caso é saber se o médico cometeu os delitos de **29**
homicídio por omissão ou de omissão de socorro, por não ter feito nada para salvar a paciente.

Em sua antiga jurisprudência, o BGH afirmava, para o garante,[23] **30**
um dever de salvação a partir do momento em que o domínio do fato lhe era transferido, ou seja, quando o paciente se torna incapaz de agir e de tomar uma decisão, por exemplo, devido à perda da consciência. A partir desse momento, o domínio sobre o acontecimento fático se transfere para o médico. Como garante, ele seria obrigado a salvar a vida de seu paciente.[24] O mesmo valeria para a omissão de socorro.[25]

22. BGHSt 32, 367.

23. A posição de garante do médico advém do contrato de tratamento. Caso um contrato como esse não seja celebrado, o médico só pode ser punido por omissão de socorro. Isso se aplica especialmente quando o suicida não é paciente do médico em questão e recusa o tratamento.

24. BGHSt 32, 367 (373 s.).

25. BGHSt 6, 147; 13, 162 (169).

31 Por isso, no caso do Dr. Wittig, o BGH negou responsabilidade penal por homicídio apenas por conta das circunstâncias especiais, pois a paciente já estava em um estágio de envenenamento avançado, interpretado, na visão do médico, como fatal e o respeito à autodeterminação da paciente, neste caso em particular, não poderia ser considerado como juridicamente indefensável. O BGH também afastou a responsabilidade penal por omissão de socorro, nos termos do § 323c StGB.[26] Esse delito pressupõe, especialmente, que o socorro também seja razoável. O BGH assumiu que o socorro era irrazoável nesse caso, porque a paciente, caso fosse salva, teria ficado com danos graves e irreversíveis. No entanto, segundo os fundamentos externados pelo BGH na decisão, o médico, basicamente, não pode se curvar à vontade do paciente de morrer.[27] O BGH justificou essa posição com o fato de que os suicidas, muitas vezes, arrependem-se de suas decisões após serem resgatados e, no momento da tentativa de suicídio, não podem agir com livre arbítrio.

32 Na literatura, essa decisão é predominantemente criticada. Se o paciente agir claramente com base em seu livre arbítrio, para, como no caso de Wittig, encontrar redenção para um sofrimento grave, a sua vontade deveria ser respeitada.[28] Não é suficiente conferir ao médico um espaço decisório fundado no critério da razoabilidade.

2. Interrupção do tratamento de pacientes em estado vegetativo

33 Os casos nos quais o processo de morte ainda não se iniciou, mas não há qualquer perspectiva de melhora do estado de saúde do paciente, também apresentam dificuldades. Esse problema existe especialmente em relação aos pacientes em estado vegetativo, mantidos com auxílio de medidas que podem prolongar esse estado por anos a fio, sem que exista uma perspectiva realista de que venham a acordar do coma algum dia. Nesse caso, a questão é saber se as medidas que prolongam a vida podem ser interrompidas de acordo com a vontade do paciente ou de seus familiares.

34 Esse problema foi discutido no chamado **caso *Kempten***:[29]

> *No início de setembro de 1990, uma mulher de 70 anos sofreu uma parada cardíaca e, após uma reanimação bem-sucedida, ficou irreversivelmente prejudicada. Ela era alimentada por uma sonda gástrica e, desde o final de 1990, passou a ficar*

26. BGHSt 32, 367.

27. BGHSt 32, 367 (380 s.).

28. Schönke/Schröder/*Eser* StGB Notas prévias ao § 211 nm. 41 ss.; *Laeckner/Kühl* StGB Vorbem. § 211 nm. 15; *Fischer* StGB Vorbem. §§ 211-216 nm. 25. Roxin/Schroth HdB MedStrafR/*Roxin* 94.

29. BGHSt 40, 257.

incomunicável. No entanto, ela respondia a estímulos ópticos ou acústicos com gemidos e espasmos faciais. Em 1993, o médico responsável pelo tratamento, Dr. T., dirigiu-se ao filho da paciente, que havia sido designado para cuidar de sua mãe. O médico sugeriu que fosse interrompida a alimentação nasogástrica e mantida apenas uma alimentação à base de chá, já que não havia expectativa de melhora do quadro de saúde. O filho concordou e assinou o seguinte termo, inserido pelo Dr. T no prontuário: "Estou de acordo com o Dr. T., desejando que minha mãe... continue sendo alimentada apenas com chá..." O diretor de enfermagem notificou o tribunal de curatela e a promotoria.

O tribunal estadual de Kempten condenou o médico e o filho por tentativa de homicídio por omissão.[30] O BGH, por outro lado, decidiu que, nesse caso, a interrupção do tratamento, diante de uma correspondente vontade presumida do paciente, deveria ser permitida como expressão de sua liberdade de decisão geral sobre o seu próprio corpo. Esses fatos não representam um caso típico de eutanásia, já que a eutanásia pressupõe que o processo de morte já tenha se iniciado. No entanto, o direito do paciente à autodeterminação deve ser levado em conta: se o ato de deixar a paciente morrer corresponde à sua vontade presumida, esse ato não deveria gerar responsabilidade penal. Mas a determinação da vontade presumida exigiria altos requisitos.[31] **35**

O **caso de Peter K.** aponta para uma mesma direção:[32] **36**

Depois de uma tentativa de suicídio, Peter K. ficou em estado vegetativo desde julho de 1998. Mesmo em tempos saudáveis, ele já havia deixado claro, em uma diretiva antecipada de vontade, o seu desejo de que, em um coma irreversível, não fosse mantido vivo por meio de medidas invasivas. No entanto, Peter K. foi alimentado artificialmente por uma sonda estomacal inserida pela parede abdominal e, assim, mantido vivo. A enfermagem do asilo se recusou a interromper a alimentação. Por isso, o pai de Peter K. procurou a justiça para obrigar a interrupção da nutrição artificial. Sua ação, no entanto, foi rejeitada nas duas primeiras instâncias. Em 26 de março de 2004, Peter K. morreu de uma infecção febril.

O BGH (câmara cível), em razão da perda de objeto, só teve que decidir **37**
a questão dos custos da ação. No entanto, em sua fundamentação, afirmou que um tratamento compulsório é ilegal e viola o direito à autodeterminação

30. BGHSt 40, 257.

31. BGHSt 40, 257.

32. BGHSt 163, 195.

do paciente: "a nutrição artificial realizada por meio de uma sonda estomacal é uma intervenção à integridade física, que, por isso, exige o consentimento do doente. (...) Uma nutrição artificial realizada contra a vontade declarada do paciente é, portanto, um ato antijurídico, que pode ser interrompido a pedido do paciente. E isso mesmo que a interrupção requisitada – como no caso em questão – leve à morte do paciente. O direito do paciente de dispor sobre seu corpo torna inadmissíveis os tratamentos compulsórios, mesmo que tenham o efeito de manter a vida".[33]

38 De acordo com o direito atualmente vigente, o problema é pelo menos desarmado caso haja uma diretiva antecipada de vontade que indique claramente a vontade do paciente em interromper o tratamento no caso concreto, nos termos do § 1901a BGB.[34] Nesse caso, a vontade do paciente é vinculante e, portanto, deve ser levada em conta também pelos médicos e enfermeiros. Caso não haja uma declaração por escrito, deve valer, então, a vontade presumida, segundo o § 1901a. A norma contém também diretrizes para a aferição da vontade.

39 O chamado **caso Putz** (também conhecido como "caso Fulda") nos ajuda a lançar um olhar sobre a questão:[35]

> *Após uma hemorragia cerebral, a sra. K. estava em estado vegetativo desde outubro de 2002. Ela estava incomunicável e era alimentada artificialmente, em um asilo, por meio de uma sonda-PEG através da parede abdominal. Apesar disso, a sra. K., até dezembro de 2007, emagreceu demais. Não havia mais expectativas de uma melhora de seu estado de saúde. Segundo informações de seus filhos, a sra. K. havia expressado a eles, verbalmente, já em 2002, que, caso perdesse sua consciência, não desejava ser submetida a medidas prolongadoras da vida por meio de nutrição artificial e ventilação. Portanto, o advogado (posteriormente denunciado) e os dois filhos da sra. K. tentaram repetidamente interromper a alimentação artificial. Uma prescrição do médico responsável, que não via mais indicação para a manutenção da alimentação artificial, não foi seguida pela equipe de enfermagem. A filha da sra. K., a sra. G., em acordo com a gerência do asilo, interrompeu o suprimento de comida pela sonda-PEG e reduziu a hidratação. No entanto, a direção superior da empresa[36] determinou*

33. BGHSt 163, 195.

34. Para o debate a respeito da vinculação da diretiva antecipada de vontade do paciente em relação ao novo § 1901a BGB, cf. Cap. 4 nm. 20 ss.

35. BGH julg. de 25.6.2010 – 2 StR 454/09, NJW 2010, 2963.

36. Deve-se ressaltar que essa decisão partiu da diretoria (e não de uma instância médica), que tem orientação primariamente econômica. Isso é um outro demonstrativo do evidente crescimento da comercialização da morte em clínicas.

à gerência do asilo que retomasse a alimentação artificial e proibiu a entrada dos filhos da sra K. no asilo, caso não se declarassem de acordo com essa decisão. O advogado (denunciado) telefonou para a sra. G. para aconselhá-la a desconectar o tubo da sonda-PEG, o que ela fez. Após a enfermagem ter descoberto isso, a sra. K. foi levada para um hospital, onde foi instalada uma nova sonda-PEG para a nutrição artificial. A sra. K. morreu no hospital no dia 5 de janeiro.

O LG de Fulda condenou o advogado, em razão de seu conselho sobre desconectar o tubo de alimentação, por tentativa de homicídio, praticada ativamente em coautoria com a sra. G., nos termos dos §§ 212, 22, 23 StGB. De acordo com o tribunal, a tentativa de homicídio não poderia ser justificada nem por um consentimento presumido da sra. K nem por uma legítima defesa de terceiro, do § 32 StGB, ou por um estado de necessidade justificante, do § 34 StGB. E também não haveria possibilidade de justificação por estado de necessidade exculpante, segundo o § 35 StGB. A sra. G. foi absolvida por ter, em razão do conselho jurídico do advogado, agido em erro inevitável, portanto, sem culpa.[37] **40**

A 2ª Turma do BGH, no entanto, em sede recursal, absolveu o advogado.[38] O tribunal entendeu que, diante da certeza de que a paciente, sra. K, declarou expressamente sua vontade, e da concordância entre os filhos e o médico responsável pelo tratamento acerca da correspondência entre a interrupção da alimentação artificial e a vontade da paciente, a nutrição artificial poderia ser interrompida. O anunciado reestabelecimento da nutrição artificial pela administração do asilo representaria uma agressão antijurídica contra a integridade física e o direito à autodeterminação da sra. K. Segundo a correta visão, não era possível afirmar uma legítima defesa de terceiros, nos termos do § 32 StGB, pois a ação de defesa não se voltou exclusivamente contra bens jurídicos do agressor (danos à propriedade por meio do corte do tubo de alimentação), mas também contra bens jurídicos da própria agredida, sra. K. Também não seria possível afirmar um estado de necessidade justificante, nos termos do § 34 StGB, porque a ação do advogado se dirigiu contra a mesma pessoa contra quem se voltava o perigo atual. O BGH localizou sua justificação no nível do consentimento. **41**

Nesses casos, a distinção entre ação e omissão não tem muito significado. Em regra, no caso de interrupção de medidas médicas, múltiplas ações são praticadas, cujas distinções em ações ou omissões depende muito do acaso. Por isso, segundo a 2ª Turma Criminal do BGH, todas as ações **42**

37. LG Fulda 1. Strafkammer julg. de 30.4.2009 – 16 Js 1/08 – 1 Ks.

38. BGH NJW 2010, 2963.

relacionadas com o término do tratamento médico devem ser agrupadas sob o normativo termo genérico "interrupção do tratamento". A interrupção do tratamento pressupõe que o paciente tenha uma doença que ameace sua vida e que medidas, medicamente adequadas para manter ou prolongar a vida do paciente, sejam omitidas, limitadas ou interrompidas.[39] A ação a ser justificada tem que estar relacionada, objetiva e subjetivamente, diretamente com o tratamento médico.[40] O consentimento do paciente vale, portanto, independente da distinção entre ações e omissões que sirvam para a interrupção de um tratamento não desejado.

43 A 2ª Turma Criminal do BGH confirmou, em uma decisão seguinte, no caso conhecido como *Caso de Colônia*,[41] as condições para a interrupção do tratamento. O Senado afirmou que, para a averiguação da vontade do paciente e para a decisão a respeito da interrupção do tratamento, deve-se prestar atenção à salvaguarda jurídico-processual sobre as exigências dos §§ 1901a, 1901b BGB.

3. Delimitação entre eutanásia ativa e cumplicidade impunível para o suicídio

44 A diferença entre a eutanásia ativa, passiva de punição, e a cumplicidade para o suicídio, impunível na Alemanha, reside muitas vezes em apenas um único gatilho. Se o médico (simplesmente) fornece os meios para o suicídio e o próprio paciente os autoministra, restando o domínio do fato em suas mãos, trata-se de uma *cumplicidade* para o suicídio. Se, no entanto, o paciente já não é capaz de praticar o suicídio que deseja, por exemplo por causa de uma paralisia, e o médico ministra as substâncias letais, trata-se de uma eutanásia ativa punível.

45 Essa diferença foi significativa, por exemplo, no caso de Diane Pretty, sobre o qual a Corte Europeia de Direitos Humanos teve que decidir:[42]

> *Diane Pretty, 43 anos de idade, que vivia na Inglaterra, sofria de uma doença incurável das células motoras do sistema nervoso central com evolução constante. Ela já estava paralisada do pescoço para baixo, não podia mais falar de forma compreensível e era nutrida por uma sonda. No entanto, sua inteligência e capacidade de tomada de*

39. BGH julg. De 25.6.2010 – 2 StR 454/09, NJW 2010, 2963.

40. BGH julg. De 25.6.2010 – 2 StR 454/09, NJW 2010, 2963.

41. BGH 2. Strafsenat, julg. de 10.11.2010 – 2 stR 320/10, NJW 2011, 161 (nm. 10 ss.); avançando, LG Köln julg. de 9.2.2010 – 90 Js 163/09 – 101 KLs 56/09, NStZ 2011, 274.

42. EGMR NJW 2002, 2851 ss.; com mais detalhes, *Hilgendorf* em: Joerden/Szwarc, Europäisierung des Strafrechts, 173 ss.

> *decisões não estavam afetadas. Em virtude dessa doença, a morte geralmente é resultado da falência dos músculos que permitem respirar, falar e engolir, de modo que o paciente acaba se sufocando ou morrendo de pneumonia. Diane Pretty, que tinha apenas alguns meses de vida, queria acabar com sua vida por ter medo de morrer dessa forma. Incapaz de se matar, ela dependia da ajuda do marido. No entanto, o auxílio ao suicídio é punível na Inglaterra e no País de Gales. Por isso, o advogado de Pretty pediu ao procurador-geral que prometesse não processar o marido caso ele praticasse a eutanásia em sua esposa. Este pedido foi rejeitado pela Câmara dos Lordes em última instância. Como resultado, Diane Pretty recorreu à Corte Europeia de Direitos Humanos, que decidiu contra a doente.*[43] *Diane Pretty sucumbiu ao seu sofrimento algumas semanas depois.*

O marido de Diane Pretty não teria cometido um crime na Alemanha, caso ele tivesse, por exemplo, dissolvido um veneno altamente eficaz em um copo de água e sua esposa tivesse bebido a água do copo com um canudo. Por outro lado, ele teria praticado o crime do § 216 StGB se tivesse aplicado o veneno pessoalmente. **46**

Essa diferenciação jurídica, aceita há muito tempo na Alemanha, foi usada já nos anos 80 pelo médico Julius Hackethal, que construiu, para uma paciente paralisada até o pescoço, um aparelho que a permitiu ministrar um veneno letal por meio de um movimento da língua. O OLG de Munique não considerou o fato como homicídio a pedido, mas como uma cumplicidade para o suicídio impunível.[44] **47**

No contexto do auxílio para o suicídio, discute-se sempre se e sob quais condições um médico pode auxiliar o suicídio. **48**

O VG de Gera, em um julgamento de 2008, decidiu que o suicídio assistido é incompatível com os deveres profissionais do médico, que estariam sendo violados caso ele colocasse substâncias letais à disposição do paciente decidido a se suicidar.[45] **49**

O VG de Berlim, no entanto, chegou a conclusões diversas, em 2012, no caso de um paciente com uma doença incurável e sofrimentos intoleráveis.[46] O Conselho de Medicina de Berlim havia proibido um médico de disponibilizar a outras pessoas substâncias letais para o suicídio. **50**

43. EGMR NJW 2002, 2851.

44. OLG München NJW 2002, 2851.

45. VG Gera 3. Kammer, julg. de 7.10.2008 – 3 K 538/08 Ge, nm. 85,92, 96.

46. VG Berlin 9. Kammer, julg. de 30.3.2012 – 9 K 63.09, nm. 37, 54, 57s., MedR 2013, 58-65.

O médico, então, entrou com uma ação no VG de Berlim. O tribunal decidiu que uma proibição sem exceções como essa, que impede conferir substâncias letais a alguém que deseja se suicidar, violaria um direito hierarquicamente superior. E que, tendo em vista o direito à liberdade profissional, assegurado pelo Art. 12 Abs. 1 GG, e a liberdade de consciência do médico, garantida pelo art. Art. 4 Abs. 1 GG, o estatuto promulgado pelo Conselho Estadual de Medicina não seria base legal suficiente para essa proibição geral. Em casos nos quais um paciente está sofrendo por conta de uma doença de forma insuportável e irreversível e não há meios alternativos de limitar o sofrimento, deveria haver uma exceção bem limitada a essa proibição geral.

51 No entanto, durante a 114ª Conferência Médica alemã em Kiel em 2011, a delegação decidiu a favor de uma proibição categórica ao suicídio assistido. Atualmente, o § 16 do MBO-Ä tem a seguinte redação: "as médicas e os médicos têm que prestar suporte ao paciente terminal, garantindo sua dignidade e respeitando sua vontade. É-lhes proibido matar pacientes que assim solicitem. Não lhes é permitido auxiliar o suicídio".[47] O estatuto profissional reformado, por meio do § 16 S. 3 MBO-Ä, é mais restritivo que as regras penais vigentes. No entanto, o estatuto profissional não é juridicamente vinculante, mas serve apenas como um guia para os conselhos médicos estaduais na tarefa de implementação da lei federal (vinculante).

52 No dia 6 de novembro de 2015, o parlamento alemão decidiu criminalizar a assistência ao suicídio em determinadas circunstâncias. As proibições se referem, sobretudo, às atividades das sociedades de eutanásia. As questões levantadas em relação a isso serão tratadas no capítulo 5.

53 **Panorama 10: Delimitação entre eutanásia ativa e cumplicidade impunível para o suicídio**

Eutanásia ativa	Auxílio impunível para o suicídio
O paciente não é capaz, por exemplo, por conta de uma paralisia, de executar seu próprio suicídio, e um terceiro o ajuda a ministrar o veneno.	O médico (simplesmente) disponibiliza o meio letal ao paciente, que o autoministra; o domínio do fato pertence ao paciente.

47. MBO-Ä 1997, na versão da decisão do 114ª Conferência Médica alemã de 2011 em Kiel.

4. Interrupção do tratamento em recém-nascidos

O tema se torna particularmente controverso quando se discute a interrupção do tratamento de recém-nascidos gravemente comprometidos por má-formações ou distúrbios metabólicos, sem chance de recuperação, ou com danos cerebrais graves ou extremamente prematuros, cuja morte já se pode antever. Em tese, os princípios gerais da eutanásia também se aplicam a esses casos, o que significa que a eutanásia direta ativa é geralmente punível. Em casos extremos, estritamente definidos, nos quais a criança deve ser poupada de sofrimentos inevitáveis, a eutanásia passiva de recém-nascidos resta impunível. **54**

No entanto, o problema aqui é a justificativa dogmática, já que não é possível se basear no direito à autodeterminação do paciente. O recém-nascido ainda não tem vontade própria e sua vontade presumida ainda não pode ser verificada. Muito pelo contrário, o que se tem nesses casos é uma interrupção de tratamento unilateral. Essa interrupção só é permitida se as opções de tratamento médico atingirem seus limites ou se as circunstâncias do estado de necessidade justificante estiverem satisfeitas, por exemplo, caso se constate que a criança nunca será consciente e que sente muitas dores.[48] **55**

A propósito, para o início ou para a continuação do tratamento de recém-nascidos, aplicam-se os mesmos pressupostos necessários para as intervenções médicas em relação aos adultos: a intervenção deve ter indicação clínica, deve-se ter o consentimento (em particular) dos pais, que devem ter recebido os esclarecimentos, e o tratamento deve ser realizado *de lege artis*. Em situações de emergência, quando os pais recusam o consentimento para um tratamento médico com evidentes indicações clínicas, pode-se iniciar o tratamento mesmo contra a vontade dos pais até que sobrevenha uma decisão do Juízo de Família (antigamente: Tribunal de Tutela e Curatela). **56**

Os Princípios do Conselho Federal (alemão) de Medicina sobre o Acompanhamento do Paciente Terminal (2011) e as Recomendações de Einbeck (1992) servem como guias para a decisão a respeito de quando o tratamento do recém-nascido tem indicação clínica. **57**

Nos Princípios do Conselho Federal de Medicina (alemão) sobre os Cuidados Médicos para Pacientes Terminais (2011), pode-se ler:[49] "em relação a recém-nascidos gravemente comprometidos por má-formações ou distúrbios metabólicos, em relação aos quais não haja chance de cura ou de melhora, pode-se, após adequado diagnóstico e com a anuência **58**

48. Desenvolvendo, MüKoStGB/*Schneider* Notas prévias aos §§ 211 ss. nm. 181; Schönke/Schröder/*Eser*/*Sternberg-Lieben* StGB Notas prévias aos §§ 211 ss. Nm. 32a; com outra posição, NK-StGB/*Neumann* Notas prévias ao § 211 nm. 137.

49. DÄBl. 2011, A 346-348.

dos pais, omitir ou interromper um tratamento mantenedor da vida, que esteja substituindo uma função vital ausente ou insuficiente. O mesmo se aplica ao caso de uma criança extremamente pré-matura, cuja morte já é inevitavelmente previsível, e de recém-nascidos que sofram de danos cerebrais muito graves".

59 De acordo com os pontos V a VII das Recomendações de Einbeck (versão de 1992),[50] os médicos devem, em princípio, tomar a melhor e mais eficiente medida para preservar a vida do recém-nascido. No entanto, são concebíveis exceções para situações em que, de acordo com o estado atual da experiência médica e com os juízos humanos, não é possível sustentar a vida a longo prazo, senão apenas adiar a morte do recém-nascido. Para essa avaliação, deve-se levar em conta a existência de chances de melhora. Mesmo que esse não seja o caso, ainda é importante garantir cuidados básicos suficientes e aliviar o sofrimento. Os pais ou responsáveis devem ser esclarecidos e levados em consideração na tomada de decisões. A interrupção do tratamento contra vontade dos pais ou responsáveis só é possível com base em uma decisão do juízo de família.

60 Uma decisão da OLG de Hamm em 2007 afirmou o mesmo.[51] No caso, os pais decidiram interromper a alimentação artificial do filho (de 4 anos de idade), que estava em estado vegetativo. A OLG de Hamm declarou, na decisão, que a deliberação sobre a interrupção do tratamento era de exclusiva responsabilidade dos pais. Esse princípio poderia ser afastado apenas no caso de abusos ao direito de custódia, segundo o § 1666 BGB, ou seja, caso a autorização dos pais para a eutanásia da criança não corresponda ao bem-estar desta; e, sendo assim, deve-se buscar uma curatela complementar. No caso em questão, a criança estava em um estado irreversível, sem perspectiva de recuperação, e sofria de espasticidade severa. A deliberação bem ponderada dos pais, que haviam sido esclarecidos, não representava abuso do direito de custódia na opinião do tribunal.

61 As "Recomendações conjuntas para partos de pré-maturos nos limites da capacidade vital da criança" de 2014[52] assim como as "Recomedações (suíças) para cuidados com pré-maturos nos limites da capacidade vital" de 2002[53] também fornecem outras orientações.

V. Eutanásia ativa

62 O caso a seguir serve de introdução para a discussão sobre a eutanásia ativa:

50. MedR 1986, 281; Medr 1992, 206.

51. OLG Hamm, decisão de 24.5.2007 – 1 UF 78/07, NJW 2007, 2704.

52. Acessível em http://leitlinien.net (acesso em 19.8.2014).

53. Sociedade suíça de neonatologia, SÄZ 2002, 1589 ss. (acessível em: www.saez.ch).

Após um acidente, um motorista de caminhão ficou preso às ferragens de seu veículo, que estava pegando fogo. Quando ele percebeu que não era mais possível ser salvo, ele, ainda claramente consciente, pediu ao seu co-piloto, que não estava ferido, para que o matasse de forma rápida e sem dor, a fim de que não agonizasse até morrer queimado.

A questão, aqui, é saber se é possível, moral e juridicamente, fundamentar a punição do co-piloto, por ter evitado que o motorista do caminhão morresse queimado de forma agonizante. **63**

1. Regras sobre a eutanásia na Holanda, Bélgica e em Luxemburgo

Na década de 1970, a perspectiva sobre a eutanásia mudou na Holanda. **64** A eutanásia ativa e passiva deixaram de ser penalizadas. Inicialmente, esse objetivo foi alcançado por meio de construções jurídicas, em parte simplesmente pela não-instauração de procedimentos penais para apuração da eutanásia ainda punível, ou seja, afastando-se o princípio da legalidade. Por fim, entrou em vigor, em 1º de abril de 2002, a "Lei sobre a Fiscalização da Finalização da Vida a Pedido e da Assistência ao Suicídio".

O art. 293 do Código Penal holandês tem a seguinte redação: **65**

> "Aquele que mata alguém que, de maneira expressa e séria, assim o requeira é punido com pena de prisão de até 12 anos ou multa.
>
> O fato não é punível se tiver sido cometido por um médico que tenha cumprido os requisitos de diligência do art. 2 da Lei sobre a Fiscalização da Finalização da Vida a Pedido e da Assistência ao Suicídio."

O art. 2 da Lei sobre a Fiscalização da Finalização da Vida a Pedido **66** e da Assistência ao Suicídio, mencionado pelo art. 293 do Código Penal holandês, contém os seguintes pressupostos: o médico deve ter chegado à conclusão de que, por parte do paciente, há, por um lado, um pedido livre e provavelmente refletido e, por outro lado, um sofrimento sem perspectiva de melhora e insuportável. Ele precisa ter informado o paciente sobre sua situação e suas perspectivas e, junto com o paciente, ter chegado à convicção de que não há outra saída para ele na situação. Além disso, pelo menos mais um médico deve ter sido consultado, tendo examinado o paciente e tomado sua decisão de acordo com os requisitos de diligência acima mencionados.

Por último, o médico deve praticar as medidas de finalização da vida ou prestar auxílios ao suicídio com cautela e de forma médica.

67 A Bélgica também possui bases jurídicas inspiradas no direito holandês. Em dezembro de 2013, o senado belga, após intensos debates, decretou uma extensão da lei aos menores de idade. Em fevereiro de 2014, a Câmara dos Deputados também aprovou a lei. A mudança legal entrou em vigor no dia 22 de março de 2014.

68 Com isso, a Bélgica permite a eutanásia ativa em crianças e adolescentes sem uma idade mínima específica. O pressuposto para tanto é que a criança seja capaz de ter consciência de sua incurável situação de saúde, a fim de expressar autonomamente uma vontade séria de sofrer eutanásia. Também é necessário ter o consentimento dos pais por escrito. Além de dois pareceres médicos, ainda é necessário consultar um psicólogo ou um psiquiatra infantil. No caso de menores de idade, no entanto, finalizar a vida em razão de um pedido só é permitido se houver uma dor corporal insuportável que não possa ser aliviada, o que significa que não é possível em caso de pacientes que tenham apenas doenças mentais.

69 Em Luxemburgo, uma lei sobre a eutanásia semelhante à holandesa entrou em vigor em 17 de março de 2009. O pressuposto para a eutanásia legal é que um paciente, "incuravelmente doente e sofrendo de maneira insuportável", de forma "voluntária, refletida e por escrito", expresse sua vontade em acabar com sua vida. No caso de pacientes com incapacidade de expressar vontade, a diretiva antecipada de vontade é suficiente. Segundo a nova lei, os médicos são obrigados a ter várias conversas com o paciente a respeito de sua decisão e incluir outro médico na relação de aconselhamento. Pacientes entre os 16 e os 18 anos também poder pedir eutanásia, desde que os pais ou os representantes legais consintam.

2. Sugestões a respeito da eutanásia ativa na Alemanha

70 Na Alemanha, de formas variadas, também se reivindica a descriminalização da eutanásia ativa para alguns casos. O filósofo jurídico *Norbert Hoerster* sugeriu um novo § 216a StGB com o seguinte texto:[54] "um médico que mata um paciente com sofrimentos graves e incuráveis não age de forma antijurídica caso esse paciente, em razão de convicções livres e maduras, alcançadas em momentos de lucidez e tendo sido esclarecido sobre sua situação, tenha, de forma expressa, desejado o ato de seu homicídio ou caso, não estando o paciente em condições de alcançar tal convicção, seja correto assumir que ele desejaria expressamente o ato de seu homicídio

54. *Hoerster,* Sterbehilfe im säkularen Staat, 169 s.

em razão de uma tal convicção, se lhe fosse possível. A existência dos pressupostos referidos na Abs. 1 conduz à exclusão da antijuridicidade apenas se o procedimento tiver sido documentado, por escrito, tanto pelo médico que executou o homicídio como por outro".

Além dessa, há outras propostas legislativas; todas exigem uma doença grave e incurável, mas algumas estabelecem diferentes pressupostos ou maneiras de proceder, como, por exemplo, a necessidade de registro em cartório do desejo de morrer,[55] ou ainda de que o pedido seja aceito por uma comissão de ética[56] ou por um juiz.[57] 71

As propostas também se diferenciam em relação aos detalhes do efeito legal pretendido. Pode-se pensar em afastar o tipo penal de homicídio a pedido ou, pelo menos, sua antijuridicidade, mas também é possível uma mera exclusão da pena. A opinião minoritária sustenta que, mesmo segundo o direito vigente, o tipo penal de homicídio a pedido já não se satisfaz em muitos casos de eutanásia ativa. Assim, já se deve afastar o próprio tipo penal do § 216 StGB, caso o desejo de morrer seja racional,[58] uma outra opinião defende que o fato seja justificado nos termos do § 34 StGB.[59] 72

Argumenta-se a favor da descriminalização da eutanásia ativa, sobretudo, com base no direito à autodeterminação da pessoa que deseja morrer. Um paciente com uma doença incurável deveria decidir por conta própria se termina com sua vida ou se aceita seu sofrimento. Se ele se decide por terminar com seu sofrimento deveria poder receber todo o tipo de ajuda necessária, de modo que a morte não lhe viesse a ser algo agonizante. Em um sistema jurídico que reconheça a dignidade humana e o direito à autodeterminação como valores centrais, esses são argumentos muito fortes. 73

Por outro lado, existem muitos argumentos contra a legalização da eutanásia ativa (direta). Alguns temem que a autorização para o homicídio ativo de pacientes gravemente doentes que o solicitem possa levar a uma mudança geral de atitude em relação à vida de outras pessoas e que a proteção da vida também possa ser reduzida em outros casos, por exemplo, com a extensão da autorização a deficientes, pessoas com demência e outras em situação similar. 74

Além disso, também é problemático saber de que forma é possível garantir que a morte seja, de fato, baseada em um desejo voluntário e sério da pessoa que está morrendo. Existe o perigo de que o pedido de eutanásia 75

55. *Kusch* NJW 2006, 261 (262 s.).

56. *Wolfslast* FS Schreiber, 913 (925 s.).

57. *Czerner*, Euthanasie-Tabu, 11.

58. *Jackobs*, Tötung auf Verlangen, 25 ss.

59. *Herzberg* NJW 1986, 1635 (1640).

inicie um processo que o paciente, posteriormente, não possa mais desfazer, por não ter coragem de desistir depois do entediante procedimento e da participação de terceiros (vários médicos, comissão de ética etc.), embora, possivelmente, não tenha mais o mesmo desejo de morrer que manifestara antes.

76 Há também o perigo de que terceiros, como parentes, que não gostam de ter que prestar assistência e cuidados ao doente terminal ou que, por razões financeiras, prefiram sua morte, possam pressioná-lo.[60] Não é nem mesmo necessário que essa pressão se baseie em motivos moralmente repreensíveis, como aspectos financeiros; os familiares ainda podem exercer pressão inconscientemente, caso não seja mais suportável, para eles próprios, ver o sofrimento de um ente querido. O mesmo vale para os médicos e enfermeiras que, por experiência própria, sabem que o paciente sofre muito e não podem ajudá-lo. Assim, a autorização da eutanásia ativa poderia acabar abalando a confiança geral nos médicos e enfermeiros. Também é altamente questionável se a medicina poderia compatibilizar a eutanásia ativa direta com seus próprios princípios.

77 **Panorama 11: Argumentos a favor e contra a eutanásia ativa**

A favor	Contra
• Direito à autodeterminação do paciente que deseja morrer • Morte digna, sem agonias	• Princípio da indisponibilidade da vida humana • Temor de uma mudança geral de postura em relação à vida ou de ampliação das exceções à proteção absoluta da vida • Determinação problemática a respeito da real vontade livre e séria do paciente • Possibilidade de influências de terceiros por meio de pressões sobre o paciente

60. Esse risco, por evidente, também existe, a princípio, no caso de renúncia do tratamento, embora até hoje não tenham ocorrido casos pertinentes que sejam dignos de nota.

VI. O futuro da eutanásia

Ainda há uma discussão interdisciplinar controversa a respeito de se as bases legais atuais abrangem adequadamente a eutanásia. Existem duas posições básicas em relação à própria questão central da eutanásia, ou seja, de até que ponto a própria vida é disponível. **78**

Da perspectiva cristã, o homem não pode dispor de sua própria vida. A vida é entendida como um presente do Deus cristão; apenas Deus tem o direito de disposição sobre a vida. Além disso, a dor durante a morte, segundo a doutrina católica, tem um significado especial: "segundo a doutrina cristã, a dor tem ... especialmente na hora da morte, um significado especial no plano de salvação de Deus. A dor implica uma comunhão com o sofrimento de Cristo e conecta ao sacrifício redentor, que Cristo ofereceu em obediência à vontade do Pai".[61] **79**

Esta posição merece respeito. No entanto, ela não pode ser automaticamente usada como fundamento de política jurídica pelo Estado, a começar pelo fato de que a doutrina católica é dependente do sistema de crenças católico-romano, que não é compartilhado pela esmagadora maioria das pessoas na sociedade ideológica e religiosamente heterogênea de hoje. **80**

Da perspectiva liberal, o homem deve poder dispor de sua própria vida caso, estando lúcido e esclarecido, tome uma decisão autônoma.[62] De acordo com essa visão, deve-se rejeitar um prolongamento artificial da vida contra a vontade de uma pessoa que está morrendo. No entanto, a posição liberal também tem suas fraquezas. A ideia de que um ser humano pode determinar "autonomamente" o fim de uma vida é, na maioria dos casos, uma ficção. Além disso, os pressupostos da autonomia não são realmente claros. **81**

No entanto, a jurisprudência e a prática jurídica seguem, em sua grande maioria, a posição liberal, segundo a qual a vontade do paciente deve ter uma importância decisiva. Dos direitos à vida e à dignidade, protegidos constitucionalmente, também advêm o direito a uma morte digna e autodeterminada como parte do processo da vida. O doente terminal também possui dignidade humana sem qualquer restrição, cf. o art. 1 (1) GG. De acordo com a interpretação hoje predominante na jurisprudência, as pessoas têm o direito de tomar uma decisão autônoma em relação à maneira como morrem. Por isso, não é admissível prolongar o tempo de vida e, portanto, **82**

61. Declaração da Sagrada Congregação para a Doutrina da Fé sobre a Eutanásia, em III, publicado em <http://www.vatican.va/roman_curia/congregations/cfaith/documents/rc_con_cfaith_ doc_19800505_euthanasia_po.html>.

62. Para a nova discussão, essencial, *Verrel*, Patientenautonomie und Strafrecht bei der Sterbegleitung; *Saliger*, Selbstbestimmung bis zuletzt, 2015; a respeito do suicídio assistido, *Rosenau/Sorge*, Neue Kriminalpolitik 2013, 108 ss.; *Hilgendorf* JZ 2014, 545 ss.

muitas vezes também o tempo de sofrimento contra a vontade de uma pessoa. Por essa razão, já em 2006, a Conferência dos Juristas Alemães[63] sugeriu regras jurídicas explícitas que estabelecessem que medidas de prolongamento da vida, como a colocação de sondas, só deveriam ser realizadas com o consentimento das pessoas gravemente doentes.

63. *Verrel*, Patientenautonomie und Strafrecht bei der Sterbegleitung.

§ 5. Sociedades de eutanásia

I. Introdução

1 Um tema que tem sido objeto de muita discussão há algum tempo é a proibição das sociedades de eutanásia. A associação "Dignitate" – uma "filial" da associação suíça de auxílio à eutanásia "Dignitas" – criada em Hanover em 2005, gerou um intenso debate sobre a admissibilidade de tais sociedades. Em resposta a isso, várias propostas legislativas foram discutidas com muita controvérsia.[1]

2 Os tribunais administrativos também trataram do assunto. Em 2008, o ativista da eutanásia Roger Kusch foi proibido de continuar suas atividades. Ele fundou uma associação de eutanásia e ofereceu seus serviços na internet. A proibição foi decretada pelo VG de Hamburgo em um procedimento de urgência. Como fundamento decisório, o tribunal administrativo afirmou que a atividade da associação colocaria em risco a segurança pública. A eutanásia oferecida comercialmente pelo peticionário seria socialmente inapropriada, pois estaria em desconformidade com os valores morais da coletividade e colocaria em risco a vida de pessoas que, deixadas à própria sorte, evitariam realizar o passo final.[2]

II. A forma de atuação da Dignitas

3 A associação de eutanásia mais conhecida é a "Dignitas", com sede em Zurique. O procedimento de acompanhamento do paciente terminal é mais ou menos o seguinte: a pessoa que deseja o procedimento entra em contato com a Dignitas e então, se desejar, recebe documentos com explicações dos eventuais procedimentos seguintes. Ela é informada de que, sendo possível,

1. *Hilgendorf* em Byrd/Hruschka/Joerden (Orgs.), Jahrbuch für Recht und Ethik, Vl. 15, 2007, 479 ss.

2. VG Hamburg, julg. de 6.2.2009, AZR 2009, 69 ss.

ela deve envolver parentes no processo. Ao ingressar na associação, o suicida pode solicitar a criação de uma equipe que o acompanhará durante o procedimento. Nesse pedido, a pessoa deve incluir um relatório de sua vida, no qual apresente sua personalidade. Além disso, também é necessário acostar documentos médicos que contenham os diagnósticos, as terapias e as prognoses atuais da situação médica. Esses documentos são, então, enviados à análise de um médico colaborador da Dignitas. Quando o médico está pronto para receitar a substância mortífera, a pessoa recebe a "luz verde provisória". A partir de então, cabe à pessoa decidir se quer receber acompanhamento para o suicídio. Em regra, são necessárias duas visitas à Suíça; uma visita para uma consulta pessoal minuciosa com o médico e a segunda para a realização do procedimento. No caso de pacientes muito debilitados pela doença, é possível fazer tudo em apenas uma visita. O membro deve ser acompanhado por parentes.

4 O procedimento do suicídio é realizado em um local fornecido pela Dignitas, geralmente em um apartamento alugado em Zurique. É importante que o próprio suicida, sob a supervisão de um acompanhante de suicídios com experiência e na presença de parentes, tome a substância mortífera, de modo que o domínio do fato recaia sobre ele. Ocorrendo a morte, a polícia é notificada e então realiza investigações sobre a morte e o envolvimento de terceiros. Quando o cadáver é liberado, prossegue-se ao enterro. O suicídio é documentado com uma câmera de vídeo, para provar que o suicida possuía o completo domínio sobre o acontecimento.[3]

3. *Hilgendorf* em Byrd/Hruschka/Joerden (Orgs.), Jahrbuch für Recht und Ethik, 479 (481).

Panorama 12: a forma de atuação da Dignitas 5

1. Após o contato com a Dignitas, são enviados os documentos correspondentes ao ato;

2. Apresentação, por parte do suicida, de uma solicitação pessoal para a criação de uma equipe de assistência ao suicídio, com a inclusão de um relatório sobre sua vida assim como de documentos sobre os diagnósticos, as terapias e as prognoses relativas às suas condições de saúde;

3. Encaminhamento da documentação a um médico colaborador da Dignitas;

4. "Luz verde provisória" ao suicida caso o médico consinta em prescrever a medicação correspondente;

5. Consulta pessoal minuciosa com o médico suíço (também possível ser realizada na mesma data do suicídio);

6. Com a decisão do suicida, o procedimento é agendado;

7. Execução do procedimento com a autoministração da substância mortífera em um imóvel alugado pela Dignitas em Zurique, sob a supervisão de um acompanhante de suicídios com experiência e na presença de parentes;

8. Ocorrendo a morte, comunica-se a polícia;

9. Necessidade, segundo o direito suíço, de investigações sobre a morte e a participação de terceiros (gravação dos últimos atos do paciente com finalidade probatória);

10. Enterra-se o cadáver.

III. Reconhecimento jurídico-penal

Até recentemente, essa atuação da Dignitas, descrita acima, não era 6 punível nem no direito suíço nem no alemão. Uma vez que o suicida é quem toma o medicamento, os membros da Dignitas não cometiam o delito de homicídio a pedido (→ Cap. 4 nm. 44 ss.). Assim, só seria possível considerar uma ação de cumplicidade, que, no entanto, não seria punível já que o suicídio não é crime (princípio da assessoriedade limitada da cumplicidade: a cumplicidade só é punível quando houver um fato principal doloso e antijurídico).[4] Em todo caso, seria possível pensar em delitos da Lei de Drogas alemã, caso fossem usados determinados medicamentos.[5]

4. *Hilgendorf/Valerius* StrafR AT § 9 nm. 107 ss.

5. Tem relevância, sobretudo, o § 29 BtMG, a esse respeito ver Ratzel/Lutzenburger HdB MedR/*Girins*, Cap. 15 nm. 193 ss.

IV. Argumentos a favor da criminalização das sociedades de eutanásia

7 Aqueles que defendem a criação de um novo delito que criminalize o suicídio assistido argumentam o seguinte: as sociedades de eutanásia violam um tabu religioso, porque, segundo a vontade de Deus, não apenas a vida de um terceiro, mas também a própria vida é indisponível. Além disso, aqueles que auxiliam o suicídio sequer possuem fortes laços emocionais com o suicida, de modo que não estão em condições de avaliar corretamente o sentimento e a real vontade do suicida e nem de lhe mostrar perspectivas para o futuro ou fazê-lo enxergar alternativas para a morte.[6] Além disso, as sociedades de eutanásia oferecem serviços organizados para uma variedade de casos, o que cria o risco de haver uma comercialização do suicídio. Outro problema é a possibilidade de haver uma situação de pressão na qual o suicida em potencial, depois de ultrapassado um certo momento, não consegue mais desistir. Sem disposições legais, também existe o risco de que a substância mortífera seja ministrada muito apressadamente, sem que haja tempo de haver uma verificação exaustiva da situação pessoal do suicida antes do procedimento.[7]

8 Além disso, também é questionável quem poderia receber os auxílios ao suicídio: doentes incuráveis que devem ser poupados de um longo sofrimento? Ou apenas quem já esteja morrendo? Há um problema especial, nesse caso, em relação a pacientes com doenças mentais, cujo desejo de morrer pertence ao próprio quadro clínico da doença. Eles também podem receber a substância mortífera?

9 Por fim, teme-se que possa haver um enfraquecimento do tabu a respeito da eutanásia ativa: se o suicídio assistido de forma organizada é permitido e socialmente reconhecido, então o próximo passo, como alguns argumentam, seria a legalização da eutanásia ativa, caso a pessoa com desejo de morrer, por exemplo, pedisse para que o médico, e não ela própria, lhe ministrasse a medicação.

6. *Goll* ZRP 2008, 199; *Lüttig* ZRP 2008, 57 (58 s.).

7. No entanto, ainda merece registro o fato de que a prática das já atuantes sociedades de eutanásia na Suíça, como *Exit* e *Dignitas*, parece diferente: a profilaxia ao suicídio é o foco, e não uma rápida execução de arbitrárias (e irrefletidas) intenções suicidas. Cf. *Hilgendorf* em Byrd/Hruschka/Joerden (Orgs.), Jahrbuch für Recht und Ethik, Vl. 15, 2007, 479 (488).

Panorama 13: Argumentos a favor da criminalização das sociedades de eutanásia 10

- Violação de um tabu religioso;
- Ausência de laços emocionais entre o auxiliar do suicídio e o suicida assim como de conhecimento suficiente sobre o sentimento e a vontade real do suicida;
- Risco de uma comercialização do suicídio;
- Possibilidade de existência de situações de pressão após um determinado momento;
- Risco de uma precipitada ministração da medicação com efeito letal;
- Temor de um enfraquecimento do tabu relativo à eutanásia ativa.

V. Novas bases jurídicas

Em dezembro de 2015, o parlamento alemão [*Bundestag*] criou um novo § 217 para o StGB, criminalizando a facilitação do suicídio como ocupação pessoal [*geschäftsmäßige Förderung zur Selbsttötung*].[8] 11

> § 217 StGB – Facilitação do suicídio como ocupação pessoal
>
> "(1) Quem, como ocupação pessoal, na intenção de facilitar o suicídio de outrem, lhe oferece, prepara ou media uma oportunidade de cometê-lo será punido com pena restritiva de liberdade de até três anos ou multa.
>
> (2) Não é punido como partícipe aquele que não atua por ocupação pessoal e ou é parente ou pessoa próxima do terceiro referido na Abs. 1."

"Oferecer" ou "preparar" as condições para um suicídio significa criar "circunstâncias externas" "capazes de possibilitar ou facilitar de forma considerável o suicídio".[9] O suicídio é facilitado, por exemplo, por meio da preparação dos locais ou dos meios apropriados para a realização do suicídio. Em relação ao "oferecimento", o autor já tem à sua disposição os meios e só tem que disponibilizá-los ao suicida. A situação é diferente em 12

8. BT-Drs. 18/5373.

9. BT-Drs. 18/5373, 18; Schönke/Schröder/*Eisele* StGB § 180 nm. 9; *Hilgendorf* JZ 2014, 545 (548).

relação à variante típica da "preparação": nesse caso, o autor ainda precisa providenciar as tais circunstâncias externas.[10] Caso o autor coloque o potencial suicida em contato com uma pessoa que pode oferecer ou preparar o suicídio, ele estará "mediando" o suicídio. No entanto, a mera referência a locais já conhecidos não é suficiente para se falar em "mediação".[11]

13 Há "intenção" por parte do autor quando ele pretende exatamente garantir as condições de um determinado suicídio. A intenção do autor, segundo a exposição de motivos do legislador, tem que estar referida simplesmente ao auxílio para o suicídio, não à sua execução de fato. Em relação a este último, basta um *dolus eventualis*.[12]

14 Afirma-se que os atos são praticados como ocupação pessoal "caso alguém deseje fazer da repetição de atos semelhantes o objeto de sua ocupação".[13] Por isso, atuar como ocupação pessoal significa que a atividade é "concebida para a repetição". De acordo com a exposição de motivos do legislador, mesmo uma ação praticada pela primeira vez pode ser realizada como ocupação pessoal do autor, "caso indique o começo de uma atividade concebida para perpetuar".[14] Tanto ações como omissões estão abrangidas. Assim, o conceito de ocupação pessoal, como em muitos outros casos no direito penal, é muito amplo. Ele não significa o mesmo que agir "profissionalmente" (gewerbsmäßig),[*] o que se entende como a criação de uma "fonte contínua de renda de uma certa extensão e por um certo período", ou seja, de uma atuação para obtenção de lucro.[15]

15 De uma perspectiva dogmática, o § 217 StGB cria um tipo penal autônomo que criminaliza um fato que, antes, na forma de cumplicidade (§ 27 StGB) para o suicídio atípico, não seria punível. No entanto, o tipo penal não abrange qualquer auxílio ao suicídio, mas apenas se estiverem preenchidos todos os pressupostos do § 217 StGB. O tipo penal tem a forma de um delito de perigo abstrato;[16] os bens jurídicos protegidos são o direito à vida e a "garantia individual, constitucionalmente assegurada, de tomada de decisão autônoma".[17]

10. BT-Drs. 18/5373, 18.

11. BT-Drs. 18/5373, 18.

12. BT-Drs. 18/5373, 19.

13. BT-Drs. 18/5373, 19 mencionado por *Fischer* StGB Introdução ao § 52 nm. 63 e BVerfGE 54, 301 (313).

14. BT-Drs. 18/5373, 17.

[*] NT: A "profissionalidade" [*Gewerbsmäßigkeit*] é elemento de uma série de outros delitos, p.ex., do furto agravado, § 243 Abs. 1 Satz 2 Nr. 3 StGB.

15. BGH NJW 1996, 1069 (1070), assim como a jurisprudência reiterada.

16. BT-Drs. 18/5373, 14.

17. BT-Drs. 18/5373, 13.

16 A Abs. 2 do novo § 217 StGB estabelece que a participação em um fato do § 217 Abs. 1 não é punível caso o partícipe (cúmplice ou instigador) não atue, pessoalmente, como ocupação pessoal e seja ou parente do suicida ou muito próximo a ele. Essa regra pretende evitar, especialmente, a punição de parentes que, por exemplo, levem seus pais à Suíça para acompanhá-los durante o suicídio. Caso contrário, eles seriam puníveis em razão do § 9 Abs. 2 S. 2 StGB, embora o próprio auxílio ao suicídio não seja punível na Suíça.

17 O novo § 217 StGB foi alvejado de críticas óbvias logo após sua criação.[18] De fato, o tipo penal não é apenas juspoliticamente questionável, mas também coloca a ciência jurídica diante de problemas dogmáticos. Em termos de política jurídica, é questionável se faz sentido proibir categoricamente, na Alemanha, instituições que prestam assistência suicida, já que elas podem ser confortavelmente contactadas na Suíça ou na Holanda via Internet e são acessíveis por carro, trem ou táxi. Tendo em vista o fato de que as sociedades de eutanásia também praticam prevenção ao suicídio e, segundo todas as informações disponíveis, evitam mais suicídios do que auxiliam, passa a existir então o risco de que pessoas desesperadas escolham com frequência formas de "suicídios brutais", como se jogar sobre os trilhos de trem do país.

18 Também é particularmente problemático o fato de que o tipo penal – apesar de afirmações contrárias na exposição de motivos – também abrange muitas atividades relacionadas aos cuidados paliativos. Nesse sentido, a prática, corriqueira no tratamento paliativo ambulatorial, de fornecer ao paciente medicamentos letais em doses altas e fortes também configura, sem dúvida, a "criação de uma condição para o suicídio". Tais suicídios já estão ocorrendo hoje. Um médico especializado em cuidados paliativos ambulatoriais também atua, inquestionavelmente, em razão de sua ocupação pessoal. No geral, a situação não difere, estruturalmente, do fornecimento de substâncias letais por meio de um membro de uma organização de eutanásia, e, da perspectiva subjetiva do fato, também não há diferenças relevantes.

19 Medidas-padrão tomadas em função de trabalhos paliativos com pacientes internados em clínicas para doentes terminais – como a transferência do controle da infusão analgésica ao paciente com câncer – também se encaixam na descrição do tipo penal, porque por meio de altas doses o paciente pode, frequentemente, acelerar sua morte. Até mesmo a abdicação à manutenção da nutrição e a disponibilização de uma cama em um "quarto da morte", que são medidas hoje praticadas em muitos hospitais de idosos como rotina (e por isso "como ocupação pessoal"), podem ser entendidas como "criação de condições para o suicídio", já que não se pode

18. *Rosenau* fala, em NJW-Editorial caderno 49/2015, de uma "norma penal contra a morte autodeterminada".

questionar que alguém que recusa continuar se alimentando com intenção de cometer suicídio está se matando. No entanto, uma alimentação forçada contra a vontade do paciente, ainda atual ou declarada em diretiva antecipada de vontade (→ Cap. 4 nm. 20 ss.), seria antijurídica. Por isso, o § 217 StGB parece levar a consequências contraditórias.

20 Uma solução poderia ser permitir o consentimento do paciente suicida em casos de suicídio voluntário. O legislador não se manifestou sobre essa questão. Em princípio, o consentimento é possível em relação a todos os bens jurídicos que estejam à disposição do possuidor do bem jurídico.[19] É possível até mesmo consentir com algo que coloque a vida em risco;[20] no entanto, segundo a opinião majoritária, não é possível consentir com uma finalização proposital da própria vida[21] (argumento do § 216 StGB). O § 217 protege, segundo a exposição de motivos da lei, o direito à vida e a "garantia individual, constitucionalmente assegurada, de tomada de decisão autônoma".[22] Já que seria paradoxal limitar a autonomia do paciente em nome da proteção da autonomia, esse segundo bem jurídico é passível de ser objeto de consentimento. Por outro lado, a própria vida, como tal, não está à disposição de seu possuidor, de acordo com a situação jurídica atual. Deve-se notar, no entanto, que o § 217 StGB é um delito de perigo (abstrato). E é possível consentir validamente com a colocação da própria vida em perigo.[23] Por isso, é possível defender que as medidas médico-paliativas, mencionadas acima, realizadas nos ambulatórios, apesar de satisfazerem o § 217 StGB, estão justificadas e, por isso, são impunes, caso haja consentimento efetivo por parte do paciente suicida. Esta última alternativa é, claramente, a vontade do legislativo.[24] Por isso, a situação jurídica aqui corresponderia à situação jurídica das medidas curativas, que da mesma forma satisfazem o tipo penal (§ 223 StGB), segundo a opinião majoritária, mas podem ser justificadas por meio de um consentimento do paciente (→ Cap. 2). No entanto, a ciência jurídica e a jurisprudência ainda precisam esclarecer se essa abordagem é viável.

21 O problema fundamental reside no fato de que medidas de eutanásia, como colocar à disposição medicamentos analgésicos, mas potencialmente fatais, usados pela medicina paliativa (sobretudo ambulatorialmente), não podem ser distinguidas, juridicamente, com tanta precisão, das mesmas

19. *Frister* StrafR AT Cap. 15 nm. 4, 25; *Hilgendorf/Valerius* StrafR AT § 5 nm. 116 s.

20. *Frister* StrafR AT Cap. 5 nm. 27; Schönke/Schröder/*Lenckner/Sternberg-Lieben* StGB notas prévias aos §§ 32 ss. Nm. 103 s.

21. *Frister* StrafR AT Cap. 13 nm. 4.

22. BT-Drs. 18/5373, 13.

23. Referências em nota 20.

24. BT-Drs. 18, 5373, 17 e *passim*.

medidas executadas por funcionários médicos de uma organização de eutanásia. O § 217 StGB, por isso, cria essencialmente mais problemas do que consegue resolver.

§ 6. O aborto

I. Introdução

Em 1974, o BVerfG se pronunciou pela primeira vez de forma detalhada a respeito da problemática do aborto e da questão sobre o termo inicial da proteção da vida humana. Antes disso, o Bundestag, com uma estreita maioria, havia adotado o "critério temporal" defendido pelo SPD e FDP,* segundo o qual o aborto deveria ser impune sempre que se desse até a 12ª semana de gestação. Esse critério temporal era mais permissivo que o "critério da indicação", defendido pelos partidos CDU/CSU,* que autorizaria um aborto, durante esse período da gestação, apenas sob certas condições (médicas e éticas). Essa tomada de decisão, social e politicamente controversa, culminou em várias ações constitucionais, ajuizadas não só pelo CDU, entre outros partidos, mas também por vários estados da federação. 1

Em fevereiro de 1975, o BVerfG declarou a solução temporal inconstitucional, por entendê-la contrária ao direito à vida e à integridade física (Art. 2 Abs. 2 S. 1 GG) em conexão com a inviolabilidade da dignidade humana (Art. 1 Abs. 1 GG) do embrião.[1] A vida em desenvolvimento no útero estaria protegida constitucionalmente e teria primazia sobre o direito à autodeterminação das mulheres grávidas. A definição de proteção constitucional da vida e da dignidade formulada nesta decisão é citada frequentemente até hoje: 2

* NT: SPD e FDP são partidos políticos alemães: partido social-democrata (SPD: Sozialdemokratische Partei Deutschlands) e partido democrático liberal (FDP: Freie Demokratische Partei).

* NT: CDU/CSU são partidos políticos alemães irmãos: união da democracia cristã alemã (CDU: Christlich Demokratische Union Deutschlands) e união social-cristã da Baviera (CSU: Christlich-Soziale Union in Bayern).

1. BVerfGE 39, 1 ss.

3 “A toda vida humana atribui-se dignidade humana; e isso independente de ter o possuidor consciência dessa dignidade ou saber garanti-la por conta própria. As capacidades potenciais de que, desde o começo, está investida a existência humana são suficientes para fundamentar a dignidade humana.”[2]

4 Como compromisso, a Câmara dos Deputados alemã adotou, em 1976, um critério da indicação modificado, segundo o qual um aborto seria punível, basicamente, caso ele não fosse resultado de nenhuma das quatro situações seguintes: uma indicação médica (a vida ou a saúde da gestante está em perigo), uma indicação criminológica (a gravidez é resultado de um estupro), uma indicação embriopática (o embrião tem graves danos) ou uma chamada indicação de situação crítica (situação social crítica da gestante).

5 Dessa forma, as gestantes só poderiam realizar um aborto em uma das quatro situações mencionadas acima.[3] Isso só mudou no início dos anos 90, com a necessidade de criação de uma regra única para a Alemanha unificada. Na República Democrática Alemã, já havia um critério temporal, segundo o qual as gestantes poderiam decidir livremente, nos primeiros três meses, sobre a continuação da gestação, sem qualquer necessidade de aconselhamento profissional.

6 Em 1995, o parlamento alemão, em razão de uma nova decisão da BVerfG,[4] adotou um critério temporal modificado que exigia o aconselhamento profissional. Segundo esse compromisso legal entre o direito à autodeterminação das gestantes e a proteção da vida humana do feto, o aborto fica impune caso haja um aconselhamento profissional antes de sua realização e a gestação não tenha mais de 12 semanas a partir da concepção. Com a introdução da obrigação de aconselhamento profissional, altera-se o conceito de proteção da vida do nascituro. O foco dos conflitos da gravidez passa a ser o aconselhamento das gestantes, a fim de convencê-las a seguir com a gestação, sem lhes reduzir qualquer espaço de decisão.

II. A proteção gradual da vida do nascituro

1. Base jurídica antes da nidação

7 O direito penal garante uma proteção gradual a depender do estágio de evolução em que se encontre o nascituro.

8 Até a fusão do óvulo com o espermatozoide, o óvulo e o esperma não são protegidos por normas especiais. Caso o óvulo ou o espermatozoide

2. BVerfGE 39, 1 (41).

3. Na prática, no entanto, o critério da indicação de situação crítica foi tão alargado que se aproximou do “critério temporal”.

4. BVerfGE 88, 203 = NJW 1993, 1751.

sofram algum dano no corpo de uma pessoa, pode-se considerar apenas uma lesão corporal, nos termos dos §§ 223 ss. StGB. Fora do corpo, a danificação ou a destruição do material genético podem ser punidas como crime de dano, nos termos dos §§ 303 ss. StGB.

Após a fertilização do óvulo, a proteção depende de o ovócito estar ou não nos órgãos sexuais primários internos, nas tubas uterinas ou já no útero. O ovócito fecundado que esteja no útero não recebe proteção especial, enquanto o ovócito fertilizado *in vitro* está sujeito à Lei de Proteção aos Embriões (ESchG) e já goza, nesse estágio, de significativa proteção criminal. **9**

De acordo com a definição da ESchG, um embrião é um "ovócito humano fertilizado e com capacidade de se desenvolver" e, além disso, "qualquer célula totipotente[5] retirada de um embrião".[6] Na medicina, ao contrário, geralmente só se considera como embrião o blastocisto nidado (ou aninhado) no útero. **10**

2. Base jurídica após a nidação

a) A regulação legal do aborto, §§ 218 ss. StGB

O ovócito fertilizado passa a ser protegido pelas normas jurídico-penais dos §§ 218 ss. StGB a partir de sua nidação no útero. De acordo com o § 218 Abs. 1 S. 1 StGB, o aborto só é uma ação punível a partir da nidação. Consequentemente, medidas com o propósito de evitar a implantação do ovócito no útero, como, p.ex., a "pílula do dia seguinte" ou o dispositivo intrauterino (DIU) não são ações puníveis (segundo § 218 Abs. 1 S. 2 StGB). **11**

O bem jurídico protegido pelos §§ 218 ss. StGB é o ovócito fecundado nidado no útero. Fetos mortos, anencéfalos com morte cerebral[7] ou ovócitos fecundados que estejam aninhados fora do útero (também chamado de gravidez ectópica ou tubária) não estão no âmbito de proteção desses tipos penais. **12**

Toda ação que conduza à morte de um embrião vivo que, no momento da ação, se encontre no útero é uma ação fática no sentido do § 218 StGB. Não faz diferença se a ação abortiva causa a morte do embrião por meio **13**

5. As células totipotentes ainda podem gerar seres vivos completos. Elas existem a partir da separação dos óvulos fecundados até o estágio de 8 células. A partir daí, forma-se o blastocisto. As células existentes no blastocisto são apenas pluripotentes, elas não são capazes de gerar um organismo completo.

6. § 8 Lei de Proteção aos Embriões (ESchG).

7. Nos anencéfalos, faltam partes essenciais da caixa craniana e do cérebro. A expectativa de vida, sem forte suporte técnico, é de apenas alguns dias.

de uma intervenção direta (por exemplo, por aspiração ou pela conhecida curetagem) ou indireta (por exemplo, por meio da ministração de substâncias químicas, como as prostaglandinas). Assim, também se trata de aborto caso o feto primeiro nasça com vida e, depois, venha a morrer em razão de uma incapacidade ou de um dano provocados por uma intervenção praticada ainda no útero.[8] O tipo penal do § 218 StGB também pode ser satisfeito mesmo que as gestantes não sobrevivam ao aborto.[9] Isso também ocorre caso a morte do feto se dê em razão de uma agressão à gestante.

14 Também ocorre um aborto, em princípio, caso um feto morra em razão da interrupção do tratamento de uma gestante com morte cerebral. O fato de o feto se encontrar no corpo de uma mulher com morte cerebral não diminui a proteção constitucional que ele desfruta como ser humano já a partir do momento da nidação.[10]

15 A discussão a respeito desses casos se intensificou, em 1992, com o chamado "caso da gravidez de Erlangen". Naquela época, uma jovem mulher com 15 semanas de gravidez sofreu lesões graves em um acidente de trânsito, e, pouco tempo depois, teve morte cerebral. A vida do feto pôde ser mantida por meio da manutenção artificial das funções corporais necessárias da mulher; no entanto, o procedimento dos médicos foi objeto de uma intensa discussão pública, na qual eram acusados de impedir uma morte digna à mãe e de procrastinar artificialmente o processo da morte. O tribunal de Hersbruck aprovou a ação dos médicos, por entender que "o autônomo direito à vida do nascituro" se sobreporia à "proteção da personalidade *post-mortem* da mulher".[11] No entanto, apesar dos esforços médicos, o feto morreu durante o 5º mês de gestação uterina.

16 As medidas que o médico deve ou pode tomar enquanto garante para salvar o embrião dependem, contanto que a gestante esteja viva, de sua vontade real ou presumida. Havendo risco de aborto ou de outras complicações na gravidez, o médico deve, com o consentimento das gestantes, fazer de tudo para evitar a morte do embrião, p.ex., induzindo o trabalho de parto.

17 Não existe nem um direito nem um dever do médico em tomar medidas invasivas contra a vontade da mulher grávida; a decisão da gestante tem que ser respeitada, mesmo que ela, ao recusar exames para diagnósticos ou medidas terapêuticas, esteja assumindo o risco de morrer no parto ou de que o feto morra ao nascer por falta de contramedidas. No entanto, caso a gestante tenha consentido com a indução do trabalho de parto, o médico tem que

8. *Laeckner/Kühl* StGB § 218 nm. 4.

9. BGHSt 1, 278 (280).

10. *Beckmann* MedR 1993, 121 (123); *Hilgendorf* JuS 1993, 97.

11. AG Hersbruck FamRZ 1992, 1471.

persistir com suas intervenções, independentemente da mudança de vontade da mulher durante o parto, caso elas não possam mais ser interrompidas sem risco à mãe ou ao feto.

Em termos de medida da pena, a gestante é claramente privilegiada em relação a outras pessoas. A pena para o aborto, nos termos do § 218 StGB, é de restrição de liberdade de até três anos ou multa. Se a própria gestante comete o crime, a pena máxima de prisão é de um ano.[12] No entanto, caso o aborto seja praticado após uma consulta médica até a 22ª semana depois da concepção, a grávida não é punida, segundo o § 218a Abs. 4 StGB. Além disso, o juiz também pode abrir mão da pena, segundo o § 218a Abs. 4 StGB, se a gestante estava em situação de especial aflição no momento do fato. 18

A gestante, em todo caso, também não é punida por tentativa. Terceiros, contudo, podem ser punidos por tentativa de aborto.[13] A tentativa ocorre, por exemplo, quando a criança, apesar do procedimento abortivo, nasce com capacidade de viver. 19

b) Impunibilidade do aborto, § 218a Abs. 1 StGB

De acordo com o princípio do critério temporal, o médico não é punido pelo aborto, nos termos do § 218a Abs. 1 StGB, quando os pressupostos abaixo estiverem satisfeitos: 20

- a gestante ter solicitado o aborto e fornecido ao médico provas de que recebeu aconselhamento profissional pelo menos três dias antes do procedimento;
- o aborto tiver sido realizado por um médico e
- dentro de doze semanas de gestação a contar da concepção.

O pedido do aborto pela gestante, exigido pelo § 218a Abs. 1 StGB, é mais do que apenas um consentimento. É necessária uma solicitação explícita, dirigida ao médico, para que o consentimento na intervenção possa ser considerado um "pedido" da gestante.[14] No caso de menores de idade, a capacidade de consentir depende da maturidade mental e moral da gestante para compreender o significado e as consequências da interrupção da gravidez. Havendo capacidade da menor de idade para compreender e tomar decisões, não há dependência do consentimento ou recusa de seus responsáveis legais.[15] No caso de menores de 16 anos, essa capacidade de 21

12. § 218 Abs. 3 StGB.
13. § 218 Abs. 4 StGB.
14. NK-StGB/*Merkel* § 218 nm. 69 ss; Schönke/Schröder/*Eser* StGB § 218a nm. 9.
15. LG München NJW 1980, 646.

compreensão é, na maior parte das vezes, negada, mas, no caso de menores de idade com mais de 16 anos, essa capacidade é, em regra, afirmada.

22 Até a segunda decisão do BverfG[16] sobre a problemática do aborto, uma interrupção, nas circunstâncias descritas acima, ainda era considerada como "não-antijurídica". Isto foi declarado como inconstitucional pelo BVerfG em 1993. O StGB foi, então, alterado para que o aborto, nesses casos, não fosse referido mais como "não-antijurídico", mas apenas como uma conduta que não realiza o tipo penal (do aborto). O que, à primeira vista, parece ser uma futilidade juridicamente sutil tem a intenção de deixar claro que um aborto, nestas circunstâncias, não deve ser justificado do mesmo modo que um aborto praticado em razão de indicação médico-social ou criminológica.

23 A decisão do BVerfG, no entanto, é criticável em vários aspectos. Já parece questionável por que uma ação que mata o embrião, ou seja, atinge diretamente o bem jurídico protegido, não é típica. Além do mais, é incompreensível como um comportamento que não é típico pode vir a constituir, no entanto, um injusto jurídico-penal, ou seja, ser antijurídico. Essa é uma ruptura com os padrões de argumentação e racionalidade jurídico-penais, que também deve suscitar preocupações consideráveis em relação ao princípio do estado de direito.[17]

c) Indicação médico-social e criminológica, § 218a Abs. 2, 3 StGB

24 De acordo com o § 218a Abs. 2 StGB, a interrupção da gravidez não é antijurídica caso exista ou uma indicação médico-social ou uma indicação criminológica. Atualmente, a antiga indicação de "necessidade embriopática" e "social" não é mais listada de forma autônoma, mas está abarcada pela indicação "médico-social".

25 O § 218a Abs. 3 StGB afirma a existência de uma indicação criminológica justificante caso, segundo o conhecimento médico, a gravidez tenha sido causada por estupro ou assédio sexual ou, pelo menos, haja fortes motivos para se supor isso. Um aborto em razão de uma indicação criminológica deve ser realizado, a pedido da gestante, durante as primeiras 12 semanas a partir da concepção. Para tanto, não é um pressuposto necessário que o delito sexual esteja sendo objeto de procedimento penal conduzido pela promotoria; a decisão é da gestante e do médico. Embora se tenha advertido, antes, a respeito do perigo de abusos, a utilização de indicação criminológica como razão para realização de abortos é muita baixa. Dados do Ministério

16. BVerfGE 88, 203 = NJW 1993, 1751.

17. NK-StGB/*Merkel* Introdução ao § 218 ss. Nm. 13 ss.

das Estatísticas[18] indicam que, em 2013, apenas 20 dos 102.802 abortos registrados se deram em razão de indicação criminológica.

Há uma indicação médico-social, por sua vez, quando a interrupção da gravidez, segundo o conhecimento médico, é necessária, tendo em vista as condições de vida atuais e futuras da gestante, para afastar riscos à sua vida ou de comprometimento grave da sua saúde física ou mental. É necessário que os riscos não possam ser evitados de outra forma razoável para as gestantes e que o aborto seja realizado a pedido das mesmas. 26

Pode existir uma indicação médica por perigo à vida e à saúde das gestantes, por exemplo, no caso de um câncer de útero ou de tendências suicidas causadas pela gravidez. Deve-se notar que a indicação médica não é limitada ao tempo de gravidez. Em razão da exigência de comprometimento "grave", estão afastados como fundamentos todos os distúrbios normais da gravidez. No entanto, considerando a específica situação econômica, familiar e social de uma gestante mentalmente instável, pode-se justificar o aborto, em determinadas circunstâncias, por haver risco de uma sobrecarga física ou psicológica excessiva. 27

A regulamentação legal é particularmente problemática em vista do fato de que, devido ao progresso da medicina, os fetos já são capazes de sobreviver fora do útero a partir da 22ª ou, pelo menos, da 24ª semana.[19] É controversa a razoabilidade de se exigir da gestante o parto de uma criança indesejada ou com uma provável deficiência grave, a fim de então dá-la à adoção ou colocá-la em um orfanato. A fim de não expor a gestante a um estresse psicológico ainda maior, o embrião ou feto é geralmente morto no útero mesmo quando já está desenvolvido o suficiente para viver fora dele. No entanto, esses abortos tardios representam um grande problema ético e jurídico. 28

d) Delitos especiais médicos, §§ 218b e 218c StGB

Os §§ 218b e 218c StGB são delitos especiais próprios que criminalizam a existência de deficiências substantivas e procedimentais na realização de um aborto. O § 218b Abs. 1 S. 1 StGB visa proteger a observância de regras meramente procedimentais. Já o § 218b Abs. 2 StGB tem uma semelhança com o § 278 StGB e pune o médico que faz uma declaração deliberadamente 29

18. *Ministério da estatística alemão*, abortos por fundamentos jurídicos, duração da gravidez e dos anteriores nascituros, referência de 2014, acessível em: https:// www.destatis.de/DE/ZahlenFakten/GesellschaftStaat/Gesundheit/Schwangerschaftsabbrueche/Tabellen/RechtlicheBegruendung.html (acesso: 8.1.2016).

19. Posição do Conselho Federal de Medicina alemão em MedR 1999, 31 (32).

incorreta (em relação ao bem jurídico protegido pelos §§ 218 ss. StGB, apenas a falsa afirmação de uma indicação para o aborto é abrangida).[20]

3. Momento do parto

30 Segundo a definição jurídico-penal,[21] a partir do início do parto, já não se trata mais de uma vida humana potencial, mas de um *ser humano*. O BGH[22] afirma o início do parto com a entrada da gestante em trabalho de parto. No entanto, o tribunal deixou em aberto "como julgar a questão do início do parto caso outros processos, que não as contrações, inaugurem o parto".[23] No caso de partos cirúrgicos, uma das posições, na literatura, é de que o início do parto se dá com a abertura da parede abdominal. Outra posição afirma o início do parto a partir da ministração da anestesia. Se a criança é morta durante auxílios para o parto após o início do trabalho de parto, não se trata de um aborto, mas de um homicídio (§ 212, § 211 StGB).

31 A delimitação não tem um papel significativamente relevante apenas para essa questão, mas também para a valoração jurídico-penal da atuação culposa. Os tipos penais de aborto criminalizam, de maneira geral, apenas ações *dolosas*. E isso tem consequências práticas significativas: uma ação *pré-natal* culposa que venha a causar danos graves à saúde ou a morte do embrião não é punível. Em contraste, erros ou outros atos culposos por parte do médico que tenham efeito negativo sobre a saúde ou a vida de uma criança nascida são puníveis nos termos dos § 229 ou § 222 StGB.

32 A linha divisória entre *dolus eventualis*, enquanto forma mais fraca de dolo, e culpa é traçada da seguinte forma: caso o autor esteja ciente da possibilidade de que suas ações realizem um tipo penal e a aceite, ele age de forma dolosa. Se, no entanto, ele confia seriamente que suas ações não violarão bens jurídicos, então ele não age com dolo, mas apenas com uma culpa consciente.[24]

20. NK-MedR/*Gaidzig* StGB §§ 218-219b nm. 15 ss.

21. BGHSt 32, 194.

22. BGHSt 31, 348 (353).

23. BGHSt 32, 194 (197).

24. *Hilgendorf/Valerius* StrafR AT § 4 nm. 85 ss.

Panorama 14: Proteção do nascituro 33

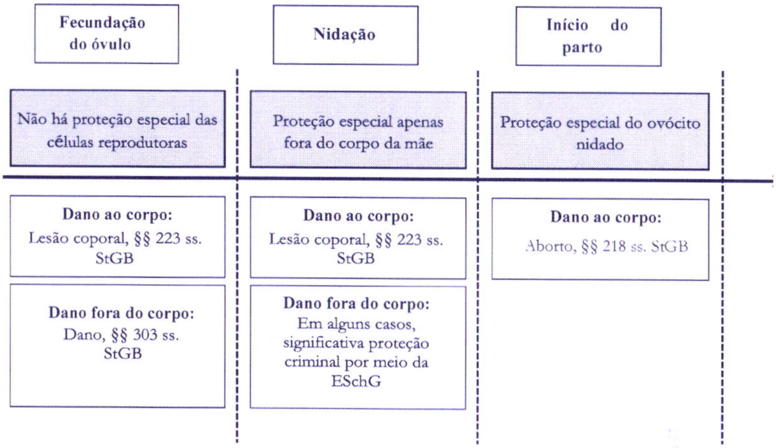

III. Resumo: Sistema de proteção gradativa da vida

O direito penal alemão protege o desenvolvimento da vida humana de acordo com o estado de desenvolvimento do embrião. A concepção dogmática da proteção da vida pré-natal se torna mais compreensível se, ao invés de se partir de um "direito subjetivo" do nascituro, for concebida como um sistema gradual de valores.[25] Os direitos subjetivos não são graduáveis, mas os valores sim. A proteção gradual da vida a partir da nidação é uma expressão da visão, predominante, de que o valor da vida em desenvolvimento aumenta segundo o seu nível de desenvolvimento. 34

25. *Hilgendorf* em: Gethmann-Siefert/Huster, Recht und Ethik der Präimplantationsdiagnostik, 122.

§ 7. Proteção do embrião e pesquisas com células-tronco

I. Introdução

Entre os temas atualmente mais controversos no direito penal da medicina estão a proteção jurídico-penal de embriões *in vitro* (ou seja, fora do corpo da mãe) e as pesquisas com células-tronco embrionárias. Desde a primeira inseminação artificial na década de 70,[1] a medicina fez grandes progressos nessa área e inaugurou um objeto de pesquisa até então inacessível: "sobras" de embriões fertilizados artificialmente que não são implantados.[2] 1

Os embriões são de grande interesse para a pesquisa básica, porque podem ser usados para estudar o desenvolvimento inicial das células humanas, as causas de doenças, a reação das células humanas a certas drogas etc.[3] Além disso, os embriões são usados para produzir células-tronco embrionárias.[4] Atualmente, as células-tronco ainda são usadas principalmente para pesquisas, mas é provável que também encontrem uso terapêutico no futuro, especialmente para a substituição de tecidos humanos.[5] 2

1. Para o começo do debate jurídico, cf. *Ostendorf* JY 1984, 595 ss.

2. Esses embriões excedentes surgem quando são produzidos mais embriões do que podem ser usados, sobretudo, para prevenir que a mulher tenha que passar várias vezes pelo incômodo procedimento de retirada de óvulos.

3. *Kues* in Dabrock/Ried, Therapeutisches Klonen als Herausforderung, 57.

4. *Badura-Lotter*, Forschung an embryonalen Stammzellen, 17; *Wiestler/Brüstle* em: Oduncu/Schroth/Vossenkuhl, Stammzellenforschung und therapeutisches Klonen, 71.

5. Relatório final da comissão de enquete "Recht und Ethik der modernen Medizin" [*Direito e Ética da Medicina Moderna*], BT-Drs. 14/9020, 251.

3 Isso levanta uma série de problemas legais e morais com soluções altamente controversas – até porque as questões a respeito do começo, do fim e do valor da vida humana se referem aos fundamentos da existência humana. Dependendo do contexto religioso ou ideológico, as respostas frequentemente variam muito.[6] Além disso, existem também problemas relacionados com o fornecimento de óvulos vivos, o financiamento de pesquisas e os perigos do prematuro uso terapêutico.

4 A clonagem de células é outro tema de pesquisa. Este método poderia servir no futuro, dentre outras coisas, para contornar a diversidade genética entre doadores e pacientes e produzir tecidos substitutos diretamente das próprias células do paciente. O método consiste em retirar o núcleo de uma célula do paciente e transferi-lo a um ovócito do qual tenha sido previamente retirado o núcleo original (transferência nuclear). Como isso cria uma célula totipotente, que poderia, pelo menos em teoria, se transformar em um ser humano, surgem as mesmas questões morais relativas à pesquisa com embriões. Além disso, também se considera problemática a produção de uma "cópia" genética do paciente. Existe o receio de que esse processo possa significar o início da clonagem reprodutiva, ou seja, a "produção" de seres humanos por meio da clonagem.

II. Visão panorâmica da discussão ética

5 Para entender as regulamentações jurídicas no campo da proteção de embriões e células-tronco, é necessário ter, pelo menos, uma visão geral do debate moral.

1. Questões de status

6 Algumas questões têm caráter tanto moral quanto jurídico.[7] Por exemplo: qual é o status do embrião? quais células possuem esse status ou o que são embriões? em que se fundamenta esse status? quais são as consequências disso para as obrigações de proteção e para a possibilidade de utilização de embriões para fins determinados?

7 Alguns defendem que o embrião a partir da concepção já se equipara a um ser humano nascido, portanto, teriam os mesmos direitos de uma pessoa nascida.[8] Esse status é geralmente fundamentado pela chamada argumentação-ECIP:[*] a **e**spécie a que pertence, a **c**ontinuidade do desenvolvimento, a

6. *Beck*, Stammzellforschung, 103 ss.

7. → Cap. 7 nm. 21 ss.

8. *Honnefelder* in Damschen/Schönecker, Moralischer Status menschlicher Embryonen, 71 ss.

[*] NT.: Em alemão, argumentação-SKIP (Spezieszugehörigkeit, Kontinuität der Entwicklung, Identität des Embryos mit dem geborenen Menschen, Potentialität der Zelle).

identidade do embrião com a pessoa nascida e a potencialidade da célula. Os representantes dessa visão não são claros a respeito de até que ponto as células clonadas também se enquadram na proteção da dignidade humana e do direito à vida. No entanto, em regra, assume-se uma proteção total, que em última análise é fundamentada apenas pelo potencial das células de se desenvolverem em um ser humano. Essa visão é defendida, especialmente, pela Igreja Católica. A partir disso, conclui-se que a produção e a destruição de embriões e células clonadas para fins de pesquisa violam a dignidade humana e o direito à vida.

A visão oposta parte da ideia de que a aquisição de direitos e proteção jurídica surgem apenas com o nascimento:[9] somente a pessoa nascida deve possuir dignidade humana e direito à vida. Entre esses dois extremos há inúmeras posições que defendem o começo da proteção jurídica em algum momento entre a concepção e o nascimento, por exemplo, a partir da nidação (implantação do embrião no útero) ou do desenvolvimento das células nervosas ou da consciência.[10] Defensores dessas posições não entendem a dignidade humana e o direito à vida como naturais, mas como atribuições sociais, e se referem a certas características que, no momento em que surgem, fazem com que o começo dessa atribuição pareça plausível. **8**

Entre esses representantes estão aqueles que defendem a "teoria dos níveis", segundo a qual o embrião não deve estar desprotegido, mas o escopo de proteção deve ir crescendo à medida em que se desenvolve e só atingir sua extensão total a partir do nascimento.[11] Posições como essas também se baseiam, em parte, no potencial de desenvolvimento, em razão do qual deveria existir uma certa proteção, ainda que não a mesma garantida à pessoa nascida, que cresce conforme o embrião se desenvolve até se tornar um ser humano nascido. **9**

De acordo com as duas últimas posições, a pesquisa com embriões e clones – pelo menos sob certas condições – é admissível. Embora elas também defendam certos limites, sendo contra, por exemplo, uma produção sem sentido e desproporcional de embriões ou o consumo de embriões, elas veem, em geral, as pesquisas com embriões de forma positiva. Essas opiniões são fortes, sobretudo, na cultura anglo-saxã e nas culturas budista e judaica. **10**

Existem argumentos racionais, mais ou menos plausíveis, a favor e contra cada uma dessas visões. Em última análise, a decisão sobre o status do embrião é geralmente dependente da visão religiosa ou cultural de quem debate. É difícil discutir questões como essas de forma racional, o que pode **11**

9. *Singer*, Praktische Ethik, 229.

10. Para uma visão panorâmica, *Clausen* em: Maio/Just, Forschung an embryonalen Stammzellen, 203.

11. → Cap. 6 nm. 34.

explicar, em parte, as emoções com as quais são conduzidos esses debates. O que resta é presumir que um acordo não será alcançado no futuro e que será necessário criar regulações jurídicas baseadas em um dissenso permanente.

12 Em 2012, o caso "Brüstle" trouxe novos ares a essa discussão. O BGH teve que se debruçar sobre a questão da patente de invenções relacionadas às células-tronco humanas.[12] Como o caso também tangencia normas da Lei de Patentes, que estariam relacionadas com a Diretiva 98/44/TJUE, implementada na Alemanha (BioPat-RL), o BGH apresentou o caso ao Tribunal de Justiça da União Europeia (TJUE) pedindo-lhe esclarecimentos (o chamado processo de reenvio prejudicial). O BGH formulou as seguintes questões:

13 Como se deve definir o termo "embriões humanos" no sentido da BioPat-RL? Estão abrangidos todos os estágios de desenvolvimento da vida humana a partir da fecundação do óvulo ou é necessário que outras condições sejam satisfeitas, como o início de um certo estágio de desenvolvimento? Os seguintes organismos também estão incluídos: ovócitos humanos não fertilizados aos quais tenham sido transplantados núcleos celulares de células humanas maduras; ovócitos humanos não fertilizados que tenham sido estimulados à divisão e ao desenvolvimento por meio da partenogênese? Também estão abrangidas células-tronco derivadas de embriões humanos em estágio de blastocisto?

14 O TJUE decidiu que o termo "embrião humano" deveria ser interpretado de forma ampla. Segundo o tribunal, um embrião humano é "todo ovócito humano a partir do estágio de fertilização"[13] e nisso incluem-se também ovócitos não fertilizados idôneos ao desenvolvimento humano (por exemplo, após um transplante de núcleo ou uma partenogênese). Para o TJUE, o que importa é se a entidade em questão é "idônea a dar início ao processo de desenvolvimento humano". No entanto, se as células-tronco embrionárias devem ser vistas como embriões é uma questão que deve ser examinada e decidida a nível nacional por cada estado-membro.

15 Considerando a mencionada decisão do TJUE, o BGH decidiu que as células-tronco embrionárias humanas não são embriões segundo o direito alemão, porque elas não têm a capacidade "de iniciar o processo de desenvolvimento de um ser humano".[14] Como resultado, as patentes relacionadas a células-tronco embrionárias e seus procedimentos seriam admissíveis, caso o embrião, para os propósitos da invenção, não fosse utilizado como material de partida nem destruído.[15]

12. BGH GRUR Int. 2013, 229.

13. EuGH GRUR Int. 2011, 1045 nm. 35.

14. BGH GRUR Int. 2013, 229 nm. 37.

15. A esse respeito, *Batista* GRUR Int. 2013, 514 (516 s.).

Panorama 15: Posições sobre o status de um embrião e sua proteção 16

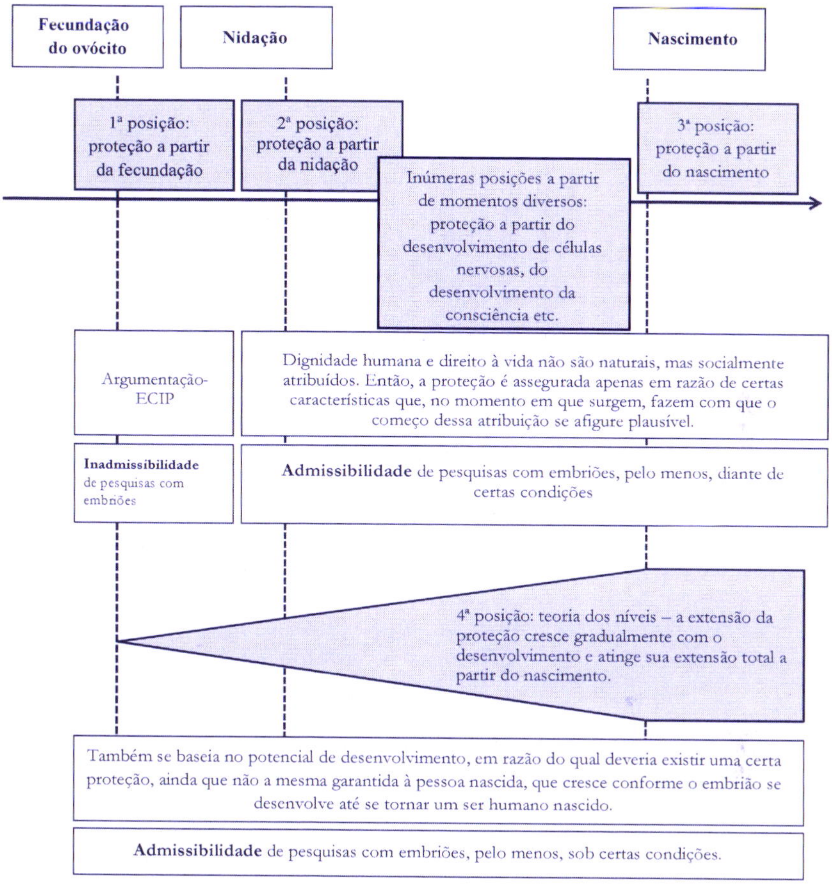

2. Problemas resultantes: direito à ignorância

17 Questões de status são apenas uma parte dos problemas associados à proteção de embriões e células-tronco. A moderna biotecnologia humana tornou possível "melhorar" os embriões ao interferir no genoma. Ter conhecimento do programa genético do embrião pode vir a ser uma violação a um "direito à ignorância".[16] Não menos importantes são também as questões a respeito do financiamento desses tais aperfeiçoamentos, já que isso poderia criar injustiças, caso pais ricos pudessem pagar "aperfeiçoamentos" substanciais a seus filhos enquanto crianças de classe média fossem obrigadas a viver com os seus "defeitos" genéticos. Por outro lado, parece problemático que o serviço de saúde público tenha que arcar com os custos de medidas puramente de aperfeiçoamento.[17]

18 Em relação à investigação sobre células-tronco, surge a questão, para aqueles que defendem uma proteção ilimitada aos embriões, de se a reprovabilidade da destruição de embriões condenaria também a pesquisa com células-tronco embrionárias. Além disso, o financiamento e a proporcionalidade da pesquisa também são problemáticos. Usos terapêuticos devem ser avaliados na ponderação entre seus possíveis riscos e benefícios reais.

19 Caso sejam desenvolvidos usos terapêuticos, deve-se discutir se eles podem ser negados à população simplesmente em razão da rejeição da destruição do embrião. Parece problemático deixar a pesquisa a cargo de outros países e depois adotar seus resultados. Acrescenta-se a isso, ainda, o perigo de incontroláveis abusos no futuro em relação a todas essas tecnologias.

20 Em relação à fertilização artificial, ainda há outros problemas: a maternidade de substituição, que pode gerar efeitos negativos na psique da criança, o possível direito à inseminação artificial por mulheres solteiras, ou a ameaça de uso de mulheres como "fornecedoras de matéria-prima" para pesquisa e terapia.

III. Direito Constitucional

21 O status jurídico-constitucional do embrião é um pouco menos controverso do que o moral: mais uma vez, as opiniões sobre a abrangência da proteção dos Arts. 1 e 2 GG vão desde a afirmação de uma proteção gradual em função do estágio de evolução do embrião até de uma rejeição da

16. A derivação de um direito como esse, no entanto, levanta significativos problemas; a esse respeito, ver, por exemplo, *Maio,* Ethik in der Medizin, 263 s., que faz um link entre o "direito à ignorância" e a autonomia.

17. *Beck* MedR 2006, 95 ss.

inclusão de embriões no âmbito de proteção dessas normas.[18] No entanto, em relação à valoração da lei, deve-se lembrar que o legislador pode interpretar a constituição, basicamente, de forma autônoma[19] e que as leis são legítimas desde que essa interpretação não seja evidentemente falsa e indefensável sob qualquer circunstância.

Além disso, em relação à valoração das leis, o que importa é o seguinte: **22**
a liberdade de pesquisa é um bem jurídico-constitucional de significativo valor – Art. 5 Abs. 3 GG[20] – que só pode ser limitado por outros valores constitucionais. Essa limitação tem que ser proporcional e fundamentada de forma ideologicamente neutra. Isso também se aplica à limitação dos direitos de pais potenciais, cujo direito à reprodução advém do direito geral ao desenvolvimento da personalidade, Art. 2 Abs. 1 c.c. Art. 1 Abs. 1 GG.

Desde que o legislador considere o embrião protegido pelos Arts. 1 **23**
e 2 GG e possa justificar essa proteção de forma neutra, ele tem o direito e até mesmo a obrigação de protegê-lo.[21] O nível de proteção deve ser o mais consistente possível, o que é muitas vezes duvidoso. As regras sobre o aborto, dos §§ 218 ss. StGB, parecem, nesse sentido, proteger o embrião muito menos do que a Lei de Proteção aos Embriões e a Lei de Células-Tronco. No entanto, a inconsistência entre diferentes leis não gera necessariamente uma inconstitucionalidade, mas talvez apenas uma descrença à lei ou dificuldades em sua interpretação.[22]

IV. A Lei de Proteção aos Embriões

A lei mais importante sobre a proteção de embriões *in vitro* é a Lei **24**
de Proteção aos Embriões (ESchG), que entrou em vigor em 1º de janeiro de 1991.[23] É uma lei penal extravagante; violações de regras da ESchG são puníveis com pena de restrição de liberdade ou multa.[24] Por se tratarem de dispositivos penais, essas regras estão submetidas às exigências

18. Para um panorama, Dreier/*Dreier* GG Art. 1 I nm. 82 ss.

19. Benda/Maihofer/Vogel HdB VerfassungsR/*Hesse* § 5 nm. 68.

20. BVerfGE 47, 327 (368).

21. Deveres de proteção dessa natureza são derivados, pela opinião majoritária, da "ordem de valores objetiva", que molda os direitos fundamentais, cf. *Pieroth/Schlink*, Grundrechte, § 4 nm. 110 ss.

22. *Isensee/Kirchhoff*, HdB StaatsR § 124 nm. 231 s., p. 941 ss.; BVerfGE 59, 36 (49).

23. BGBl. 1950 I, 2746 ss.

24. Uma razão – eminentemente questionável – para a elaboração jurídico-penal foi o fato de que faltava à união, naquele momento, competência para a regulação de questões de direito da procriação e, por isso, recorreu-se à competência para o estabelecimento de regras jurídico-penais, cf. *Erlinger* in Dierks/Wienke/Eisenmenger, Rechtsfragen der Präimplantationsdiagnostik, 65 ss.

constitucionais especiais para leis penais (Art. 103 Abs. 2 GG), à Parte Geral do Código Penal (disposições especiais sobre autoria, responsabilidade penal em território estrangeiro, tentativa etc.) e às regras especiais de interpretação de normas penais (limites literais, proibição de analogia, interpretação segundo o bem jurídico protegido).

1. História da lei

25 A ESchG foi promulgada em 1991 após muitos anos de discussão. O projeto original baseou-se na recomendação da Comissão *Benda*,[25] que previa regras bem menos restritivas. Com o passar do tempo foram sendo adicionadas, constantemente, novas proibições à lei. A versão atual protege o embrião na fase inicial de desenvolvimento de forma muito abrangente e detalhada.[26]

2. O conceito de embrião da ESchG

26 Quase todos os dispositivos da ESchG contêm a palavra "embrião", que é definido no § 8 da lei da seguinte forma:

> "Esta lei considera embrião o ovócito humano fertilizado e com capacidade de desenvolvimento a partir do momento da fusão nuclear e qualquer célula totipotente retirada de um embrião, que possa se dividir e se desenvolver em um indivíduo se as condições adicionais necessárias forem atendidas. [...]."

27 No entanto, é questionável até que ponto a "fusão nuclear" pode ser determinada como marco temporal. Além disso, o que é notável nessa definição é que ela faz referência explícita à fusão nuclear. Essa definição exclui todas as células em estágio pré-nuclear, o que é difícil de justificar, pelo menos, quando a necessidade de proteção do embrião está fundamentada em sua potencialidade.[27]

3. As proibições da ESchG

28 Os dispositivos individuais da ESchG referem-se a diferentes procedimentos e formas de comportamento no contexto de células embrionárias antes da implantação no útero – desde a inseminação artificial, passando pela pesquisa com embriões até a clonagem. Por essa razão, os dispositivos não protegem apenas um, mas diversos bens jurídicos.

25. O nome remonta ao presidente da comissão, Ernst Benda.

26. *Eser* FS Schwartländer, 183 ss.

27. *Beck* em: Dabrock/Ried, Therapeutisches Klonen als Herausforderung, 209 ss.

a) § 1 ESchG

No § 1 ESchG, são proibidos empregos abusivos de técnicas de reprodução: a transferência de um óvulo a uma outra mulher, a criação de embriões para fins que não sejam a indução de gravidez, a fertilização e transferência de mais de três ovócitos dentro de um mesmo ciclo e a maternidade de substituição. 29

No entanto, quais bens jurídicos, em cada caso, são protegidos por essas proibições não é algo claro. A proibição de criação de um embrião, por exemplo, não pode proteger seu direito à vida, já que, nesse momento, ele sequer existe e, exatamente por conta da proibição, não existirá nunca. A ideia de querer proteger a dignidade humana de uma entidade inexistente exigiria, pelo menos, uma justificativa especial. Poder-se-ia, por analogia à ideia de proteção da dignidade humana de mortos, assumir um efeito prévio do Art. 1 Abs. 1 GG antes da data de criação do embrião. 30

Também é difícil encontrar outros bens jurídicos plausíveis para a proibição do § 1 Abs. 1 Nrs. 3 e 4 ESchG. Basear-se na saúde da eventual mãe não convence, porque, sendo a questão atinente à regulação do número de embriões implantados, ela sempre poderia decidir, em razão de seu direito à autodeterminação, assumir um risco à sua saúde. 31

Ainda mais problemática é a identificação do bem jurídico protegido por outras proibições da norma. Para a proibição da maternidade repartida nos Nrs. 1, 6 (1ª alt.) e 7,[28] só é possível pensar na proteção do bem-estar da criança.[29] No entanto, é difícil justificar por que seria melhor para a criança nunca existir do que ter que viver com uma maternidade repartida. Deve notar-se que, segundo o § 1 Abs. 3, a mulher da qual vem o óvulo ou embrião, ou para a qual ele será transferido, assim como a mãe (potencialmente) substituta não são puníveis. 32

b) § 2 ESchG

O § 2 ESchG regula o negócio com embriões. Esta norma proíbe o uso de embriões por terceiros, ou seja, qualquer negociação com o embrião que não sirva à sua preservação. A Abs. 1 concretiza que tais usos, no sentido da lei, incluem (mas não se limitam a) a oferta, a taxação ou a aquisição. No entanto, essa enumeração não é taxativa; pelo contrário, a norma proíbe explicitamente qualquer utilização por terceiros. A Abs. 2, precisamente, deixa claro que o desenvolvimento extracorpóreo é considerado um propósito de utilização por terceiros e, portanto, uma ação proibida. 33

28. Essa proibição também é abrangida, marginalmente, pelos nrs. 2 e 5.

29. *Keller* FS Tröndle, 705 ss.

34 Um problema central da norma é que ela não indica como lidar adequadamente com o tal embrião "supérfluo" – porque, na inseminação artificial, não é possível evitar que sobrem embriões ocasionalmente, e os médicos têm que fazer alguma coisa com estes embriões. Parece que, nesse caso, o único comportamento que a lei permite e que é relevante na prática é deixar as células morrerem. A adoção de embriões, juridicamente permitida, quase não encontra aplicação prática. Após a morte das células, a pesquisa com embriões mortos é permitida.

c) Problema especial do diagnóstico pré-implantacional: § 3a ESchG

35 Por muitos anos, a legalidade do diagnóstico genético pré-implantacional (DPI) foi extremamente controversa. DPI é o mapeamento do genoma do embrião *in vitro* com ajuda de métodos genéticos. Esse mapeamento é clinicamente indicado, por exemplo, caso haja um alto risco de doenças hereditárias monogênicas ou distúrbios cromossômicos.[30]

36 É inadmissível remover uma célula do embrião para testes genéticos, desde que cada célula do embrião ainda seja totipotente. Por muito tempo, também houve uma controvérsia na ciência jurídica a respeito do tratamento jurídico-penal que se deveria dar à remoção e à inspeção genética de células pluripotentes antes da implantação na mulher.[31]

37 A introdução do § 3a ESchG, em dezembro de 2011,[32] encerrou a discussão de longa data sobre a criminalização do DPI. A questão foi legalmente regulamentada após um julgamento do BGH de 2010, que absolveu de supostas violações à ESchG um médico de Berlim que se autoacusou de atuar na área do DPI.[33] O médico realizou tratamentos de fertilização *in vitro* (FIV) para vários casais que desejavam ter seus filhos usando a técnica. Os casais tinham alto risco de transmitir defeitos genéticos aos seus filhos.

38 Como resultado, o BGH afirmou a compatibilidade do DPI com a versão da ESchG vigente à época, porque não era possível assumir, em razão do Art. 103 Abs. 2 GG, uma proibição do DPI pela ESchG com o grau de determinação necessário. O BGH negou a criminalização com base no § 1 Abs. 1 Nr. 2 ESchG ao considerar como um todo o processo de ajudar uma mulher a engravidar.[34]

30. Günther/Taupitz/Kaiser/*Günther* ESchG nm. 98.

31. *Erlinger* em: Dierks/Wienke/Eisenmenger, Rechtsfragen der Präimplantationsdiagnostik, 67 ss.

32. BGBl. 2011 I, 2228 s.

33. BGH NJW 2010, 2672 (2673); ainda diferente, KG Berlin MedR 2010, 36 ss.

34. BGH NJW 2010, 2672 (2673).

A disposição do § 3a recentemente introduzida à ESchG mantém a criminalização do DPI de forma geral. Quem mapeia geneticamente células de um embrião *in vitro* antes de sua transferência pode ser condenado a penas de multa ou de restrição de liberdade de até um ano. No entanto, em certos casos específicos, o DPI não é antijurídico e, portanto, é permitido. A liberação está vinculada a condições jurídicas formais, de ordem processual e material. 39

A nova regulação trouxe à luz uma infinidade de questões e problemas. A extensão da proibição, em particular, é extremamente discutida, porque as exceções previstas na Abs. 2 foram redigidas de forma muito imprecisa e, com isso, são carentes de interpretação. A real finalidade da proibição também não pode ser identificada na regulação, de modo que o objetivo principal de obter "mais segurança jurídica" foi bem pouco alcançado.[35] Dessa forma, permanecem muitas ambiguidades e incertezas para os médicos, que têm que "testar" os limites da norma.[36] Além disso, critica-se também o fato de que a nova regulamentação faria mais sentido se estivesse em uma lei abrangente sobre a medicina reprodutiva.[37] 40

d) Outros delitos, §§ 3 ss. ESchG

O § 3 ESchG proíbe selecionar embriões por sexo. Esse delito objetiva preservar a disposição natural de gênero na sociedade. 41

Além disso, também estão criminalizadas a fertilização arbitrária de óvulos sem o consentimento das partes, a transferência arbitrária de um embrião a uma mulher e a fertilização de um óvulo com espermatozoides de um homem morto (§ 4 ESchG). Esse dispositivo protege, acima de tudo, o direito à autodeterminação e a liberdade de escolha, e a última proibição mencionada também visa proteger o bem-estar da criança. 42

Os §§ 5 e 6 ESchG são particularmente interessantes. Eles proíbem a manipulação genética de embriões destinados à implantação assim como a clonagem e a implantação de células já clonadas. 43

O § 5 da ESchG proíbe a produção de descendentes geneticamente modificados, independente de estar essa manipulação a serviço da cura de doenças ou simplesmente do aperfeiçoamento de embriões "saudáveis". Também há problemas para estabelecer o bem jurídico protegido por essa norma, porque, de forma alguma, é negativo para o embrião ou para a criança que venha a nascer que ele ou ela tenha sido curado(a) ou aperfeiçoado(a) geneticamente. Em princípio, só é possível imaginar uma proteção contra os 44

35. *Kubiciel* NStZ 2013, 382.

36. *Henking* YRP 2012, 20 (21).

37. *Frister/Lehmann* JZ 2012, 659 (667); *Kreß* MedR 2013, 642.

riscos remanescentes de uma manipulação dessa natureza ou a proteção da inviolabilidade genética da humanidade como tal.[38]

45 O § 6 ESchG é particularmente problemático. Ele não abrange, com clareza, todos os atuais procedimentos de ciências naturais e ainda é contraditório em si mesmo. Como se extrai da norma, em comunhão com a definição do § 8 Abs. 1 ESchG, só estão abrangidas as junções de células em relação às quais tenha havido uma fusão de núcleo anteriormente. No entanto, isso não ocorre necessariamente no caso de clonagens. Contudo, é óbvio que o legislador queria proibir justamente ações que produzissem células clonadas.

46 Independentemente disso, aqui se indaga novamente qual é o bem jurídico protegido pela norma. Mais uma vez, não se pode argumentar com o direito à vida dos clones; por um lado, porque eles ainda não existem e, por outro, porque haveria uma aparente contradição com a proibição de implantar essas células (§ 6 Abs. 2 ESchG). A não-implantação resulta na morte das células, a menos que elas sejam crio-preservadas. A dignidade humana dos clones também seria um bem jurídico problemático, porque o legislador, até mesmo na Abs. 2, ordena implicitamente a sua morte – ainda que apenas por omissão. É questionável se tal proibição poderia ser permitida para entidades que tenham dignidade humana. Assim, só é possível se basear na "dignidade da humanidade" como tal, o que já é muito problemático em razão da imprecisão desse conceito.

47 Por fim, o § 7 ESchG proíbe a combinação de embriões e a mistura de DNA humano com DNA animal. Aqui, mais uma vez, o bem jurídico protegido é, provavelmente, a dignidade da humanidade em geral.

e) Outras normas da ESchG

48 Outras normas da ESchG regulam a exclusividade médica para certas ações (§ 9 ESchG), as consequências de uma violação dessa exclusividade (§ 11 ESchG), a ausência de deveres médicos em participar de determinadas ações (§ 10 ESchG), bem como as multas e a entrada em vigor da lei, §§ 12 e 13 ESchG.

4. Pesquisas com embriões no exterior

49 Em fatos que envolvem países estrangeiros, há riscos de responsabilidade penal caso médicos e pesquisadores alemães trabalhem em

38. *Schroeder* FS Miyayawa, 533 ss., defende, com argumentos convincentes, que, por meio do § 5, apenas a "manutenção da pureza da espécie humana" poderia ser protegida. A simples utilização desse conceito problemático já ilustra a questionável direção que se toma ao se eleger um valor de proteção como esse.

conjunto com colegas em países onde a pesquisa com embriões é permitida. Caso pratiquem atos na condição de "encarregados especiais para o serviço público durante período de estadia oficial ou relacionados ao serviço", eles podem ser punidos por violações à ESchG, mesmo que tais violações ocorram no exterior (§ 5 Nr. 12 StGB). A participação (instigação ou cumplicidade) no delito praticado no exterior é abrangida mesmo que apenas o partícipe tenha atuado dentro do território alemão (§ 9 Abs. 2 S. 1 StGB). Não importa se o fato principal cometido no exterior (por uma outra pessoa) é punível no país onde fora cometido (§ 9 Abs. 2 S. 2 StGB).[39]

V. A Lei de Células-Tronco

1. Fundamentos e história da lei

Outra lei que trata da pesquisa com embriões e células-tronco é a Lei **50** Sobre a Garantia da Proteção dos Embriões no Âmbito da Importação e Utilização de Células-Tronco Embrionárias (Stammzellgesetz, StZG – em português, Lei de Células-Tronco) de 28 de junho de 2002.[40] A lei foi aprovada depois que outros países alcançaram o isolamento de células-tronco embrionárias, o que também foi considerado uma fonte promissora de pesquisa na Alemanha.[41] Alguns pesquisadores alemães e a Fundação de Pesquisa Alemã (Deutsche Forschungsgemeinschaft – DFG) apontaram para as incertezas em relação à pesquisa com células-tronco na Alemanha: a importação dessas células não estava abrangida pela ESchG. Em vez de simplesmente praticarem importações, os pesquisadores queriam contar com uma situação jurídica clara, o que desencadeou um longo e acalorado debate sobre a Lei das Células-Tronco.

Uma parcela advogava uma autorização ilimitada, outra, uma proibição **51** abrangente. Depois de muita discussão, chegou-se a um compromisso, cuja principal característica era a fixação de uma "data-limite", originalmente o dia 1º de janeiro de 2002. Apenas células-tronco obtidas antes deste prazo poderiam ser importadas à Alemanha. Isso servia para assegurar que não partissem incentivos da Alemanha para a destruição de embriões, e que, ao contrário, todas as células-tronco embrionárias proviessem de embriões destruídos antes e independentemente das exigências alemãs.

39. Günther/Taupitz/Kaiser/*Günther* ESchG C.II. Intr. ao § 1 nm. 16 ss.; *Hilgendorf* FS Sootak, 91 ss.

40. BGBl I, 2277 ss.

41. Para uma valoração atual da perspectiva de resultados da pesquisa com células-tronco, ver, por exemplo, o website do centro de competência para pesquisas com células-tronco NRW: www.stammzellen.nrw.de.

52 No entanto, alguns anos após sua criação, a StZG voltou a ser discutida, quando os pesquisadores descobriram que as células-tronco obtidas antes da data-limite original eram insuficientes em termos de quantidade e qualidade. A isso se somou o fato de que também havia riscos de responsabilização criminal em relação às pesquisas realizadas em cooperação com outros países.[42] Por isso, em 2008, a StZG foi alterada, prorrogando-se o prazo para 1º de maio de 2007 e limitando-se o âmbito de responsabilidade penal ao território alemão.

2. O conceito de embrião para a Lei de Células-Tronco

53 O conceito de embrião da StZG difere, segundo o significado, do termo da ESchG. De acordo com o § 3 Nr. 4 da StZG, o embrião é "toda célula humana totipotente capaz de se dividir e se desenvolver em um indivíduo, caso presentes os pressupostos adicionais necessários". Este conceito cria problemas, porque o termo "totipotente" não é usado em um sentido único na ciência natural.[43] Além disso, mesmo que seja utilizado de maneira uniforme, raramente é possível determinar com clareza quais células, individualmente, são totipotentes.

54 Até células do estágio pré-nuclear poderiam ser consideradas totipotentes ou, ainda, qualquer célula adulta, já que, ao que parece, é possível fazer com que células aleatórias do corpo possam se desenvolver em seres humanos novamente em condições favoráveis. Isso já deixa claro que a consideração da totipotência, por si só, não é suficiente para afirmar a titularidade de direitos. Normativamente, o conceito de "totipotência" é em boa parte imprestável.[44]

3. Solicitação de pesquisas com células-tronco

55 A maior parte da StZG regula os pressupostos formais e materiais para a concessão de licença para importação de células-tronco. Os pressupostos materiais para a concessão da licença encontram-se nos §§ 4 e 5 StZG. O § 5 StZG estabelece que a pesquisa celular tem que atender a propósitos "elevados" para a obtenção de conhecimento científico em relação à pesquisa básica ou para a expansão do conhecimento médico relacionado ao desenvolvimento de métodos de diagnóstico, preventivos ou terapêuticos para uso em seres humanos e não pode haver uma alternativa, segundo o estado reconhecido da ciência e da tecnologia, à pretendida pesquisa.[45]

42. A esse respeito, *Hilgendorf* ZRP 2006, 22 ss.

43. Cf., no entanto, o § 8 ESchG.

44. *Hilgendorf* NJW 1996, 758 (761).

45. Para os pressupostos materiais, *Taupitz* em Honnefelder/Streffer, Jahrbuch für Wissenschaft und Ethik, 336 ss.

O procedimento formal é estabelecido nos §§ 6 ss. StZG da seguinte forma: o pesquisador de células-tronco e/ou grupo de pesquisa deve apresentar uma solicitação por escrito à autoridade competente (Robert-Koch-Institut), que deve conter as seguintes informações: 56

1. o nome e o endereço profissional do responsável pelo projeto de pesquisa;

2. uma descrição do projeto de pesquisa, incluindo uma explicação cientificamente fundamentada de que ele corresponde às exigências do § 5;

3. documentação das células-tronco embrionárias que serão importadas e utilizadas que demonstre o cumprimento dos requisitos previstos no § 4 Abs. 2 Nr. 1; a documentação se assemelha a uma prova que ateste que

a) as células-tronco embrionárias previstas são idênticas àquelas consignadas em um registro cientificamente reconhecido, de acesso público e realizado por meio de uma agência governamental ou autorizada pelo governo, e

b) por meio desse registro, estejam cumpridos os pressupostos o § 4 Abs. 2 Nr. 1.

Junto a esse procedimento administrativo, a StZG instituiu, adicionalmente, um Comitê Central de Ética, que é responsável por verificar o cumprimento dos pressupostos materiais do § 5 StZG assim como a aceitabilidade ética do projeto de pesquisa. No entanto, a lei é omissa quanto aos critérios para a verificação dessa aceitabilidade ética, o que dificulta sobremaneira a interpretação dessa exigência. 57

4. Responsabilidade penal na Lei de Células-Tronco

Os dispositivos da StZG que regulam a matéria administrativa são complementados pelo § 13 StZG, que estabelece que a importação e utilização (na Alemanha) de células-tronco embrionárias sem autorização é punível. As penas variam entre multa e restrição de liberdade de até três anos. 58

§ 8. Transplante de órgãos

I. Introdução

Os transplantes de órgãos servem para salvar vidas ou, pelo menos, melhorar a qualidade de vida do receptor do órgão. Desse ponto de vista, é necessário que o maior número possível de órgãos esteja preparado para ser transplantado. No entanto, sempre houve uma grande escassez de órgãos na Alemanha. Atualmente, existem cerca de 10.500 pessoas na lista de espera de por órgãos no país, das quais 8.000 esperam por um rim.[1] No entanto, em 2014, foram realizados apenas 2128 transplantes de rim (incluindo doação de pessoas vivas).[2] Em 2013, foram registrados 876 doadores de órgãos. Isso representa um declínio de mais de 16% em relação ao ano anterior.[3] Em 2014, foram registrados 684 doadores. Isso representa mais um declínio de 1,4% em relação ao ano anterior.[4] 1

Por meio da Lei de Transplante de Órgãos (TPG), em vigor desde 1º de dezembro 1997, tentou-se aumentar o número de órgãos disponíveis para transplante. No entanto, os interesses dos doadores também tiveram que ser considerados pela regulação legal da matéria; especialmente, em relação à doação de órgãos por pessoas vivas. A legislação teve o propósito de assegurar que o doador de órgãos não arrisque sua saúde por questões financeiras ou seja influenciado de alguma forma a isso. 2

Mas, em relação à doação de órgãos de pessoas falecidas, os direitos póstumos de personalidade por parte do morto também devem ser protegidos. O morto não tem uma responsabilidade social ilimitada, a ressonância de sua dignidade humana não permite que ele seja simplesmente "aproveitado". A TPG considerou significativamente os interesses do doador de órgãos falecido. 3

1. Situação em 31.12.2014: DSO Jahresbericht (2014), 52, 64.

2. DSO Jahresbericht (2014), 64.

3. DSO Jahresbericht (2013), 48.

4. DSO Jahresbericht (2014), 46.

4 Em sua versão de 1997, a lei adotou a chamada "solução do consentimento estendida", ou seja, a remoção de órgãos só é permitida se o falecido tiver consentido em vida ou esse consentimento for dado por um de seus parentes. Essa regra não é incontroversa, porque ela resolve o problema às custas de quem está na lista de espera. Em outros países, como Áustria, Bélgica e Espanha, a questão é resolvida por meio de uma solução da recusa (modificada), segundo a qual a remoção de órgãos é sempre permitida, a menos que ela tenha sido ou seja expressamente recusada. Essa solução implica em um número muito maior de órgãos disponíveis.

5 No entanto, outros fatores também influenciam a doação de órgãos. O tratamento a ser dispensado aos nossos corpos após a nossa morte ainda é um tabu. Além disso, parece que os hospitais com leitos de terapia intensiva também desempenham um papel importante na doação de órgãos, porque a falta de órgãos também é atribuída ao fato de que os hospitais não cumprem adequadamente seus deveres de cooperação (que não são nem sancionados nem recompensados).[5] O número de doadores atingiu um patamar muito baixo após as manipulações reveladas em várias centrais de transplantes alemães em 2013 (→ Cap. 8 nm. 49 ss.).

6 A solução do consentimento estendido foi modificada por meio de uma lei de 2012, que regulamentou a tomada de decisões na TPG[6] (§ 2). Os cidadãos devem ser motivados, por meio de constantes consultas e informações, a considerar a questão de sua própria disposição de doar órgãos. Desde então, todas as pessoas com seguros de saúde (a partir dos 16 anos) são contactadas pelo plano de saúde ou pela companhia de seguros e solicitadas a tomar uma decisão voluntária, §§ 1 e 2 TPG. Assim, o princípio da doação voluntária de órgãos e tecidos se mantém preservado. No futuro, além do cartão de doador de órgãos, a decisão do doador também deverá constar no cartão de saúde eletrônico.

II. História do transplante de órgãos

7 A história do transplante de órgãos começa no início do século XX com um transplante de rim em um cachorro. Em 1954, ocorreu o primeiro transplante de rim em seres humanos (entre gêmeos univitelinos), em 1963, o primeiro transplante de pulmão, e em 1967, o primeiro transplante de coração bem-sucedido, realizado por Christian Barnard na Cidade do Cabo (África do Sul).[7] Atualmente, transplantes de rim, fígado e coração são realizados todos os dias e sem grandes riscos. Em 2014, foram transplantados 2128 rins,

5. SKGO/*König* TPG § 11 nm. 18.

6. BGBl. 2012 I, 1504 ss.

7. *Dettmeyer* Medizin & Recht, 236.

941 fígados, 304 corações e 352 pulmões.[8] Além disso, são transplantados outros órgãos, como pâncreas e intestino delgado.

III. O significado da Lei de Transplantes de Órgãos alemã (TPG)

A Lei de Transplantes de Órgãos alemã (TPG) regula a atividade de transplantação de órgãos. A lei entrou em vigor em 1.12.1997, depois de muita controvérsia e um longo prazo de vacância. O legislador foi inicialmente confrontado com a questão a respeito de qual solução adotar para o problema do transplante de órgãos de pessoas falecidas na Alemanha, se a solução da recusa ou a do consentimento. Segundo a solução da recusa, a remoção de órgãos de uma pessoa falecida é permitida sempre, a menos que o falecido a tenha recusado expressamente durante a vida ou seus parentes venham a recusá-la (solução da recusa estendida → Cap. 8 nm. 22). A solução do consentimento, ao contrário, exige o consentimento expresso do falecido ou de seus parentes (solução do consentimento estendido → Cap. 8 nm. 24). 8

Um outro ponto crítico no debate era a possibilidade de equiparar a morte cerebral à morte geral e, além disso, se a morte cerebral deveria ser mencionada explicitamente como um critério para a declaração da morte (→ cf. Cap. 8 nm. 13 ss.). Por meio dessas questões, os legisladores adentraram novo território jurídico e estabeleceram fronteiras de atuação há muito tempo necessárias para os transplantes de órgãos. A incerteza jurídica existente até então – afinal, os transplantes de órgãos já eram realizados há cerca de 30 anos – foi corrigida. Nesse sentido, a TPG é considerada um dos mais importantes projetos de reforma da política de saúde das últimas décadas. 9

IV. Escopo da TPG

A TPG distingue entre remoção de órgãos em pessoas vivas e em pessoas mortas, ou seja, doação de órgãos por pessoas vivas e doação de órgãos *post-mortem*. Até 2007, aplicava-se o § 1 Abs. 1 TPG (redação antiga) para a doação e remoção de órgãos humanos, partes de órgãos e tecidos. Com a implementação da Diretriz sobre Tecidos 2004/23/TJUE, que entrou em vigor em 1° de agosto de 2007 por meio da Lei de Tecidos, o legislador criou uma distinção conceitual entre órgãos e tecidos. A consequência disso é que os tecidos estão sujeitos às regulamentações da TPG somente diante de certas condições. No entanto, as novas disposições da Lei de Medicamentos alemã (Arzneimittelgesetz - AMG) são muito mais relevantes (desde que aplicáveis). A regulação de transplantes pela AMG leva em conta as tendências de comercialização no campo do transplante 10

8. DSO Jahresbericht (2014), 63.

de tecidos.[9] Além disso, o escopo da lei também foi estendido a órgãos e tecidos embrionários e fetais (§ 4a TPG), medula óssea (§ 8a TPG) e óvulos e espermatozoides (§ 8b Abs. 2 TPG). A TPG não se aplica à retirada de sangue e componentes sanguíneos, § 1 Abs. 3, Nr. 2 TPG. Ademais, segundo o § 22 TPG, as disposições mais específicas da ESchG e StZG permanecem válidas.

11 Os termos "órgão" e "tecido" são definidos no § 1a TPG: *órgãos* são, com exceção da pele, todas as partes diferenciadas do corpo humano, consistentes de diversos tecidos, que constroem uma unidade funcional em termos de estrutura, suprimento de vasos sanguíneos e capacidade de desempenhar funções fisiológicas, inclusive as partes de órgãos e tecidos individuais de um órgão que (...) podem ser usados para o mesmo propósito que o órgão inteiro do corpo humano (...) (§ 1a Nr. 1 TPG). São exemplos de órgãos: o rim, o fígado, o coração e o intestino delgado.

12 *Tecidos* são todos os componentes do corpo humano, consistentes de células, que não são órgãos segundo a definição do Nr. 1, inclusive as células humanas em si (§ 1a Nr. 4 TPG). Exemplos de tecidos transplantados são a córnea, o osso e a cartilagem.

V. Os pressupostos da doação de órgãos *post-mortem*

1. Morte do doador – morte cerebral como critério para declaração da morte

13 O pressuposto básico para a doação de órgãos *post-mortem* é a morte do dador do órgão. Em termos jurídicos, é necessário diferenciar três questões a esse respeito: 1. o que é morte; 2. quando uma pessoa está morta (pergunta sobre os critérios para declaração da morte); 3. como se determina a morte (pergunta sobre o procedimento de avaliação).[10]

14 Nos termos do § 3 Abs. 1 Nr. 2 TPG, a morte deve ser determinada segundo as "regras que correspondem ao estado de conhecimento da ciência médica". Para isso, de acordo com o § 3 Abs. 2 Nr. 2 TPG, é necessário estabelecer a perda definitiva e irrecuperável da função cerebral do encéfalo, do cerebelo e do tronco cerebral. Embora a lei não se refira explicitamente à morte cerebral como um critério para declaração da morte, ela considera a morte cerebral como critério mínimo para a remoção de órgãos de uma pessoa morta.

9. MAH MedR/*Hellweg/Beitz* § 13 nm. 3 ss.

10. KGO/*Schroth* TPG Intr. aos §§ 3, 4 nm. 21.

Isso não é incontroverso. Do ponto de vista médico, morrer é um processo no qual nem todas as partes do corpo humano falecem ao mesmo tempo, senão cada uma individualmente, a depender de sua respectiva tolerância à deficiência de oxigênio. Após a parada cardíaca e circulatória, ocorre a morte cerebral e, em seguida, a dos órgãos, dos tecidos e das células. Portanto, a parada cardiovascular irreversível leva inevitavelmente à morte do homem. No entanto, com o progresso médico-tecnológico, tornou-se possível manter artificialmente a circulação, mesmo que o cérebro, enquanto órgão central de controle, já tenha morrido. Esse fenômeno de diferença temporal entre a morte encefálica e a parada cardiovascular é chamado de morte cerebral dissociada.[11] **15**

O problema, nesses casos, é que o resto do organismo ainda está vivo, o que levanta a questão de se a vida humana termina com a morte cerebral. Isso já é contestado desde a introdução da morte cerebral como critério de declaração da morte em 1967, e foi uma questão central nos debates sobre a TPG em 1995 e 1996. Há consenso a respeito de que o falecimento irreversível do cérebro pode ser estabelecido, do ponto de vista médico, sem qualquer dúvida e de que ele é de fato definitivo. Mas os críticos a essa ideia argumentam que a morte cerebral só foi introduzida como critério de declaração da morte para contornar questões – que se tornaram problemáticas na década de sessenta como resultado do progresso da medicina intensiva – a respeito da interrupção do tratamento de pacientes comatosos e simultaneamente atender à demanda de órgãos doados.[12] Também de forma extrínseca, os pacientes com morte cerebral não são, de qualquer modo, um cadáver para a concepção leiga, porque com este termo se descreve, comumente, um corpo frio e sem vida. **16**

O conceito de morte cerebral se justifica, acima de tudo, pelo fato de que o ser humano perde irremediavelmente seu órgão de controle central com o falecimento irreversível do cérebro. Ele não tem mais as capacidades que constituem um ser humano, quais sejam, a capacidade de perceber a si mesmo e ao ambiente e de sentir dor. Sua consciência não existe mais. Caso o cérebro como um todo esteja irreparavelmente destruído, o corpo perde seu sistema de controle central e a vida do restante do corpo só pode ser mantida por meios artificiais. Com a morte cerebral, alcança-se um estágio irreversível. A morte cerebral é determinada, segundo o § 3 Abs. 1 Nr. 2 TPG, de acordo com as regras da ciência médica. Segundo o § 16 Abs. 1 Nr. 1 TPG, essas regras da ciência médica são fixadas pelas diretrizes do Conselho Federal de Medicina alemão. **17**

11. Roxin/Schroth HdB MedStrafR/*Schroth* 448 ss.

12. *Dettmeyer* Medizin & Recht, 240.

2. Tipos de modelos de regulação da doação de órgãos *post-mortem*

18 Há diferentes modelos de regulação da doação de órgãos *post-mortem*. Os mais importantes serão brevemente apresentados abaixo:

a) Soluções da recusa

19 No caso da *solução da recusa (estrita)*, o consentimento para o transplante de órgãos é sempre tido por dado, a menos que haja uma recusa explícita do falecido durante sua vida. Assim, a não-recusa durante a vida é interpretada como consentimento para a remoção de órgãos, o que justifica a intervenção no direito à personalidade *póstumo*. A solução da recusa é adotada em vários países europeus, como Luxemburgo, Áustria, Espanha, Portugal, Eslováquia, República Tcheca, Polônia e Hungria.

20 A vantagem de tal solução é aumentar o número de órgãos disponíveis para transplante, uma vez que todos aqueles que não pensaram na questão da doação de órgãos durante a vida podem ser automaticamente entendidos como doadores. Além disso, as medidas de publicidade estatais também parecem desempenhar um papel importante nisso: na Espanha e na Croácia, por exemplo, onde a disposição para doar é alta, são realizadas extensas campanhas a favor da doação de órgãos. Em 2013, havia 35,1 doadores de órgãos na Espanha e 35 na Croácia a cada um milhão de habitantes.[13] Na Alemanha, existem atualmente apenas 10,9 doadores a cada um milhão de habitantes (dados de 2013). No entanto, a partir de comparações internacionais, não se pode tirar conclusões automáticas sobre a eficácia de um sistema de doação de órgãos organizado nacionalmente. Deve-se notar que estes não são dados ajustados; as diferenças na estrutura etária da população, por exemplo, não são levadas em conta na apresentação do número de doadores de órgãos.[14]

21 No entanto, a solução da recusa tem embaraços constitucionais, já que intervém no direito à autodeterminação negativa do doador. Se tal intervenção é admissível isso deve ser verificado por meio de uma análise de proporcionalidade. Embora os bens jurídicos "vida" e "integridade física" do receptor tenham maior peso, a necessidade da intervenção ainda é questionável, já que por meio da solução do consentimento limitada, que representa um meio muito mais moderado, também é possível obter doadores de órgãos.[15] A propósito, a solução da recusa conflita com o princípio jurídico geral de que o silêncio não importa em consentimento.

13. DSO Jahresbericht (2014), 51.

14. BT-Drs. 16/12554, 12.

15. *Weber/Lejeune* NJW 1994, 2392 (2395).

A *solução da recusa estendida* estende a possibilidade de recusa aos parentes do falecido, que também podem recusar a remoção de um órgão. Isso até enfraquece a solução da recusa, mas aqui também existe o problema da forte intervenção no direito póstumo à personalidade da pessoa falecida. 22

b) Soluções do consentimento

A *solução do consentimento (estrita)* pressupõe o consentimento expresso por escrito ou oral do doador de órgãos durante sua vida. Na ausência desse consentimento, a remoção de órgãos é inadmissível. Essa solução é adotada, especialmente, no Japão, onde predomina uma atitude muito crítica em relação à morte cerebral como critério de declaração da morte. Com a solução do consentimento estrita, leva-se em conta, o máximo possível, o direito à autodeterminação do falecido. Por outro lado, esta regra resulta em um número muito baixo de doações. Estatísticas da Fundação Alemã para Doação de Órgãos (Deutsche Stiftung Organspende – DSO) de 2014 mostram que, na Alemanha, apenas 16,1% dos doadores de órgãos haviam manifestado por escrito a vontade de doar órgãos. Em 24,8% dos casos, a vontade foi expressada oralmente.[16] 23

Esse problema é considerado pela *solução do consentimento estendida*. Segundo essa proposta, os parentes do falecido, e não apenas ele próprio, também podem consentir com a remoção de órgãos, caso o falecido não tenha deixado seu consentimento por escrito e esse consentimento corresponda à sua vontade presumida. Em 2013, mais da metade de todos os transplantes de órgãos na Alemanha foram realizados com base no consentimento dos familiares, 42% em razão da vontade presumida do falecido e 17,2% por decisão própria dos familiares.[17] 24

Com essa regra, o direito à autodeterminação do falecido é respeitado, uma vez que os familiares geralmente decidem a seu favor. A solução do consentimento estendida também tem a seu favor o fato de que, na Alemanha, em regra, há uma grande disposição em doar órgãos. Em 2013, uma pesquisa realizada pela Central Federal de Educação em Saúde (*Bundeszentrale für gesundheitliche Aufklärung*)[18] revelou que 78% dos entrevistados têm, em geral, uma postura positiva em relação à doação de órgãos e tecidos. 25

c) Solução da declaração

Para a solução da declaração, todo cidadão deve ser obrigado durante sua vida a declarar o seu desejo em doar ou não seus órgãos. Essa solução 26

16. DSO Jahresbericht (2013), 42.

17. DSO Jahresbericht (2013), 42.

18. Realizada por forsa, Berlin; acessível em: www.dso.de.

tem a vantagem de garantir o direito à autodeterminação da pessoa em todos os casos, porque ela mesma é quem decide sobre a remoção de seus órgãos. Com isso, essa difícil decisão deixa de ser transferida ao parente mais próximo (como na solução do consentimento estendida), que muitas vezes fica sobrecarregado com a situação. O problema desse modelo, entretanto, é que uma obrigação de fazer tal declaração poderia violar a liberdade negativa de crença e consciência (Art. 4 GG). O Art. 4 GG não garante apenas o exercício positivo, mas também o exercício negativo de fé ou de consciência, no sentido de que convicções pessoais, religiosas ou ideológicas não precisam ser reveladas.

d) Solução da informação

27 A solução da informação é semelhante à da recusa. Em princípio, se não houver recusa, assume-se a disposição do falecido para doar os órgãos. Contudo, os familiares devem ser informados sobre algum planejamento para a remoção de órgãos. No entanto, eles não têm direito de veto e, portanto, não podem impedir a remoção de órgãos, caso eles próprios não estejam de acordo com ela. O problema aqui é o mesmo que se apresenta na solução da recusa (cf. → V 2 a).

e) Solução do estado de necessidade

28 Segundo a solução do estado de necessidade, a remoção de órgãos para transplante é justificada caso estejam satisfeitos os pressupostos do estado de necessidade justificante do § 34 StGB. Nesses casos, a remoção de órgãos, em determinadas circunstâncias, é permitida mesmo que o doador a tenha recusado. O § 34 StGB exige que exista um perigo atual para a vida ou integridade corporal do receptor do órgão que não seja evitável de outra maneira. Além disso, o § 34 StGB também exige que os bens jurídicos protegidos do destinatário do órgão, ou seja, sua vida ou saúde, preponderem substancialmente em relação aos bens jurídicos violados do doador de órgãos. Se o dador de órgãos for uma pessoa falecida, tal "preponderância substancial" dos interesses do receptor do órgão será, em regra, afirmada, apesar da dignidade humana póstuma do falecido. Portanto, a solução do estado de necessidade do § 34 StGB é muito "favorável ao transplante".

Panorama 16: Tipos de modelos de regulação da doação de órgãos *post-mortem* 29

Soluções da recusa	**Solução da recusa estrita:** O consentimento para o transplante de órgãos é afirmado, a menos que haja uma recusa explícita do falecido.
	Solução da recusa estendida: A possibilidade de recusa é estendida aos parentes do falecido.
Soluções do consentimento	**Solução do consentimento estrita:** A doação pressupõe um explícito consentimento, por escrito ou oral, por parte do doador de órgãos durante sua vida.
	Solução do consentimento estendida: A possibilidade de recusa é estendida aos parentes do falecido.
Solução da declaração	Todo cidadão deve ser obrigado durante sua vida a declarar se deseja ou não doar seus órgãos
Solução da informação	A ausência de recusa é entendida como disposição para a doação de órgãos. Contudo, os familiares devem ser informados a respeito da remoção dos órgãos. No entanto, eles não têm direito a vetá-la.
Solução do estado de necessidade	A remoção de órgãos para transplante, satisfeitos os pressupostos do estado de necessidade justificante do § 34 StGB, é justificada mesmo que haja recusa por parte do doador.

3. Regras dos §§ 3 e 4 TPG

30 As regras dos §§ 3 e 4 TPG suplantam o § 34 StGB. Portanto, a remoção de órgãos sem o consentimento não pode ser justificada pela regra do § 34 StGB. De acordo com o § 3 Abs. 1 Nr. 1 TPG, a remoção de órgãos só é permitida com o consentimento do doador. Caso não haja consentimento ou recusa por escrito, o § 4 Abs. 1 TPG determina que, primeiro, se pergunte ao parente mais próximo se ele tem conhecimento de alguma declaração do falecido nesse sentido. Apenas em caso negativo é que o parente decide, e deve levar em conta a vontade presumida do falecido (§ 4 Abs. 1 TPG). A sequência de parentes mais próximos é fixada pelo § 1a Nr. 5 TPG na seguinte ordem: cônjuges ou companheiros, filhos adultos, pais, irmãos adultos e avós. O § 4 Abs. 2 S. 3 resolve situações nas quais há mais de um parente no mesmo nível da ordem mencionada acima. Nesses casos, é suficiente que um deles, segundo a Abs. 1, seja comunicado e tome uma

decisão. Igualam-se aos parentes aquelas pessoas que viviam, notoriamente, em uma relação pessoal próxima com o falecido (Abs. 2 S. 5).

VI. Atores participantes

31 A TPG separa, de forma organizada e por categorias pessoais, as atividades de coleta, intermediação e transplante dos órgãos.

1. Hospitais de coleta

32 Aos hospitais incumbe a tarefa de identificar potenciais doadores. Caso um paciente seja diagnosticado com morte cerebral, o hospital tem o dever de avisar imediatamente à central de coordenação (§ 9a Abs. 2 Nr. 1 TPG).

2. O encarregado pelos transplantes

33 Desde a reforma de 2012 da TPG, todo hospital tem o dever de estabelecer um encarregado pelos transplantes. As competências dessa pessoa são estabelecidas pelo § 9b Abs. 2 TPG. O encarregado pelos transplantes é responsável, em especial, por garantir que os hospitais cumpram o dever do § 9a Abs. 2 Nr. 1 TPG e avisem à central de coordenação sobre todos os potenciais doadores.

34 Além disso, pertencem às suas tarefas orientar os parentes de uma maneira adequada e garantir que as responsabilidades e os procedimentos sejam regulamentados no hospital de coleta. As equipes médica e de enfermagem devem ser regularmente informadas sobre a importância e o processo da doação de órgãos (§ Abs. 2 Nr. 2-4).

3. Centrais de transplantes

35 De acordo com o § 10 Abs. 1 S. 1 TPG, as centrais de transplantes são hospitais autorizados a realizar a implantação de órgãos. Enquanto a remoção de órgãos ocorre *in loco*, nos hospitais de coleta (§ 9 Abs. 1 TPG), a implantação de órgãos só pode se realizada em uma central de transplantes[19] (§ 9 Abs. 2 S. 1 TPG). Além disso, as centrais de transplantes também são responsáveis pela gestão das listas de espera e pela decisão de inclusão na lista (§ 10 Abs. 2 Nr. 1-2 TPG). Além disso, elas também têm a função de organizar a documentação completa da implantação do órgão (§ 10 Abs. 2 S. 1 Nr. 5 TPG), prestar o atendimento psicológico ao destinatário do órgão (§ 10 Abs. 2 S. 1 Nr. 7 TPG) e implementar as medidas de qualidade (§ 10 Abs. 2 S. 1 Nr. 8 TPG).

19. Atualmente, há cerca de 50 centrais de transplantes autorizadas na Alemanha, cf. DSO Jahresbericht (2014), 28.

4. Central de coordenação

Toda doação de órgãos deve ocorrer com a participação de uma central de coordenação (§ 9 Abs. 2 TPG). Por contrato, a Fundação Alemã para Transplante de Órgãos (Deutsche Stiftung Organtransplantation – DSO), enquanto sociedade de direito civil, foi encarregada da execução dessa tarefa.[20] 36

A central de coordenação organiza a cooperação entre os atores do processo desde a coleta até a implantação dos órgãos doados após a morte. Segundo o § 11 Abs. 1a do TPG, ela deve organizar o trabalho conjunto para a remoção dos órgãos de doadores falecidos e implementar todas as medidas necessárias, com exceção da intermediação de órgãos, até o momento da implantação, com a finalidade de aproveitar as possibilidades disponíveis de doação de órgãos e reduzir, ao máximo, os riscos para a saúde dos receptores, por meio da remoção e disposição de órgãos que sejam apropriados. Para isso, a central de coordenação prepara instruções procedimentais adequadas. 37

5. Central de intermediação

Órgãos que obrigatoriamente devem ser intermediados (§ 1a Nr. 2 TPG) só podem ser transplantados se tiverem sido intermediados por uma central de intermediação (§ 9 Abs. 2 S. 3 TPG). 38

As tarefas dessas centrais de intermediação foram atribuídas à fundação privada "Eurotransplant", subordinada ao direito holandês. Além de órgãos provenientes da Alemanha, também são intermediados órgãos da Áustria, dos países do Benelux, da Croácia, da Hungria e da Eslovênia. Essa fusão oferece aos pacientes maiores oportunidades de obter um órgão imunologicamente adequado.[21] 39

O § 12a TPG regula as competências das centrais de intermediação. Os órgãos são destinados aos pacientes da lista de espera segundo critérios definidos. Esses critérios variam dependendo do órgão. Os critérios principais são a perspectiva de sucesso e a urgência. O Conselho Federal de Medicina alemão (BÄK) estabeleceu diretrizes para a intermediação de órgãos na Alemanha.[22] 40

20. Além da central em Frankfurt am Main, há ainda outras sete filiais DSO, cf. DSO Jahresbericht (2014), 6.

21. DSO Jahresbericht (2014), 27.

22. Acessível em: http://www.bundesaerztekammer.de/richtlinien/richtlinien/.

6. Conselho Federal de Medicina alemão (BÄK)

41 A principal tarefa do Conselho Federal de Medicina alemão (Bundesärztekammer – BÄK) no campo do transplante de órgãos é o estabelecimento de diretrizes representativas dos conhecimentos atuais da ciência médica (§ 16 Abs. 1 S. 1 TPG). Essas diretrizes não têm efeitos jurídicos imediatos. No entanto, caso as diretrizes do BÄK sejam observadas, presume-se que os conhecimentos atuais da ciência médica estão sendo respeitados (§ 16 Abs. 1 S. 2 TPG).

42 Em razão da reserva de lei nessas diretrizes, parece problemático que sejam estabelecidos provimentos essenciais, em especial, quanto aos critérios de inclusão na lista de espera (§ 16 Abs. 1 S. 1 Nr. 2 TPG) e às regras para intermediação de órgãos (§ 16 Abs. 1 S. 1 Nr. 5 TPG). Essas diretrizes não apenas descrevem protocolos médicos, mas também realizam uma distribuição de chances de vida, matéria que, em princípio, está reservada ao legislador democraticamente legitimado, em atenção ao Art. 20 Abs. 2 GG.[23]

7. Comissões

43 O cumprimento das normas legais é verificado por diferentes comissões.

44 A **Comissão de Monitoramento** [*Überwachungskomission*] é responsável pela fiscalização da central de coordenação (DSO) assim como dos hospitais de coleta e das centrais de transplantes (§ 11 Abs. 3 TPG). Essas instituições são obrigadas a fornecer dados e encaminhar informações.

45 De acordo com o § 12 Abs. 5 TPG, a **Comissão de Fiscalização** [*Prüfungskomission*] verifica, periódica e aleatoriamente, se as decisões de intermediação da Eurotransplant estão de acordo com as normas legais e contratuais. As centrais de transplantes e a Eurotransplant também têm o dever de fornecer dados e informações.

46 A **Comissão Permanente para o Transplante de Órgãos** (*Ständige Komission Organtransplantation* – StäKo), composta por médicos experientes em transplantes e representantes de diferentes instituições relacionadas à medicina transplantacional, faz recomendações sobre princípios e diretrizes para a doação, intermediação e transplante de órgãos.

23. *Höfling* JZ 2007, 481 (483).

Panorama 17: Atores participantes 47

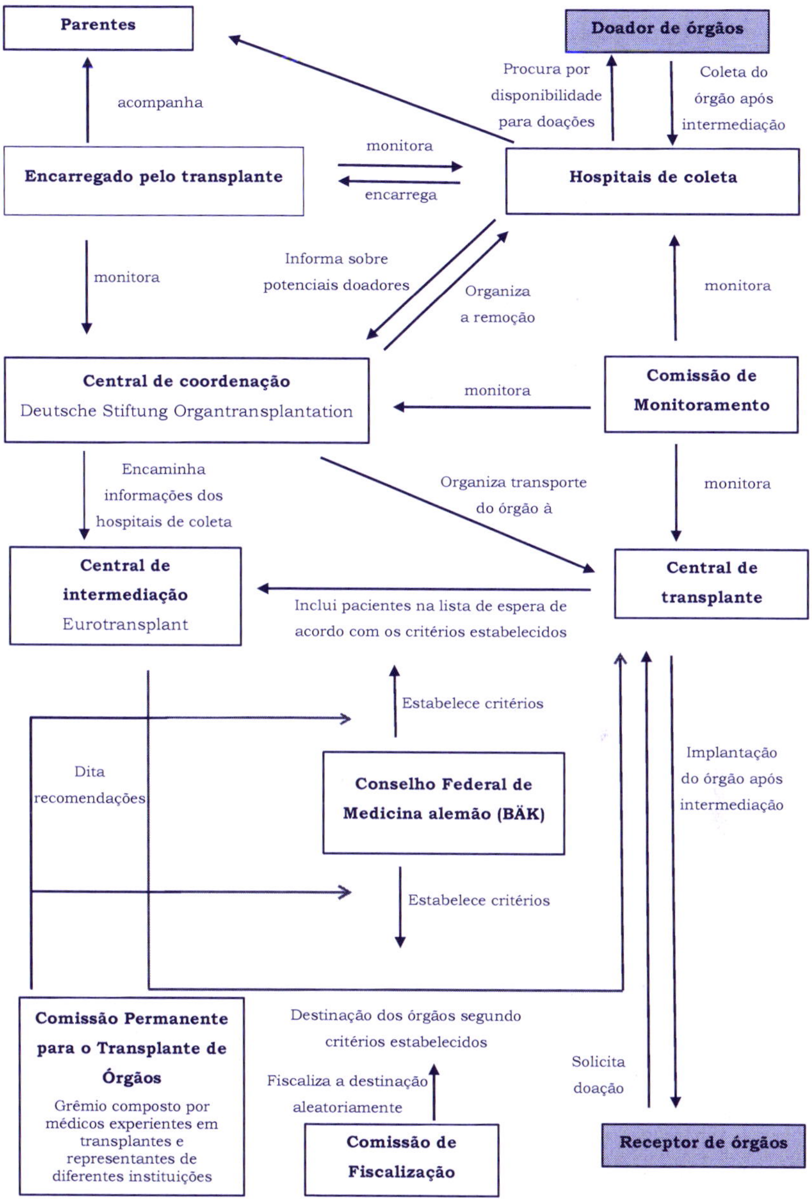

48 VII. O procedimento de doação de órgãos

A doação de órgãos é coordenada desde 2000 pela Fundação Alemã para Transplante de Órgãos (Deutsche Stiftung für Organtransplantation – DSO). Um transplante segue as seguintes etapas:[24]

> Etapa 1: A unidade de terapia intensiva de um hospital reporta ao DSO a existência de um possível doador. A morte cerebral é diagnosticada e documentada por dois médicos.
>
> Etapa 2: O diagnóstico de morte cerebral é acompanhado de uma conversa com os familiares do falecido, que geralmente é realizada pelos médicos responsáveis pelo tratamento. Muitas vezes um coordenador do DSO também participa.
>
> Etapa 3: Se todos os requisitos legais para a remoção dos órgãos estiverem satisfeitos, o doador será examinado com muita precisão. É necessário esclarecer, especialmente, se ele sofreu de doenças como infecções ou tumores, que poderiam ameaçar o sucesso do transplante.
>
> Etapa 4: Os dados médicos obtidos são encaminhados à Central Internacional de Intermediação de Órgãos Eurotransplant em Leiden (Holanda). Esta inicia então a intermediação dos órgãos doados.
>
> Etapa 5: Se um destinatário adequado for encontrado e houver decisão de intermediação, a remoção do órgão ocorrerá sob a organização do DSO. Em seguida, os órgãos são transportados para as respectivas centrais de transplante. Fecha-se o corpo do doador de órgãos e então pode-se enterrá-lo.
>
> Passo 6: Na central de transplante, o órgão é implantado no receptor.

VIII. "Escândalo dos Transplantes"

49 O tema "doação de órgãos" voltou com força à pauta pública depois da descoberta de manipulações nas listas de espera. Possíveis consequências, medidas preventivas e mudanças na Lei de Transplantes de Órgãos foram discutidas intensamente.

24. *DSO*, Vom Spender zum Empfänger, acessível em: http://www.dso.de/organspende-und-transplantation/thema-organspende/vom-spender-zum-empfaenger.html.

1. Fatos

Em 2012 e 2013, constatou-se que várias clínicas alemãs (entre outras, em Regensburg, Göttingen, Leipzig e Munique) ajudaram pacientes a obter melhores posições nas listas de espera, manipulando os estágios das doenças e os resultados clínicos pertinentes. Dentre outras coisas, eram simuladas sessões de diálise e falsificadas amostras de sangue. Além disso, pacientes foram incluídos na lista de espera antes do período de abstinência alcoólica de seis meses.[25] Esses procedimentos permitiram que os pacientes ascendessem na lista de espera de órgãos doados. **50**

Em 2014, após uma autodenúncia, também foram abertas investigações contra o Centro Cardíaco de Berlin [*Berliner Herzzentrum*] por suspeitas de manipulação de listas de espera. As manipulações foram descobertas por Comissão de Fiscalização estabelecida após o escândalo dos transplantes de 2012. Estima-se que aproximadamente 30 pacientes tenham recebido altas doses de determinados medicamentos, que indicavam que o estado de saúde do paciente era muito crítico. Com isso, esses pacientes ascenderam nas listas de espera.[26] **51**

Aparentemente, tais manipulações não ocorreram em razão de contribuições financeiras dos pacientes ou de preferência por pacientes particulares em detrimento de pacientes com planos de saúde. Além de intenções altruístas, as razões decisivas foram, antes de tudo, os incentivos financeiros das respectivas centrais de transplantes para os médicos dirigentes na forma de acordos de metas.[27] **52**

2. Processamento pelos tribunais

O processamento criminal desses casos ainda está em andamento, ele trouxe à luz alguns problemas fundamentais e algumas ambiguidades da atual Lei de Transplantes de Órgãos. **53**

Os casos que se tornaram conhecidos não podem ser classificados como "comércio de órgãos" nos termos dos §§ 17, 18 TPG. A análise do BÄK revelou que não foram exigidos ou realizados pagamentos em dinheiro para alocações favoráveis na lista de doações de órgãos. A concretização do tipo penal de comércio de órgãos, segundo o § 17 Abs. 1 c/c § 18 TPG, é questionável no caso em que prontuários médicos tenham sido manipulados com a finalidade de obter um órgão e tenham sido pagos bônus especiais **54**

25. MAH MedR/*Hellweg/Beitz* § 13 nm. 6.

26. Citado segudo: *Küpper,* Neuer Transplantationsskandal. Staatsanwaltschaft ermittelt wegen versuchten Totschlags, FAZ de 22.8.2014, acessível em: www.faz.net/-guw--7t0kb (dia do acesso: 14.1.2016).

27. BT-Drs. 17/13897, 1 ss.

para o transplante específico que, em regra, são pagos pelas clínicas por qualquer transplante.[28] Muitos argumentos favorecem a posição de que o delito de comércio de órgãos só se realiza caso haja remuneração adicional (demonstrável) paga justamente por uma preferência no recebimento de um órgão.[29]

55 Mesmo em relação à antiga norma do § 19 TPG, o comportamento também não pode ser subsumido, porque os fatos do presente caso não foram considerados pelo legislador. O novo tipo penal do § 19 Abs. 2a TPG, existente desde 1º de agosto de 2013, que criminaliza, quando dolosas, as incorretas coleta, documentação e transmissão de informações necessárias para a intermediação de órgãos, também não é aplicável aos fatos em questão em razão da proibição de retroatividade.[30] Portanto, uma penalização em virtude dos tipos penais da TPG está fora de cogitação.

56 Assim, só é possível pensar em tipos penais do StGB. Pode-se cogitar de tentativas de homicídio em relação àqueles prejudicados nas listas de espera. Nessa hipótese, os problemas residem, sobretudo, nos campos da prova da ocorrência do resultado (individualização de uma vítima em potencial), da causalidade, do dolo e da imputação.[31]

57 Além disso, também seria possível cogitar de uma punição pela emissão de atestados médicos incorretos, nos termos do § 278 StGB. No entanto, parece problemático classificar a "Eurotransplant" – fundação privada de utilidade pública, subordinada ao direito holandês – como órgão público no sentido do § 278 StGB.[32] Essa interpretação poderia violar a proibição de analogia do Art. 103 Abs. 2 GG. Não se pode considerar uma punição pelo delito dos §§ 267 s. StGB (falsificação de documentos ou falsificação de registros técnicos), já que esses tipos penais não protegem a veracidade material de documentos.

58 Mais de 3 anos após o escândalo dos transplantes se tornar público, o primeiro processo foi concluído. Em maio de 2015, o LG Göttingen absolveu o antigo chefe de cirurgia transplantacional do Hospital Universitário de Göttingen das alegações de tentativa de homicídio.[33] O Ministério Público havia pedido oito anos de prisão e proibição vitalícia da prática médica como cirurgião de transplantes. Segundo o convencimento do tribunal, o cirurgião

28. Recusando, *Schroth* NStZ 2013, 437 (445 s.).

29. *Kudlich* NJW 2013, 917 (919).

30. *Rissing-van Saan* NStZ 2014, 233 (238).

31. Cf., a esse respeito, especialmente: *Schroth* NStZ 2013, 437 ss.; *Kudlich* NJW 2013, 917 ss.; *Rissing-van Saan* NStZ 2014, 233 ss.

32. *Schroth* NStZ 2013, 437 (446 s.).

33. LG Göttingen, julgamento de 6.5.2015 – 6 ks 4/13.

iniciou a manipulação de dados de pacientes ou sabia a seu respeito. As manipulações seriam moralmente reprováveis, mas à época não eram puníveis por qualquer tipo penal.[34] O promotor interpôs apelação contra a sentença. Como até agora não há qualquer decisão de tribunais superiores em tais casos, a decisão do BGH é aguardada com ansiedade.[*] Ela terá efeitos sobre outras acusações pendentes contra médicos de transplante.[35]

3. Reação do legislador

O legislador reagiu aos escândalos mencionados acima apenas com novas regras pontuais. Embora tenha sido exigida muitas vezes, não foi realizada uma reforma legislativa estrutural do sistema regulatório, que é multideficitário de uma perspectiva constitucional.[36] 59

As normas dos §§ 10, 16 e 19 TPG foram alteradas por meio da Lei para a Correção da Sobrecarga Social de Dívidas de Contribuição no Plano de Saúde.[37] O § 10 Abs. 3 S. 2 TPG, agora, proíbe atestar ou documentar incorretamente o estado de saúde de um paciente (Nr. 1) ou, no ato de notificação determinado pelo § 13 Abs. 3 S. 3 TPG, informar um incorreto estado de saúde de um paciente (Nr. 2). Segundo o § 19 Abs. 2a TPG, o descumprimento doloso do § 10 Abs. 3 S. 2 TPG é punível com restrição de liberdade de até dois anos ou multa. 60

O tipo penal descreve um delito de perigo abstrato, já que as ações criminalizadas prescindem de uma violação ao bem jurídico.[38] O tipo penal não pressupõe um resultado na forma de uma violação real. De acordo com a exposição de motivos da lei, as ações típicas são, por exemplo, a substituição de amostras de sangue (associada ao envio dos resultados dos testes), a simulação de tratamentos (por exemplo, diálise) ou a ocultação de contraindicações. O objetivo da nova regulamentação é restaurar a confiança pública na integridade do sistema de doação de órgãos, a fim de, dentre outras coisas, fortalecer a disposição da população para doar órgãos.[39] 61

34. Segundo ärztezeitung.de de 20.8.2015, acessível em: www.dso.de > Newsticker > August 2015.

[*] NT: O caso já foi julgado pelo BGH em 28.6.2017, que manteve a absolvição do chefe de cirurgia. Para mais detalhes, cf. NJW 2018, 1725.

35. Segundo ärztezeitung.de de 15.12.2015, acessível em: www.dso.de > Newsticker > Dezember 2015.

36. Höfling/*Lang* TPG § 10 nm. 58.

37. BGBl. 2013 I, 2423 ss.

38. Höfling/*Bernsmann/Sickor* TPG § 19 nm. 111.

39. Höfling/*Lang* TPG § 10, nm. 61.

62 Além disso, o § 16 TPG, que fixa a competência do BÄK para estabelecer diretrizes, foi alterado. Mesmo antes das manipulações terem sido descobertas, já se exigia frequentemente que as diretrizes do BÄK estabelecidas segundo o § 16 TPG, em razão de sua enorme relevância em termos de direitos fundamentais, fossem submetidas a uma aprovação. O § 16 Abs. 3 TPG determina, agora, que as diretrizes relativas à Abs. 1 e suas alterações devem ser submetidas à aprovação do Ministério Federal da Saúde alemão.

63 Além disso, segundo o § 16 Abs. 2 S. 2 TPG, as diretrizes devem ser fundamentadas. A afirmação do estágio de conhecimento da ciência médica, em especial, dever ser apresentado de maneira compreensível. Essa exigência serve a uma melhor transparência no estabelecimento de diretrizes pelo BÄK. Com isso, dá-se pelo menos um primeiro passo no sentido de compensar o déficit de legitimidade democrática na atividade de edição de diretrizes pelo BÄK. No entanto, essas tentativas de correção por parte do legislador são consideradas insuficientes.[40] É improvável que as mudanças pontuais da TPG tenham um efeito duradouro sobre a disposição da população em doar órgãos.[41]

4. Consequências sociais

64 Os efeitos do chamado "escândalo da doação de órgãos" não podem ser notados apenas nas atividades do legislador. O escândalo também deixou marcas na população.

65 A queda drástica no número de doadores, que é atribuída à perda de confiança e incerteza da população,[42] fala por si só. Desde 2011, pode-se perceber um declínio no número de doadores em todas as regiões da DSO. Em 2013, registrou-se apenas 876 doadores de órgãos. Isso representa uma redução de 16,3% em relação ao ano anterior.[43] Em uma pesquisa realizada pela Central Federal de Educação em Saúde [*Bundeszentrale für gesundheitliche Aufklärung*] em 2013, 53% dos entrevistados afirmaram que a razão por optarem por não doar órgãos era o receio de que os órgãos doados não fossem distribuídos de forma justa.[44]

66 Ainda se espera por medidas tomadas de fato para neutralizar o declínio do número de doadores. Uma parcela sustenta que o número

40. Höfling/*Höfling* TPG § 16, nm. 54 ss.
41. Höfling/*Lang* TPG § 10, nm. 61.
42. Höfling/*Bernsmann/Sickor* TPG § 19, nm. 109.
43. DSO Jahresbericht (2013), 48
44. Realizada por forsa, Berlin; acessível em: www.dso.de.

de centrais de transplantes existentes deve ser reduzido. Os benefícios – mais transparência, melhores possibilidades de controle e prevenção de competições prejudiciais – são óbvios.[45] No entanto, menos centrais também significa longas distâncias, o que poderia comprometer a cobertura geográfica de todo o país. Outros criticam acordos de metas motivados economicamente; pagamentos de bônus aos médicos devem ser fiscalizados. Em parte, as irregularidades descobertas foram atribuídas ao fato de os médicos de transplantes receberem, com frequência, uma compensação extra por cada órgão transplantado.[46]

IX. A doação por pessoas vivas

A fim de proteger o doador, os pressupostos da doação de órgãos por pessoas vivas são muito rigorosos. A admissibilidade desse ato está regulada no § 8 TPG. Esse dispositivo estabelece os seguintes **pressupostos para uma doação por pessoa viva**: **67**

1. Maioridade;
2. Capacidade de consentimento do doador;
3. Esclarecimento abrangente do doador;
4. Consentimento na retirada do órgão;
5. Aptidão para ser doador de órgão;
6. Ausência de riscos para o doador além dos cirúrgicos e ausência de graves comprometimentos à sua saúde além das consequências imediatas da retirada do órgão;
7. Aptidão do transplante do órgão para a manutenção da vida do receptor, ou para a cura de uma doença grave, ou para a contenção do agravamento ou o alívio dos sofrimentos;
8. Não disponibilidade de um órgão adequado proveniente de uma pessoa falecida (subsidiariedade da doação por pessoas vivas);
9. Realização da intervenção por um médico;
10. Órgãos não-regeneráveis só podem ser transplantados em parentes de primeiro ou segundo grau, cônjuges, companheiros registrados, noivo(a)s ou outras pessoas que tenham, evidentemente, laços pessoais especiais com o doador.

Essa regulamentação não é incontroversa. A primeira questão é a **68**
correção de um limite etário rígido de 18 anos. Mesmo jovens de 17 anos já

45. MAH MedR/*Hellweg/Beitz* § 13 nm. 7.

46. FD-SozVR 2013, 341969 (acessível em beck-online).

podem ter maturidade mental apropriada para, por exemplo, tomar a decisão de doar um rim a um irmão. Por outro lado, essa regra garante que menores de idade não possam ser colocados em situações de pressão. Aqui, a proteção dos menores de idade se sobrepõe aos interesses do potencial receptor.[47]

69 A forma e o conteúdo do esclarecimento necessário advêm do § 8 Abs. 2 TPG, que amplia o dever de esclarecimento por parte do médico em relação ao dever geral de esclarecimento. De acordo com isso, o doador de órgãos deve ser esclarecido sobre a natureza e o propósito da intervenção cirúrgica, a extensão e as consequências (e complicações posteriores) possíveis, assim como indiretas, da remoção do órgão ou do tecido, além da perspectiva de sucesso na transplantação do órgão. O dever de esclarecimento também se estende a outras circunstâncias às quais o doador atribui a importância da doação do órgão, incluindo, por exemplo, as consequências para o relacionamento entre ele e o receptor.[48] Além disso, o médico também deve esclarecer os aspectos relativos ao direito do doador enquanto segurado (§ 8 Abs. 2 S. 5 TPG), mas nesse caso o dever de esclarecimento só se estende a perguntas simples. Não se pode esperar que um médico possa esclarecer uma situação jurídica complexa.[49]

70 A doação por pessoa viva é subsidiária, ou seja, só pode ser realizada se não houver um órgão de uma pessoa morta (§ 8 Abs. 1 Nr. 3 TPG). Esta regra é problemática, pois em muitos casos uma doação de órgão por pessoa viva é a melhor alternativa para o receptor. No entanto, dada a longa lista de espera, a probabilidade de que um órgão de uma pessoa morta esteja disponível é bastante baixa. Além disso, uma violação destes requisitos para o transplante não tem consequências criminais para o médico.[50]

X. Tipos penais

1. Delito do § 168 Abs. 1 StGB

71 Uma remoção de órgão poderia, em primeiro lugar, se subsumir ao delito do § 168 Abs. 1 StGB (violação de cadáver). A afirmação da punibilidade aqui depende da existência ou não de aceitação do titular da custódia do cadáver. Como o cadáver e suas partes não são considerados coisas, aqui, o conceito de custódia deve ser entendido, diferentemente do que ocorre nos delitos de furto e apropriação indébita, no sentido de um direito de custódia, que, no entanto, deve ser complementado com o componente fático de uma

47. Roxin/Schroth HdB MedStrafR/*Schroth* 470 s.

48. SKGO/*Gutmann* TPG § 8 nm. 43.

49. Höfling/*Augsberg* TPG § 8 nm. 90.

50. SKGO/*Gutmann* TPG § 8 nm. 23.

relação de custódia real.[51] Por essa razão, a custódia nem sempre cabe aos familiares. Especialmente após acidentes, os parentes muitas vezes nem sequer sabem onde está o falecido. Nesse caso, somente a gerência do hospital tem a custódia do corpo.[52] Caso ela esteja de acordo com a remoção do órgão, então não é possível falar em delito de violação de cadáver.

2. Delito do § 19 TPG

As lacunas de punibilidade resultantes são preenchidas pelo § 19 TPG, que criminaliza, parcialmente, as violações às disposições do TPG. Assim, de acordo com o § 19 Abs. 1 Nr. 1 c/c § 8 Abs. 1 S.1 Nr. 1a TPG, comete um delito o médico que retira um órgão de um doador menor de idade ou sem capacidade para consentir. O mesmo se aplica caso um doador não tenha recebido os esclarecimentos adequados ou não tenha consentido efetivamente. A retirada de órgãos ainda é passível de punição caso o cirurgião não seja um médico licenciado ou também caso o doador, na retirada de um órgão não regenerável, não figure entre as pessoas habilitadas, pelo § 8 Abs. 1 S. 2 TPG, a doar ao receptor. **72**

Caso o médico remova um órgão sem que a morte cerebral total tenha sido constatada, ele comete o delito do § 19 Abs. 2 c/c § 3 Abs. 2 Nr. 2 TPG. No entanto, caso seja provado que o doador ainda não estava morto e a remoção do órgão tenha sido causal para a morte, a punição se dá a título de homicídio nos termos do § 212 Abs. 1 StGB. **73**

Por outro lado, a emissão de uma prognose que, contrariando as expectativas, seja errada a respeito do sucesso de um transplante não se subsume a qualquer delito, de modo que mesmo a realização de um transplante completamente sem sentido não configura crime, segundo a TPG, caso o doador tenha sido esclarecido e tenha consentido. Não é concebível falar em lesão corporal, do § 223 StGB, com o argumento de que o procedimento contraria os bons costumes (§ 228 StGB), porque a TPG contém uma regulação exaustiva que suplanta o § 223 StGB. O mesmo se aplica a uma violação do § 8 Abs. 1 S. 1 Nr. 1c TPG, caso o médico assuma falsamente não haver nenhum risco além do normal ao doador.[53] **74**

Caso o falecido ou seus parentes tenham recusado a remoção de órgãos, não é possível justificar o fato por meio da norma do § 34 StGB [estado de necessidade justificante] sob o argumento de que a vida ou a saúde do receptor superam o direito à autodeterminação do falecido, porque a TPG regula exaustivamente os pressupostos para a remoção de órgãos.[54] **75**

51. *Fischer* StGB § 168 nm. 8.

52. Schönke/Schröder/*Lenckner/Bosch* StGB § 168 nm. 6.

53. Roxin/Schroth HdB MedStrafR/*Schroth* 474 s.

54. *Fischer* StGB § 168 nm. 15.

3. A proibição de tráfico de órgãos e tecidos, §§ 17 e 18 TPG

a) Motivos da regulação

76 Segundo o § 17 Abs. 1, da TPG, o tráfico de órgãos ou tecidos destinados a tratamento médico é proibido. O § 18 da TPG criminaliza uma violação a essa norma. Por um lado, a preocupação por trás da proibição de tráfico de órgãos se fundamenta, na verdade, na existência dos mercados de órgãos em países de terceiro mundo (por exemplo, Egito e Índia). Nesses lugares, pessoas completamente necessitadas vendem seus órgãos a compradores, também da Alemanha e de outros países europeus, a fim de com isso garantirem suas subsistências. A intermediação com os vendedores é realizada por quadrilhas profissionais, que obtêm altos lucros com essa atividade.[55]

77 Por outro lado, a proibição de tráfico de órgãos também tem como objetivo acabar com o comércio de órgãos na Alemanha, porque é concebível que, aqui, as pessoas também vendam seus órgãos por dificuldades econômicas, colocando, portanto, suas saúdes em risco. Além disso, busca-se com isso evitar casos de crimes graves em que pessoas tenham seus órgãos removidos à força.

b) Críticas à proibição de tráfico de órgãos

78 A proibição de tráfico de órgãos é considerada por muitos demasiadamente rígida. A criminalização geral de um comportamento, em princípio, avaliado positivamente pelo legislador é questionável. Por um lado, deve-se assegurar que as pessoas não se sintam forçadas, por motivos econômicos, a vender seus órgãos, mas, por outro lado, a proibição absoluta também atinge casos insignificantes, de punibilidade bem questionável, como uma retribuição por gratidão. Em tais casos, a dignidade do doador, à qual o legislador se referiu,[56] não é violada.[57]

79 No entanto, não é compreensível por que a proibição de tráfico de órgãos não abrange determinadas alternativas de ações, como o comércio de órgãos e tecidos em favor da indústria da beleza. A lacuna legal, muito criticada, em relação a tecidos fetais e embrionários foi resolvida com a mudança da TPG em 2007.

80 Além disso, a atitude paternalista do Estado em relação ao doador de órgãos também é alvo de críticas: o legislador proíbe a pessoa, ameaçando-a

55. Roxin/Schroth HdB MedStrafR/*König* 504 s.

56. BT-Drs. 13/4355, 15, 29.

57. Roxin/Schroth HdB MedStrafR/*König* 506.

com a aplicação de penas, de vender os seus órgãos, a fim de protegê-la de si mesma, e, dessa maneira, intervém em seu direito à autodeterminação. O doador é obrigado a dispor de seu órgão de forma gratuita, enquanto o receptor, o seu plano de saúde e o seu médico lucram com isso.[58]

c) Tráfico no sentido do § 17 TPG

O termo "tráfico" [*Handeltreiben*] não é usado apenas na TPG, e sua utilização principal está, sobretudo, na Lei de Drogas.[59] A interpretação extremamente ampla do termo pela jurisprudência também se aplica à TPG. Segundo a jurisprudência, o tráfico abrange todos os esforços, praticados pelo autor em seu próprio interesse, que sejam destinados a facilitar ou promover a venda dos objetos negociados. As elementares típicas são o tráfico, o interesse próprio e o objetivo de circulação de bens. Pode ocorrer tráfico mesmo que a atividade só seja realizada uma vez ou que a circulação de bens seja apenas intermediada.[60] **81**

Por isso, a compra e venda com intenção de revenda são exemplos de tráfico, mas também estão abrangidos todos os outros esforços direcionados a compras e vendas, como, por exemplo, a publicação de uma procura por órgãos na internet. Por isso, no núcleo da conduta, está a disponibilização de um órgão por dinheiro. No entanto, em princípio, a concessão de outras vantagens também é abrangida pelo tipo, como a inclusão em testamento por gratidão ou um presente. **82**

d) Exceções à proibição de tráfico de órgãos

Segundo o § 17 Abs. 1 S. 2 TPG, a proibição de tráfico de órgãos não se estende à concessão ou aceitação de uma remuneração adequada para o pagamento das medidas necessárias para o transplante (Nr. 1). Do mesmo modo, a negociação de medicamentos derivados de tecidos ou órgãos também não é alcançada por essa proibição, caso estes medicamentos sejam autorizados pela Lei de Medicamentos (Nr. 2). Além disso, a TPG também não se aplica a questões que envolvam sangue (ver § 1 (3) Nr. 2 TPG). **83**

e) Casos problemáticos

Os seguintes grupos de casos são problemáticos:

58. Roxin/Schroth HdB MedStrafR/*König* 514 s.

59. § 29 Abs. 1 nm. 1 BtMG.

60. Höfling/*Bernsmann/Sickor* TPG § 18 nm. 13 ss.

aa) Proteção do doador por planos de saúde

84 Segundo o legislador, a contratação de um seguro de invalidez pelo receptor em nome do doador não configura crime de tráfico de órgãos.[61] Em razão da vontade clara do legislador, embora o beneficiário receba uma vantagem de fato, esses casos estão fora do âmbito de proteção da norma penal.[62] O mesmo se aplica ao reembolso pelas despesas que tenha o doador por conta do transplante, como custos de viagem, custos de internação hospitalar etc. Nesses casos, pelo próprio conceito da coisa, não se pode falar em tráfico de órgãos.[63]

bb) Pequenos gestos de gratidão

85 Pequenos gestos de gratidão do receptor do órgão, como um convite para comer ou o financiamento de umas férias de recuperação, satisfazem literalmente o tipo penal de tráfico de órgãos do § 17 TPG. Esses gestos de gratidão são socialmente aceitos quando referentes a outros tipos de favores prestados, e aquele que é favorecido, em regra, se sente até mesmo obrigado a expressar sua gratidão pelo favor, dando atenção àquele que o ajuda. Isso ocorre também, e especialmente, após a doação de um órgão que salvou a vida do receptor ou melhorou substancialmente sua saúde. Por isso, uma interpretação restritiva da lei (redução teleológica) faz todo o sentido aqui. E já que o propósito da lei não é proibir tais gestos de gratidão socialmente aceitos, esses gestos não são interpretados como crime de tráfico de órgãos.[64]

cc) Adequação da remuneração

86 Segundo o § 17 Abs. 1 S. 2 Nr. 1 TPG, uma remuneração adequada para as medidas necessárias para a consecução do objetivo do tratamento curativo, especialmente para a remoção, a conservação, os procedimentos posteriores – incluindo as medidas para proteção contra infecções – o armazenamento e o transporte dos órgãos ou tecidos, não configura crime de tráfico de órgãos.

87 Essa exceção é necessária, porque, caso contrário, a simples remuneração do médico ou da equipe médica já estaria abrangida pelo tipo penal de tráfico de órgãos. No entanto, nenhum médico trabalha de graça e os outros custos incorridos durante o transplante também precisam ser pagos. Contudo, essa exceção à proibição de tráfico de órgãos só é válida para remunerações consideradas adequadas.[65]

61. BT-Drs. 13/4355, 30.

62. Roxin/Schroth HdB MedStrafR/*König* 515.

63. BT-Drs. 13/4335, 30.

64. Roxin/Schroth HdB MedStrafR/*König* 516 s.

65. Críticos a essa exceção da exceção: Roxin/Schroth HdB MedStrafR/*König* 521 s.

A adequação é um conceito jurídico indeterminado, carente de interpretação. A remuneração por taxas usuais é considerada adequada na medida em que ela resulta dos pactos celebrados com os titulares dos seguros sociais, de lei ou de uma regulação jurídica correspondente.[66] Contudo, aquilo que excede pouco esses montantes também deve ser considerado adequado, especialmente porque o próprio legislador admite preços tabelados.[67] **88**

A norma é problemática na medida em que requer que o médico seja o revisor da adequação da remuneração. O médico que descobre que a válvula cardíaca que lhe é oferecida está acima do preço deve cancelar uma operação fundamental para a vida do paciente no último momento a fim de não ser acusado pelo crime de tráfico de órgãos?[68] Isso parece dificilmente defensável.[69] **89**

dd) Doação cruzada (Doação Cross-Over)

O termo doação cruzada [*Cross-over-Spende*] descreve o seguinte grupo de casos: um doador vivo, que pertence ao grupo de pessoas habilitadas pelo § 8 Abs. 1 S. 2 TPG a doar a um parente ou pessoa muito próxima, por razões médicas, como uma incompatibilidade sanguínea, não pode ser o doador. Em relação a um outro casal de doador-receptor acontece a mesma coisa; no entanto, da perspectiva médica, seria possível haver uma doação-cruzada, na qual cada um dos receptores poderia receber o órgão daquele membro da família ou parceiro do outro receptor. **90**

No entanto, a legalidade desse ato é questionável. Em primeiro lugar, poderia haver uma violação da proibição de tráfico de órgãos. De fato, pode-se afirmar aqui a existência de uma ação em próprio interesse, porque o doador só doa o órgão a fim de que seu parceiro também receba um. No entanto, a finalidade dessa proibição é proteger a dignidade da pessoa humana e prevenir o comércio de órgãos. A assistência recíproca na doação cruzada não é abrangida pela finalidade da lei. Portanto, ela não está proibida pela norma.[70] **91**

Além disso, a doação cruzada poderia estar em desacordo com o § 8 Abs. 2 S. TPG. Segundo a regra contida nesse dispositivo, constitucionalmente **92**

66. BT-Drs. 13/4335, 30.

67. BT-Drs. 13/4335, 30; Roxin/Schroth HdB MedStrafR/*König* 524.

68. O crime de tráfico de órgãos só se verifica, caso o médico conheça a inadequação da remuneração, ou ao menos se conforme com a possibilidade da existência de tal inadequação, ou seja, atue dolosamente.

69. Roxin/Schroth HdB MedStrafR/*König* 524.

70. Roxin/Schroth HdB MedStrafR/*Schroth* 493 s.

problemática,[71] a remoção de órgãos não-regeneráveis só é permitida se o órgão removido for destinado ao implante em parentes de primeiro ou segundo grau, cônjuges, companheiros ou noivo(a)s ou outras "pessoas que tenham, evidentemente, laços pessoais especiais com o doador". Essa regra serve para limitar a negociação de órgãos, e infringi-la configura crime (→ Cap. 8 nm. 72). Como doadores e receptores, no caso de doação cruzada, não são parentes e nem casados ou noivos, só é possível conceber a existência de laços pessoais especiais.

93 Os pressupostos de uma tal relação pessoal especial são, segundo a visão geral, sentimentos mútuos de pertencimento e de responsabilidade e uma interação pessoal e estreita, que seja recorrente e não apenas de curto prazo.[72] A evidência desses laços é afirmada quando eles são claramente reconhecíveis pelo médico durante o contato profissional.[73] De acordo com outra visão, mais acertada, é suficiente que uma situação de necessidade comum crie uma comunidade de destinos comuns e uma decisão prognóstica de que as partes irão manter relacionamento mesmo após o transplante.[74] Assim, a doação cruzada seria admissível. Os defensores da primeira posição, que advogam uma redução teleológica da norma, alcançam a mesma conclusão: a norma serve à limitação do tráfico/comercialização de órgãos; a doação cruzada, no entanto, não constitui tráfico de órgãos. Assim, ela deve ser admitida pelo fato de que a proteção da vida do receptor e a liberdade de disposição dos doadores sobre seus corpos exigem isso.[75]

XI. Xenotransplante

94 O xenotransplante[76] é a transferência de órgãos, tecidos ou células entre diferentes espécies. Tentativas iniciais na década de 1960 de transplantar rins ou corações de chimpanzés e babuínos falharam. Os órgãos sofreram rejeição após um curto período de tempo.

95 Desde os anos 90, células ou tecidos de porcos são cada vez mais utilizados em transplantes (células de ilhotas em pacientes diabéticos,

71. A respeito da constitucionalidade, BVerfG NJW 1999, 3399; outra posição, SKGO/*Gutmann* TPG § 8 nm. 27 ss.; cf., além disso, *Eser*, Verfassungsrechtliche Aspekte der Lebendspende von Organen, 185 ss., *Forkel* jura 2001, 73 (77 s.).

72. LSG NRW MedR 2003, 469, 474; SKGO/*Gutmann* TPG § 8 nm. 33; Höfling/*Augsberger* TPG § 8 nm. 62 s.

73. BSG JZ 2004, 464, (468).

74. *Seidenath* MedR 1998, 253 (255 s.).

75. Roxin/Schroth HdB MedStrafR/*Schroth* 490 s.

76. Do grego: xénos = estranho, de natureza estranha [*fremd, fremdartig*] (*Gemoll*, Griechisch-Deutsches Schul- und Handwörterbuch, 2006).

células cerebrais em casos de doença de Parkinson, células de fígado para falhas hepáticas assim como pele em lesões por queimaduras). Por outro lado, o transplante de órgãos perfundidos por sangue (ainda) não é possível. Do ponto de vista médico, os problemas estão, sobretudo, nas reações de rejeição, mas também nos riscos de infecção.[77]

Devido à enorme escassez de órgãos doados e o grande número de 96
pessoas esperando em vão por um órgão, o xenotransplante, do ponto de vista ético, é considerado "justificado" ou até mesmo "imperativo".[78] No entanto, o transplante de órgãos animais levanta preocupações éticas em relação à formação de quimeras, ou seja, indivíduos que contêm células vivas de duas espécies diferentes.

O xenotransplante não é abrangido pela TPG. Algumas regras 97
individuais podem ser encontradas na Lei de Proteção aos Animais alemã [*Tierschutzgesetz*] (§ 6 Abs. 1 S. 2 Nr. 4) e na Lei de Medicamentos alemã [*Arzneimittelgesetz*] (entre outros, § 2 Abs. 1, §§ 13, 40 ss., 67) e, desde que os procedimentos envolvam manipulações genéticas, na Lei de Engenharia Genética [*Gentechnikgesetz*]. Em suma, a avaliação jurídica do xenotransplante ainda envolve incertezas consideráveis; seria desejável algum esclarecimento legal.[79]

77. *Dettmeyer*, Medizin & Recht, 253 s.

78. Tomada de posição do conselho consultivo para assuntos científicos do Conselho Federal de Medicina alemão a respeito do Xenotransplante, Deutsches Ärzteblatt, vol. 96, A-1920, 1924.

79. *Borowy*, Postmortale Organentnahme, 46; Laufs/Kern HdB Arzt/*Ulsenheimer* § 131 nm. 30, com outras referências.

§ 9. O dever de sigilo médico

I. Introdução

O dever de sigilo médico remonta ao juramento de Hipócrates:[1] 1

> "*Tudo que eu vejo ou ouço sobre a vida das pessoas durante o tratamento, ou mesmo fora da prática clínica, são coisas que não se deve divulgar; portanto, calar-me-ei a respeito delas, acreditando se tratarem de segredos.*"[2]

Ao longo dos séculos, esse princípio tem sido parte da autocompreensão 2
da prática médica e hoje está positivado, dentre outras, na norma do § 203 Abs. 1 Nr. 1 StGB. Segundo essa norma, comete um crime "aquele que divulga, sem autorização, um segredo, alheio, pessoal, comercial ou industrial, que lhe tenha sido confiado, ou de outra forma lhe tenha chegado ao conhecimento, enquanto médico, dentista, veterinário, farmacêutico ou outro profissional da saúde [...]".

II. Bem jurídico protegido e significado do § 203 StGB

O bem jurídico protegido pelo dever de sigilo médico é controverso. 3
Pode-se pensar tanto no interesse individual da pessoa em causa pela preservação de sua esfera privada e íntima como no interesse supra-individual por um serviço de saúde funcional. O dever de confidencialidade é pressuposto essencial para o estabelecimento de uma relação de confiança entre médico e paciente, sem a qual não é possível haver um tratamento médico exitoso.

1. → Cap. 1 nm. 8 ss.
2. → Cap. 1 nm. 9.

4 De uma perspectiva sistemática, há um argumento que favorece a posição de que o bem jurídico do § 203 StGB é o interesse do indivíduo na preservação de sua esfera privada e íntima: o tipo penal está inserido no capítulo "violação do âmbito da vida privada e da confidencialidade".[3] Paralelamente, fica claro, a partir da exigência de representação para a ação penal (§ 205 StGB), que o dispositivo está protegendo um direito do paciente.[4] Além disso, o dever de sigilo também serve para proteger um serviço de saúde funcional. Segundo uma visão, esse bem jurídico coletivo é protegido de forma indireta.[5] Para uma outra corrente, a confiança geral na confidencialidade de determinadas profissões que cumprem tarefas de interesse coletivo é protegida de forma prioritária.[6] Ambas as posições não se diferenciam muito no resultado.

5 A importância do § 203 StGB em processos criminais é baixa: nas estatísticas criminais atuais, esse tipo penal nem é mais mencionado; nos anos 80, havia cerca de quatro casos por ano. O baixo número de condenações é atribuído ao fato de que uma violação dolosa do segredo profissional, na prática, é difícil de ser provada.[7] Além disso, o delito é de persecução penal absolutamente condicionada, ou seja, ele só pode ser objeto de um processo diante da apresentação da correspondente representação criminal por parte do ofendido, nos termos do § 205 StGB. No entanto, uma representação como essa é raramente apresentada, já que o representante corre o risco de ver seu segredo ser discutido no âmbito de um processo público e, com isso, ainda piorar sua situação.[8]

6 O dever de sigilo tem uma importância maior no âmbito do direito civil: de acordo com o § 823 Abs. 2 BGB, o § 203 StGB é uma norma de proteção e, portanto, serve de base para um pedido de indenização civil por danos. Além disso, uma divulgação não autorizada de segredos também pode ser considerada quebra contratual. O dever de sigilo médico, por exemplo, deve ser levado em conta ao se vender uma clínica médica. Em relação a isso, há discussões a respeito de se e em que medida dados de pacientes podem ser "vendidos no mesmo pacote".[9] Além disso, o dever de sigilo também afeta o envolvimento de escritórios de contabilidade e faturamento médico e a terceirização do processamento de dados médicos. Por fim, o dever de

3. BGHZ 115, 123; 122, 115; *Lackner/Kühl* StGB § 203 nm. 1.

4. LK-StGB/*Schünemann* § 203 nm. 14.

5. BayObLG NJW 1987, 1492 (1493); *Lackner/Kühl* StGB § 203 nm. 1; NK-StGB/*Kargl* § 202 nm. 2.

6. Maurach/Schroeder/Maiwald/*Maiwald* StrafR BT 1 § 29 nm. 4.

7. *Ulsenheimer* ArztStrafR nm. 859.

8. *Schünemann* ZStW 90, 11 (45).

9. Laufs/Kern HdB Arzt/*Schlund* § 71 nm. 66 ss.

sigilo também deve influenciar a organização hospitalar, já que dados de pacientes não podem ser simplesmente passados de médico para médico ou à administração do hospital.[10]

III. Elementares típicas do § 203 StGB

1. Sujeito ativo

a) Delito especial

O § 203 StGB é um delito especial, ou seja, o autor não pode ser qualquer pessoa, mas apenas um membro dos grupos profissionais listados no § 203 StGB. No campo da medicina, estão listados os médicos, os dentistas, os veterinários, os farmacêuticos ou outros profissionais de saúde que necessitam de formação técnica regulamentada pelo Estado [*staatlich geregelte Ausbildung*] para o exercício de suas profissões ou manutenção de seus títulos profissionais. De acordo com o § 3 Abs. 2, equivalem às pessoas listadas os "seus assistentes profissionais" ou outras pessoas que, sob sua orientação, preparam-se para a profissão. 7

b) Autores do delito, Abs. 1

O dever de sigilo se aplica em particular ao médico, e não apenas àquele que trata diretamente o paciente, mas também aos outros que estejam envolvidos no tratamento, como o médico do laboratório. 8

Há uma discussão a respeito de se o dever de sigilo também se aplica a alguém que apenas se faz passar por médico. Alguns defendem que, nesse caso, haveria apenas uma tentativa impunível de um sujeito inidôneo, já que o infrator não figura entre os possíveis autores do delito.[11] Já uma outra visão mais acertada entende que o importante não é que alguém seja realmente um médico licenciado, já sendo suficiente que o paciente o considere médico, porque o interesse pela proteção seria idêntico nesse caso.[12] O profissional praticante de medicina alternativa não necessita de uma formação técnica regulamentada pelo Estado, e por isso não está sujeito ao dever de sigilo.[13] Isso também parece questionável em relação aos interesses da proteção. No entanto, considerando a literalidade da norma, não é possível uma outra interpretação. 9

10. Laufs/Kern HdB Arzt/*Schlund* § 71 nm. 1 ss.

11. LK-StGB/*Schünemann* § 203 nm. 59.

12. Roxin/Schroth HdB MedStrafR/*Braun* 278; MüKoStGB/*Cierniak*/*Pohlit* § 203 nm. 28.

13. *Fischer* StGB § 203 nm. 12; Schönke/Schröder/*Lenckner*/*Eisele* StGB § 203 nm. 35.

c) Assistentes profissionais

10 O dever de sigilo também se aplica aos "assistentes profissionais", segundo o § 203 Abs. 3 S. 2 StGB. O assistente é caracterizado por estar vinculado a ordens [*Weisungsgebundenheit*]. Ele exerce uma atividade meramente de auxílio. Assistentes são a secretária do médico, técnicos em medicina e auxiliares de laboratório. Além disso, o assistente profissional deve estar vinculado à empresa de uma perspectiva organizacional. Isso causa problemas em relação à chamada terceirização de atividades médicas secundárias, como, por exemplo, as tarefas administrativas realizadas por escritórios externos especializados nessa tarefa, cf. → Cap. 9 nm. 33.

11 Além disso, deve tratar-se de uma atividade na qual o ajudante necessariamente tome conhecimento de segredos de pacientes[14] e deve haver uma conexão interna entre a atividade médica e a atividade de auxílio.[15] Por isso, a equipe de limpeza e a equipe de cozinha não são assistentes do médico. Em relação ao atendente na porta [*Pförtner*] de um hospital, essa delimitação é mais difícil: por ele não estar envolvido no tratamento do paciente, segundo uma visão, ele não é assistente.[16] Segundo uma outra posição, no entanto, ele é em regra um assistente, já que ele também tem contato com os dados do paciente e, em caso de emergência, passa informações ao médico plantonista.[17]

12 Entende-se que o assistente é profissional quando ele realiza sua atividade de forma a viver dela. Não é necessário ter um contrato de trabalho, é suficiente que exerça de fato a atividade.[18] É controverso, por outro lado, se um trabalho apenas ocasional ou voluntário seria suficiente, por exemplo, caso a esposa do médico o auxilie em sua clínica. A resposta deve ser positiva se considerarmos que, do ponto de vista do paciente, a situação de interesse é a mesma do caso de um assistente médico permanentemente empregado. Nesse caso, a existência de um "assistente profissional" pode ser assumida, de qualquer forma, caso o assistente esteja envolvido de forma organizada na clínica.[19]

14. *Fischer* StGB § 203 nm. 21.

15. MüKoStGB/*Cierniak/Pohilt* § 203 nm. 114.

16. *Fischer* StGB § 203 nm. 21; LK-StGB/*Schünemann* § 203 nm. 78; Roxin/Schroth HdB MedStrafR/*Braun* 280.

17. Laufs/Kern HdB ArztR/*Ulsenheimer* § 69 nm. 2.

18. MüKoStGB/*Cierniak/Pohilt* § 203 nm. 116.

19. *Fischer* stGB § 203 nm. 21; LK-StGB/*Schünemann* § 203 nm. 82; Schönke/Schröder/*Lenckner/Eisele* StGB § 203 nm. 64; outra visão, MüKoStGB/*Cierniak/Pohilt* § 203 nm. 116; *Lackner/Kühl* StGB § 203 nm. 11b; *Schmitz* JA 1996, 772 (773); Roxin/Schroth HdB MedStrafR/*Braun* 278.

d) Atuação para preparação profissional

Além dos assistentes profissionais, também estão sujeitas ao dever de sigilo, segundo § 203 Abs. 3 S. 2 StGB, as pessoas que atuam enquanto se preparam profissionalmente. Isso se refere, em particular, aos estudantes de cursos técnicos. Uma vez que o requisito exige uma "atuação" para preparação profissional, os estudantes de medicina, a quem um paciente é apresentado durante uma aula, não estão abarcados por este dispositivo.[20] 13

2. Objeto do delito: o segredo

O objeto do delito do § 203 StGB é o segredo. Uma posição majoritária[21] defende que um fato configura um segredo quando preenchidos os três pressupostos abaixo: 14

- ser um segredo: o fato só é de conhecimento da vítima ou, em todo o caso, de um círculo limitado de pessoas;
- vontade de manter em segredo: o portador do segredo quer mantê-lo em segredo.
- interesse na manutenção do segredo: o portador do segredo tem um interesse fático, de acordo com sua situação de vida concreta, em protegê-lo.

Inverdades ou juízos de valor não podem ser considerados segredos de acordo com esta definição. No entanto, a informação sobre quem expressa ou dissemina essas inverdades ou juízos de valor pode muito bem constituir um fato que exige sigilo.[22] 15

Um fato constitui um segredo quando ele é de conhecimento apenas da pessoa em questão ou de um grupo limitado de pessoas. Para se afirmar que apenas um grupo limitado de pessoas conhece o fato não é necessário que o fato seja de conhecimento apenas de um número fixo de pessoas. O fator decisivo é que esse círculo de pessoas seja distinguível de outros por um determinado critério, por exemplo, um círculo de amigos da pessoa em questão, mesmo que esse círculo seja muito grande.[23] Por outro lado, fatos que qualquer um conhece ou pode conhecer, como a ausência de uma parte do corpo amputada, não configuram segredos.[24] O mesmo se aplica 16

20. LK-StGB/*Schünemann* § 203 nm. 83.

21. BGHZ 64, 325 (329); MüKoStGB/*Cierniak/Pohilt* § 203 nm. 11 ss.; LK-StGB/*Schünemann* § 203 nm. 19.

22. LK-StGB/*Schünemann* § 203 nm. 20.

23. LK-StGB/*Schünemann* § 203 nm. 20.

24. Roxin/Schroth HdB MedStrafR/*Braun* 283.

a fatos que ocorreram em público, incluindo os que foram discutidos em um julgamento público, e mesmo que, na realidade, nenhum ouvinte tenha participado da audiência.[25]

17 Em casos concretos, a delimitação entre segredo e não-segredo pode ser difícil. A fórmula a seguir é útil: não constitui segredo um fato que já é conhecido por tantas pessoas, que já não esteja mais em poder do seu protetor a possibilidade de que outros ainda venham a tomar conhecimento.[26]

18 A vontade de manter o segredo não precisa ser esclarecida ao médico, nem mesmo implicitamente. Alguns exigem que a confidencialidade tenha que ser intersubjetivamente determinável pelo médico.[27] No entanto, de acordo com a literalidade da norma, isso não é necessário, a visão subjetiva da pessoa sujeita a sigilo não diz respeito ao tipo objetivo, sendo apenas uma questão de dolo.[28] Em relação às crianças e aos deficientes mentais, é a vontade do representante legal que importa.

19 Com base nas elementares anteriores – a condição de ser um segredo e a vontade de mantê-lo –, é apenas o portador do segredo quem determina quais fatos são acobertados pelo sigilo. Para incluir um critério objetivo, a opinião majoritária exige adicionalmente a existência de um interesse na manutenção do segredo. O decisivo, nessa questão, é que, de acordo com os interesses do guardião do segredo, a manutenção do sigilo seja objetivamente necessária. O médico não pode, portanto, seguir sua própria opinião, mas deve se basear no interesse objetivo do paciente. O interesse na manutenção do segredo é negado, por exemplo, em relação a fatos banais como a "comida favorita" ou a cor da roupa do paciente na última consulta.[29]

3. A extensão do dever de sigilo médico

20 Em termos de conteúdo, o dever de sigilo se estende a todos os fatos dos quais o médico toma conhecimento durante o tratamento. Isso abrange todos os segredos do paciente concreto, a começar pelo fato de que está sendo tratado, também a anamnese, o diagnóstico, as medidas terapêuticas, os prognósticos médicos e toda a documentação médica, além de todos os outros fatos que o médico vem a conhecer durante o tratamento sobre o paciente.

25. BGHZ 122, 115 (118).

26. *Bockelmann* em Ponsold, Lehrbuch der gerichtlichen Medizin, 176.

27. NK-StGB/*Kargl* § 203 nm. 4; *Dannecker* BB 1987, 1614 (1615).

28. MüKoStGB/*Cierniak/Pohilt* § 203 nm. 17.

29. LK-StGB/*Schünemann* § 203 nm. 27.

4. Pessoas protegidas

Por meio do dever de sigilo, a principal pessoa protegida é o próprio paciente. Além disso, no entanto, segredos de terceiros, dos quais o médico toma conhecimento durante o tratamento de um paciente, também estão sujeitos ao dever de sigilo médico. 21

Os segredos relativos à vida do nascituro são também, em regra, segredos da gestante que está sendo tratada pelo médico, de forma que o nascituro está (co)protegido por meio de sua mãe, mesmo que ele próprio ainda não possa ser possuidor de um segredo.[30] A pessoa morta, por outro lado, ainda é protegida diretamente pelo dever de sigilo. O dever de sigilo do médico que o tratava tem efeitos mesmo após a morte do paciente. 22

No entanto, a extensão do dever de sigilo, nesse caso, é controversa. De acordo com um ponto de vista,[31] há um interesse na manutenção do sigilo apenas para aqueles segredos cuja divulgação denegriria o morto ou que fossem susceptíveis de prejudicar a reputação social do falecido na sociedade. O fundamento dessa posição é o § 189 StGB. De acordo com a jurisprudência atual, contudo, deve-se avaliar a vontade ou a vontade presumida do falecido no que diz respeito à manutenção do sigilo, de forma que, neste sentido, não há aqui qualquer restrição.[32] O interesse na manutenção do sigilo, no entanto, diminui continuamente ao longo do tempo, até que o sigilo médico acaba expirando.[33] 23

5. Nexo de relação com a profissão

O § 203 StGB protege apenas aqueles segredos que o médico conhece no contexto de sua prática profissional. Portanto, deve haver um nexo de relação com a profissão: o dever de manter sigilo se refere apenas aos fatos dos quais o médico toma conhecimento no contexto de sua atividade profissional como médico.[34] A relação interna também existe quando se trata de fatos dos quais o médico toma conhecimento apenas por acaso, por exemplo, durante uma visita domiciliar. 24

Não são protegidos segredos dos quais o médico toma conhecimento de forma puramente privada, mesmo que ele só possa reconhecer o segredo com base em seu conhecimento médico. A delimitação pode ser difícil em casos concretos, uma vez que o § 203 StGB não exige um contrato para 25

30. MüKoStGB/*Cierniak* § 203 nm. 25.

31. OLG Düsseldorf NJW 1959, 821; AG Augsburg NJW 1964, 1186.

32. BGHZ 91, 392 (398); BGH NJW 1983, 2627.

33. LK-StGB/*Schünemann* § 203 nm. 55.

34. MüKoStGB/*Cierniak/Pohilt* § 203 nm. 40.

o tratamento entre médico e paciente. Isso significa que a relação interna necessária com a atividade como médico pode existir caso ele seja solicitado a dar um conselho médico em um ambiente privado. É necessário avaliar, segundo as circunstâncias do caso concreto, se os fatos foram confiados a ele como um médico sob o selo da confidencialidade.

26 Um indício de tal nexo é a existência de um contrato para o tratamento ou a relação direta dos fatos com a atividade médica.[35] Caso o médico obtenha conhecimento sobre o segredo apenas "por ocasião" de sua prática profissional, porque ele aproveita a situação para fins particulares, então não existe essa conexão interna. Isso se aplica, por exemplo, caso o médico faça uso de uma visita domiciliar para vasculhar o escritório da casa do paciente e, assim, tome conhecimento sobre determinados fatos.[36]

27 Além disso, o segredo deve ter sido confiado ao médico ou chegado de outra forma ao seu conhecimento. Os fatos são "confiados" ao médico caso eles lhe sejam comunicados reconhecidamente com a expectativa de serem mantidos em sigilo. Assim, deve haver uma relação pessoal de confiança entre médico e paciente.[37]

28 A elementar "de outra forma chegado ao conhecimento" constitui um tipo subsidiário para os fatos dos quais o médico toma conhecimento sem que lhe tenham sido confiados. A controvérsia nessa questão é se (como no caso da confiança) deve haver uma relação especial baseada na confiança entre o médico e o portador do sigilo. De acordo com uma opinião, o significado e a finalidade da norma também exigem uma relação de confiança na 2ª variante.[38] A redação do dispositivo normativo, no entanto, vai de encontro a essa interpretação,[39] uma vez que a expressão "chegar ao conhecimento", no uso comum da língua, não está obrigatoriamente vinculada a uma relação especial de confiança. Além disso, o § 203 do StGB destina-se a abarcar também os casos em que o médico atua sem a concordância do protetor do segredo, como, por exemplo, o médico do tribunal, a quem os fatos se tornam conhecidos contra a vontade do portador do segredo.[40]

29 O conteúdo de documentos chega ao conhecimento do médico quando ele os recebe, de modo que uma tomada de conhecimento real não é necessária.[41]

35. Roxin/Schroth HdB MedStrafR/*Braun* 288.
36. Schönke/Schröder/*Lenckner/Eisele* StGB § 203 nm. 15.
37. RGSt 13, 60 (62); OLG Köln NJW 2000, 3656.
38. LK-StGB/*Schünemann* § 203 nm. 39.
39. MüKoStGB/*Cierniak/Pohilt* § 203 nm. 39.
40. Roxin/Schroth HdB MedStrafR/*Braun* 289.
41. Schönke/Schröder/*Lenckner/Eisele* StGB § 203 nm. 17.

6. Ação do delito: a revelação do segredo

A ação do delito de violação do sigilo médico é a revelação de um segredo. Essa revelação é entendida como a divulgação do segredo a uma pessoa que não pertence ao "círculo daqueles que são convocados a conhecer o segredo" e que não conhece o fato revelado.[42] **30**

O círculo de pessoas "convocadas a conhecer" o segredo inclui os assistentes profissionais do médico, assim como todas as pessoas cuja participação para o tratamento ou cuidado do paciente é necessária. Por um lado, as pessoas abrangidas são aquelas envolvidas no tratamento e cuidado do paciente, ou seja, no consultório médico, por exemplo, são as assistentes do médico e outros médicos, na clínica, a equipe de enfermagem e os médicos envolvidos no tratamento. Isso também se aplica à equipe de outros departamentos, desde que o paciente também seja tratado nesses outros departamentos. Por outro lado, não estão abrangidos os médicos de outros consultórios, mesmo aqueles que estejam envolvidos com o tratamento do paciente.[43] O fato de o médico de um outro consultório também estar sujeito ao dever de sigilo, não faz diferença. **31**

Além dos funcionários envolvidos no tratamento, outros funcionários do consultório e do hospital também pertencem a esse círculo, nomeadamente aqueles que, por motivos de organização e administração, lidam com os dados relacionados ao paciente, como datilógrafos e funcionários administrativos. No entanto, isso só se aplica na medida em que o conhecimento dos dados do paciente é necessário para cumprir a respectiva tarefa.[44] **32**

A chamada terceirização de atividades administrativas, que vem ocorrendo com cada vez mais frequência por razões de custo e de simplificação da organização administrativa, levanta problemas particulares. Se, por exemplo, um médico submete seus trabalhos de correspondência a um escritório de datilografia externo, especializado em correspondências médicas e com serviços mais baratos e eficientes do que de um datilógrafo empregado no consultório, o médico está revelando segredos do paciente. O mesmo se aplica à transferência das faturas a empresas especializadas em realizar cobranças para médicos privados.[45] **33**

42. BGH NJW 1995, 2915.

43. Roxin/Schroth HdB MedStrafR/*Braun* 291.

44. Roxin/Schroth HdB MedStrafR/*Braun* 291; *Bockelmann* em Ponsold, Lehrbuch der gerichtlichen Medizin, 14.

45. Roxin/Schroth HdB MedStrafR/*Braun* 240.

7. Tipo subjetivo

34 O tipo penal do § 203 StGB pressupõe, além das elementares objetivas mencionadas acima, que o médico atue, em um sentido subjetivo, dolosamente. Atua dolosamente aquele que sabe que sua ação satisfaz as elementares do tipo penal e também quer que essas elementares sejam satisfeitas; no entanto, segundo os princípios gerais, é suficiente agir com um dolo eventual. Portanto, é suficiente que o médico simplesmente considere a quebra do sigilo como possível e aceite isso.

35 O dolo deve se estender à presença de todas as elementares do tipo penal, isto é, à natureza de segredo do fato revelado, ao nexo e à revelação do segredo a uma pessoa externa ao círculo daquelas convocadas ao seu conhecimento. Caso o médico esteja em erro, deve-se distinguir o seguinte.

36 Caso o erro recaia sobre uma elementar do tipo penal, como a natureza de segredo do fato, ele age sem dolo, pois está em erro de tipo (§ 16 StGB).

37 Caso, por outro lado, ele considere, erroneamente, permissível comunicar os dados do paciente a um médico de outra clínica, ele está em erro de proibição, pois acredita que o outro médico pertence ao círculo daqueles convocados a saber do fato. Tal erro não exclui o dolo, mas o médico age sem culpabilidade, caso o erro tenha sido inevitável para ele (§ 17 StGB). A jurisprudência exige requisitos muito altos para afirmação da inevitabilidade; em regra, o médico deve, primeiro, procurar um aconselhamento jurídico caso esteja em dúvida.[46]

46. *Hilgendorf/Valerius* StrafR AT § 8 nm. 35 s.

Esquema de verificação do § 203 StGB: 38

1. Tipicidade
   a) Tipo objetivo
      aa) sujeito ativo
      bb) segredo
         (1) ser um segredo
         (2) vontade de manter em segredo
         (3) interesse na manutenção do segredo
   b) Tipo subjetivo
2. Antijuridicidade
   a) consentimento
   b) consentimento presumido
   c) dever de revelação em razão de leis especiais
   d) autorização para revelação em razão de normas legais (SGB V)
   e) autorização para revelação segundo o § 34 StGB
   f) preservação de interesse legítimo
3. Culpabilidade

IV. Causas de justificação

1. Panorama das causas de justificação pertinentes

Mesmo que a revelação do segredo de um paciente preencha as elementares (objetivas e subjetivas) do tipo penal de violação do dever de sigilo médico, isso não significa necessariamente que o médico cometeu um crime. Isso só ocorre caso a ação também seja antijurídica, ou seja, caso ela não esteja justificada por nenhuma causa de justificação. A princípio, são consideradas as seguintes causas de justificação: o consentimento, o consentimento presumido, o estado de necessidade justificante, a preservação de interesse legítimo e deveres ou direitos de revelação estipulados por lei. 39

Caso o médico acredite, erroneamente, em fatos cuja existência justificaria a revelação, acreditando, por exemplo, que o paciente consentiu 40 com a revelação, ele não pode ser apenado por um fato doloso, pois está sujeito a um erro de tipo permissivo.[47]

2. O consentimento

41 A causa de justificação mais importante no que se refere à revelação de segredos do paciente é o consentimento do respectivo paciente.[48]

42 O consentimento (a respeito das condições gerais de um consentimento, cf. já o segundo capítulo sobre intervenções médicas curativas) deve estar presente no momento da ação delitiva, ou seja, no momento da revelação. O consentimento subsequente não anula a antijuridicidade (no entanto, o paciente nesse caso normalmente não vai apresentar uma representação criminal). O consentimento deve ter se tornado externamente reconhecível, mas não é necessário que tenha sido expressamente declarado.

43 É suficiente que o consentimento seja tacitamente expresso por meio de um comportamento correspondente. No entanto, o consentimento precisa advir desse comportamento de forma clara. Um exemplo é o exame admissional por um médico da empresa antes de iniciar uma relação de emprego.[49] Aqui, a disposição de ser examinado pelo médico inclui uma declaração concludente de que o empregado concorda com a divulgação dos resultados do exame ao empregador, desde que essa informação seja relevante para a relação de trabalho. O consentimento não precisa ser dado por escrito, mas a forma escrita serve ao médico como prova de que o consentimento está disponível.

44 Um consentimento eficaz também pressupõe que o consentinte possa dispor do bem jurídico. A pessoa a quem o segredo se refere tem o direito de dispor dele; só pode consentir na revelação de segredos de pacientes aquele paciente que é afetado pela revelação.

45 A situação é problemática no caso dos chamados segredos de terceiros, ou seja, segredos que não dizem respeito ao paciente, mas a um terceiro, e dos quais o médico toma conhecimento durante o tratamento, ou por meio do paciente ou de alguma outra forma. Isso pode acontecer, por exemplo, se o médico perguntar, durante a anamnese do paciente, sobre doenças hereditárias na família.

47. A respeito do erro de tipo permissivo e das visões defendidas a respeito, cf. *Wessels/Beulke/Satzger* StrafR AT nm. 697 ss.; *Hilgendorf/Valerius* StrafR AT § 8 nm. 40 ss.

48. Segundo outra posição, a autorização para divulgação já exclui a tipicidade, tratando-se do chamado acordo [*Einverständnis*], MüKoStGB/*Cierniak/Pohilt* § 203 nm. 55; *Lackner/Kühl* StGB Vorbem. §§ 201 ss. nm. 2.

49. Roxin/Schroth HdB MedStrafR/*Braun* 296.

Nesses casos, surge a questão de se o paciente pode consentir na revelação do segredo ou se esse consentimento é reservado apenas ao afetado pelo segredo, ou seja, ao terceiro.[50] Considerando o fim de proteção do § 203 StGB, o paciente também pode dar esse consentimento: isto se justifica, em parte, pelo fato de que, neste caso, a confiança geral no dever de sigilo do médico não seria abalada;[51] outra justificativa é o fato de que aquele a quem se refere o segredo já não é mais carente de proteção, se ele mesmo compartilhou o seu segredo com o ora paciente.[52] **46**

Os menores de idade também têm capacidade para consentir. O decisivo não é a capacidade de fato (ou de exercício), que só se torna ilimitada a partir dos 18 anos, mas sua capacidade natural de compreender e tomar decisões.[53] **47**

3. O consentimento presumido

A causa de justificação do consentimento presumido é sempre considerada caso o consentimento do paciente não possa ser obtido, por exemplo, porque ele está inconsciente ou sofre de uma doença que exclui sua capacidade de tomar decisões, ou seja, quando ele não pode consentir. **48**

Se, por outro lado, o consentimento puder ser obtido, o consentimento presumido só poderá ser utilizado como causa de justificação em casos excepcionais, nomeadamente quando o paciente não tiver, obviamente, qualquer interesse em manter sigilo em relação a uma pessoa específica,[54] como, por exemplo, um parente, ou se o consentimento não puder ser obtido por razões terapêuticas. Isso ocorre, por exemplo, quando o próprio paciente, por razões terapêuticas, não pode ser totalmente informado sobre o diagnóstico, mas ele, presumivelmente, consentiria que seus parentes soubessem da verdade sobre seu estado de saúde.[55] Por outro lado, o fato de que o consentimento só pode ser obtido em circunstâncias difíceis ou com alto custo não é suficiente para presumi-lo.[56] **49**

No caso de consentimento presumido, deve ser analisado se o paciente, caso fosse capaz de consentir, consentiria na revelação de seu segredo. Não é necessário avaliar o interesse objetivo do paciente, mas determinar sua real vontade considerando todas as circunstâncias relevantes. Na maioria **50**

50. Em relação a este, MüKoStGB/*Cierniak/Pohilt* § 203 nm. 76.

51. Schönke/Schröder/*Lenckner/Eisele* StGB § 203 nm. 23.

52. NK-StGB/*Kargl* § 203 nm. 55.

53. → Cap. 2 nm. 26 s.

54. BGHZ 122, 115 (120).

55. MüKoStGB/*Cierniak/Pohilt* § 203 nm. 84; NK-StGB/*Kargl* 3 203 nm. 61.

56. MüKoStGB/*Cierniak/Pohilt* § 203 nm. 84.

das vezes, o consentimento presumido é utilizado para justificar o ato de informar parentes. Aqui também é necessário atentar, no entanto, para o fato de que, prioritariamente, o paciente deve ser questionado, e apenas nos casos acima mencionados pode-se lançar mão do consentimento presumido.

4. Estado de necessidade justificante

51 A divulgação de um segredo também pode ser justificada pelo estado de necessidade justificante do § 34 StGB. Para tanto, é necessário, em primeiro lugar, haver uma situação de estado de necessidade, a saber, um perigo atual para um bem jurídico digno de ser protegido em estado de necessidade. De acordo com o § 34 StGB, os bens jurídicos dignos de serem protegidos em estado de necessidade são, primariamente, a vida ou a integridade física, a saúde, a liberdade ou a honra. Além disso, a ação deve ser necessária, ou seja, a revelação do segredo teria que ser idônea e, dentre as idôneas, o meio menos grave para repelir efetivamente o perigo. Além disso, é necessário ponderar os interesses envolvidos, ou seja, o interesse afetado (nesse caso, o de manter os fatos em sigilo) e o interesse a ser protegido, devendo este predominar substancialmente sobre o outro.

52 Para que se possa justificar a violação do sigilo médico é necessário que um bem jurídico de alto valor esteja ameaçado e o perigo não possa ser evitado senão pela revelação do segredo. Um exemplo disso é a colocação em perigo dos outros usuários do tráfego viário por um paciente alcoólatra que, como o médico sabe, dirige seu carro para o trabalho todos os dias em estado de embriaguez. Outro exemplo é o perigo a uma parceira de um paciente com AIDS que, de forma consciente, não a informa sobre a doença e aceita que o contágio possa ocorrer.[57] Em ambos os casos, o bem jurídico protegido predomina sobre o direito do paciente ao sigilo sobre sua doença, mas sempre é necessária uma ponderação no caso concreto.

53 O médico precisa, além disso, verificar se não resta à sua disposição um meio menos grave que a revelação do segredo, por exemplo, a notificação sobre a doença às autoridades públicas ou à parceria. Deve-se considerar, inicialmente, o efeito sobre o paciente. O médico só pode revelar o segredo caso o paciente pareça irrazoável e exista o risco de que ele mantenha seu comportamento e, portanto, coloque em perigo um bem jurídico. No entanto, só existe um direito de revelação, não existe um dever de revelação em razão do § 34 StGB.

57. OLG Frankfurt NJW 2000, 875.

5. Exercício de interesses legítimos

Em certos casos, o médico pode divulgar fatos sob sigilo e, com isso, quebrar seu dever de sigilo, caso ele esteja exercendo interesses legítimos. Isso é reconhecido, por um lado, caso ele, para se defender de uma reivindicação de indenização por danos, tenha que revelar fatos sujeitos ao sigilo,[58] e, por outro lado, caso ele próprio deva apresentar tais fatos para fazer valer sua reivindicação por cobrança.[59] No entanto, o fundamento dogmático é controverso. De fato, há um princípio geral derivado do § 193 StGB de que a pessoa que exerce interesses legítimos está justificada. No entanto, este princípio não pode ser usado no contexto em questão, uma vez que o § 193 StGB pressupõe uma ponderação de bens jurídicos que, nos casos relevantes, não estaria a favor dos interesses financeiros do médico.[60] **54**

6. Deveres e direitos legais de revelação do segredo

Uma gama de disposições legais exige que o médico revele fatos sujeitos à proteção do § 203 StGB a determinados órgãos públicos. O fundamento para isso é que, nesses casos, o legislador entende que o interesse público é predominante ao interesse do paciente em relação ao sigilo. No entanto, as informações só podem ser comunicadas a determinados órgãos públicos. Em especial, o Código de Direito Social [*Sozialgesetzbuch*] contém várias obrigações de revelação de segredo quando se trata de cobrança de serviços médicos (§§ 294 ss. SGB V). De acordo com os §§ 138, 139 Abs. 3 StGB, o médico tem o dever de relatar determinados crimes, mas ele tem o direito de decidir se relata, caso o segredo lhe tenha sido confiado enquanto médico. Outras obrigações de revelação estão contidas, por exemplo, nos §§ 6 a 15 da Lei de Proteção Contra Infecções [*Infektionenschtuzgesetz*] e no § 32 da Lei Federal de Registros de Residentes [*Bundesmeldegesetz*]. **55**

58. MüKoStGB/*Cierniak/Pohilt* § 203 nm. 86; Schönke/Schröder/*Lenckner* StGB § 203 nm. 33.

59. BGH NJW 1991, 2955.

60. NK-StGB/*Kargl* 3 203 nm. 70.

§ 10. Corrupção e estelionato em cobranças

I. Corrupção com e sem infração funcional [*Vorteilsannahme und Bestechlichkeit*]

O financiamento privado é um fator econômico importante na medicina, sem o qual nosso sistema de saúde não poderia mais existir. Os fundos privados da indústria farmacêutica são usados para criar postos médicos e financiar uma grande parte da pesquisa médica nos hospitais universitários. Por isso, a arrecadação de financiamento privado é expressamente prevista no § 25 da Lei de Ensino Superior alemã [*Hochschulrahmengesetz*]. Em alguns estados alemães, as instituições de ensino superior são até mesmo obrigadas a contribuir para o financiamento das suas tarefas por meio da arrecadação de fundos privados; como exemplo, pode-se citar a Baviera (Art. 5 Abs. 1 S. 2 da Lei do Ensino Superior da Baviera [*Bayerisches Hochschulgesetz*]). Da mesma forma, as empresas farmacêuticas auxiliam os médicos na participação em congressos e conferências; sem esse auxílio, muitos médicos não poderiam comparecer a tais eventos em razão dos altos custos de voos, acomodações e taxas de participação. Por outro lado, há o risco de empresas farmacêuticas influenciarem a prática médica induzindo o uso apenas de seus próprios medicamentos. Em termos jurídico-penais, a arrecadação de financiamento privado pode vir a configurar os delitos de corrupção passiva sem infração funcional (*Vorteilsannahme* – § 331 StGB) e com infração funcional (*Bestechlichkeit* – § 332 StGB). 1

1. A corrupção passiva sem infração funcional [*Vorteilsannahme*]

Nos termos do § 331 Abs. 1 StGB, é punido por corrupção passiva quem, na condição de funcionário público, funcionário público europeu ou de encarregado especial para o serviço público, em razão do cumprimento da função, requer, aceita promessa de ou recebe vantagem para si ou para outrem. 2

a) O médico enquanto funcionário público

3 O autor não pode ser qualquer pessoa, só pode ser autor do delito algum funcionário público (europeu) ou encarregado especial para o serviço público. Portanto, o médico que trabalha em um consultório ou uma clínica particular não pode ser responsabilizado por corrupção passiva. O mesmo se aplica a casos de médicos que trabalham em hospitais de instituições eclesiásticas, mesmo que elas sejam entidades de direito público (Art. 140 GG/ Art. 137 WRV).[1] No entanto, eles podem ser punidos nos termos do § 299 Abs. 1 StGB (corrupção privada), cf. → cap. 10 nm. 22 ss.

4 A situação é diferente no que se refere a médicos (ou outros profissionais da área médica) que trabalham em hospitais do setor público. Funcionários públicos não são apenas os empossados em cargo público, mas também os médicos empregados. O conceito de funcionário público também compreende, segundo o § 11 Abs. 1 Nr. 2c StGB, todas as pessoas que estejam em uma relação de trabalho ou de encargo para uma função pública e, com isso, desempenhem funções da administração pública.[2] Desde que a instituição seja operada pela administração pública, atendendo ao interesse geral como um serviço público, a forma de organização é irrelevante. O médico pode ser funcionário público sendo a clínica operada na forma de uma sociedade de responsabilidade limitada autônoma (GmbH) ou de uma empresa municipal não-autônoma [*unselbständiger Eigenbetrieb einer Gemeinde*[*]].[3]

5 Por outro lado, é controverso se um médico conveniado a planos de saúde públicos se torna funcionário público ao ser autorizado a realizar tratamentos por conta dos planos de saúde.[*] Alguns afirmam que sim, com base no fato de que o médico conveniado, com a admissão, passa a cumprir tarefas públicas

1. *Ulsenheimer* ArztStrafR nm. 994 s.

2. LK-StGB/*Hilgendorf* § 11 nm. 33, 53.

[*] NT: O termo *unselbständiger Eigenbetrieb* designa uma forma de organização do direito público alemão, na qual os empreendimentos, principalmente econômicos, são liderados por municípios/associações de municípios e associações com propósito especial.

3. *Ulsenheimer* ArztStrafR nm. 990.

[*] NT: Ser assegurado por um plano de saúde na Alemanha é uma obrigação de todos os residentes (§ 5 Soziagesetzbuch – SGB). Alguns médicos aceitam receber o valor pelo tratamento diretamente da Associação dos Médicos Conveniados (Kassenärztliche Vereinigung – § 87b I 1 SGB) – que, por sua vez, recebe o valor do plano de saúde do assegurado – e são chamados de "niedergelassene Vertragsärzte" (antigamente, de "Kassenärzte"), aqui: médicos conveniados. Existem vários planos de saúde, tanto públicos como privados. Os outros médicos são chamados de "Privatärzte" (Gebührenordnung für Ärzte um 1982 – GOÄ), que conhecemos no Brasil como médicos particulares. Esses médicos não aceitam planos de saúde e recebem seus honorários diretamente do paciente, que, posteriormente, cobra o reembolso do seu plano de saúde.

dos seguros de saúde públicos e, portanto, ao prescrever medicamentos, atua como braço do Estado.[4] No entanto, de acordo com a opinião majoritária, ele não se torna funcionário público, porque não há conexão organizacional com os planos de saúde e a atividade de prescrição do médico não é uma atividade oficial.[5] O BGH também rejeita a condição de funcionário público do médico conveniado, com o argumento de que, na relação entre médico conveniado e paciente, o relacionamento pessoal é tão mais importante, que o caráter oficial do cumprimento das tarefas públicas se torna secundário.[6] Essa é uma razão importante pela qual, no final de 2015, o governo federal da Alemanha apresentou ao congresso alemão um projeto de lei[*] para combater a corrupção no setor de saúde[7] (→ Cap. 10 nm. 28 s.).

b) Vantagem no sentido do § 331 StGB

O fato deve estar orientado à obtenção de uma vantagem, que o médico quer para si ou para outrem. A vantagem não precisa ser patrimonial. O termo *vantagem* abrange todo e qualquer benefício material ou imaterial, por meio do qual o médico termine, de uma perspectiva objetiva, em uma melhor situação econômica, jurídica ou pessoal e ao qual ele não tenha qualquer direito.[8] 6

Uma vantagem material é a entrega de dinheiro. Não importa se o médico coloca esse dinheiro nos próprios bolsos ou se o destina a terceiros. Por isso, a vantagem pode ser, por exemplo, uma doação financeira para o próprio médico ou também para a clínica ou para outros pacientes ou médicos. Além do pagamento em dinheiro, também configuram vantagens materiais o pagamento de viagens a congressos ou conferências, estadias em hotéis, voos, ingressos gratuitos para eventos esportivos ou shows para o médico, além da compra de equipamento técnico ou de outros bens para a clínica. Também é possível pensar em vantagens na forma de intermediação de outros empregos ou concessão de um empréstimo. 7

Vantagens imateriais também são consideradas vantagens no sentido do § 331 StGB, caso, por um lado, tenham um conteúdo objetivamente mensurável e, por outro lado, resultem em uma melhoria real da situação do funcionário público.[9] Essa fórmula é alvo de críticas, porque, sem a 8

4. *Neupert* NJW 2006, 2811 (2813).

5. *Kötzer* NStZ 2008, 12 (16); *Fischer* StGB § 11 nm. 22e.

6. BGH NJW 2012, 2530 (2532).

[*] NT: O projeto de lei foi aprovado e entrou em vigor no dia 4 de junho de 2016.

7. BT-Drs. 18/6446.

8. BGHSt 47, 295 (304); *Fischer* StGB § 331 nm. 11.

9. BGHSt 47, 295 (304).

mensurabilidade objetiva de uma melhoria de situação, não seria possível afirmar uma vantagem.[10] Exemplo de vantagem imaterial reconhecida é a melhoraria das perspectivas de emprego. Nisso se incluem também o aumento das oportunidades profissionais, caso o médico, com isso, termine em uma situação objetivamente melhor.[11] Segundo a antiga opinião da jurisprudência, a própria satisfação da ambição, da vaidade ou da necessidade de admiração já seria uma vantagem imaterial.[12] No entanto, essa jurisprudência já foi abandonada.[13]

9 A existência de uma vantagem pelo fato de o médico ter direito por contrato à contribuição e essa remuneração ser adequada para sua atividade é controversa. Alguns respondem afirmativamente.[14] A vantagem também pode estar na celebração de um contrato que traga, como consequência, benefícios ao médico, mesmo que a remuneração seja adequada. Porque, caso contrário, o recebimento de vantagens poderia sempre ser resolvido por meio da celebração de um contrato correspondente. Outros afirmam não haver qualquer vantagem.[15]

c) O exercício da função médica

10 A vantagem deve estar relacionada ao exercício da função médica. Diferentemente do § 331 StGB (versão antiga), não é mais necessário que a vantagem seja concedida em troca de uma ação própria do serviço médico, sendo suficiente que haja apenas uma relação com o exercício da função. O exercício da função inclui o desempenho de todas as tarefas atribuídas ao médico e realizadas por ele de forma profissional. Em relação a esse critério, basta a competência abstrata do médico, não é necessária uma competência concreta para cada tarefa.[16] As tarefas do médico podem incluir, por exemplo, o tratamento de pacientes, a prescrição e o pedido de medicamentos, a realização de palestras e a participação em congressos e reuniões. Ações puramente privadas, por outro lado, não configuram exercício da função. Ações praticadas em uma atividade paralela, mesmo que seja usado conhecimento profissional, também não são consideradas exercício da função.[17]

10. *Fischer* StGB § 331 nm. 11e.

11. Schönke/Schröder/*Heine/Eisele* StGB § 331 nm. 18; *Fischer* StGB § 331 nm. 11e.

12. BGHSt 14, 123 (128).

13. BGHSt 47, 295 (304).

14. BGHSt 31, 264 (279 s.), BGH NStZ 2008, 216 (217); OLG Celle NJW 2008, 164 s.; NK-StGB/*Kuhlen* § 331 nm. 52 s.; MüKoStGB/*Korte* § 331 nm. 71 ss.; OLG Celle NJW 2008, 164 s.

15. BGH NJW 2006, 225 (Turma Cível).

16 *Fischer* StGB § 331 nm. 6.

17. *Fischer* StGB § 331 nm. 7.

Ao contrário do delito de corrupção passiva com infração funcional, segundo o § 332 StGB, o exercício da função, no contexto do § 331 Abs. 1 StGB, também se verifica em relação a comportamentos permitidos e admissíveis. **11**

d) O pacto de injusto

Uma elementar (não escrita, mas central) dos delitos de corrupção é o chamado pacto de injusto.[18] Isso é expresso pela palavra "em razão" do exercício da função. O fundamento desse pacto de injusto é a finalidade de proteção dos delitos de corrupção: eles são projetados para garantir que não haja nenhuma conexão entre doações a funcionários e o exercício de seus serviços e não seja gerada a impressão de que o serviço é exercido de certa forma em razão de vantagens que os funcionários adquirem de terceiros. Portanto, a atividade do funcionário não deve despertar a suspeita de "do ut des" (*toma lá, dá cá*). **12**

O conteúdo do pacto de injusto consiste em um compromisso entre funcionários públicos e doadores, no sentido de haver um vínculo entre benefício e serviço. Esse pacto deve ser aceito pelo menos de forma tácita pelas partes. O médico precisa estar ciente de que existe uma relação de reciprocidade e que ele recebe o benefício em razão do exercício da função. **13**

Com a substituição do termo "ação própria do serviço" por "exercício da função", pode-se pensar em um afrouxamento no critério do pacto de injusto.[19] Não seria mais necessário que uma ação específica do serviço estivesse vinculada ao benefício. Também estariam abrangidas doações não específicas, que serviriam apenas para "melhorar o clima" com o funcionário público, ou seja, para criar uma "boa vontade geral" deste em relação ao doador.[20] No entanto, essa interpretação conduz a consideráveis dificuldades na delimitação em relação a benefícios não-puníveis. Não é possível haver uma delimitação geral, o relevante são as circunstâncias do caso concreto, que devem ser ponderadas umas em relação às outras por meio de uma avaliação geral.[21] Em relação a essa avaliação, os seguintes aspectos podem ser pertinentes: o montante das doações, a motivação e o interesse subjetivo do doador e a natureza e duração da relação negocial respectiva.[22] **14**

18. Schönke/Schröder/*Heine/Eisele* StGB § 331 nm. 35; *Lackner/Kühl* StGB § 331 nm. 10a; MüKoStGB/*Korte* § 331 nm. 93.

19. *Heinrich* em AWHH StrafR BT § 49 nm. 26; Schönke/Schröder/*Heine/Eisele* StGB § 331 nm. 30.

20. *Fischer* StGB § 331 nm. 24.

21. Schönke/Schröder/*Heine/Eisele* StGB § 331 nm. 28.

22. *Ulsenheimer* ArztStrafR nm. 1012.

15 O pacto de injusto é negado caso, por razões organizacionais, o médico não tenha nenhuma influência sobre o pedido de remédios, por não integrar a a comissão farmacêutica que decide sobre a lista dos medicamentos.[23] Além disso, a ausência de aumento no uso da medicação da empresa doadora nos casos sob responsabilidade do médico permite concluir que a empresa doadora não vinculou o benefício à execução da função do médico.[24]

16 A conexão do injusto é ainda excluída no caso de prestações socialmente adequadas, que sejam vistas como algo educado ou sejam aceitas como uma cortesia, e, de uma perspectiva social, sejam comuns e geralmente aprovadas, como lembranças de pequeno valor antes do natal e brindes publicitários com valor inferior a 30 euros.[25]

e) Ação do delito: requerer, aceitar promessa ou obter

17 A ação do delito é requerer, aceitar promessa ou obter uma vantagem. O médico requer uma vantagem quando ele indica expressa ou implicitamente que deseja uma vantagem em razão do seu serviço.[26] Exige-se mais do que apenas uma pergunta ou um pedido, um requerimento é afirmado quando há um exercício de uma pressão ou a colocação de uma desvantagem em perspectiva.

18 Um médico aceita a promessa de uma vantagem quando ele aceita expressa ou implicitamente uma oferta de uma prestação futura. Por sua vez, a obtenção de uma vantagem é afirmada quando o médico recebe o benefício com a vontade de aproveitá-lo para si ou destiná-lo a um terceiro.

19

Esquema de análise do § 331 StGB

1. Tipo objetivo
   a) Tipo objetivo
      aa) sujeito ativo
      bb) vantagem em razão do exercício da função do médico
      cc) requerer, aceitar promessa ou obter
      dd) pacto de injusto
   b) Tipo subjetivo
2. Antijuridicidade
3. Culpabilidade

23. *Ulsenheimer* ArztStrafR nm. 1014.

24. *Ulsenheimer* ArztStrafR nm. 1014.

25. *Fischer* StGB § 331 nm. 26a.

26. *Fischer* StGB § 331 nm. 18.

2. Corrupção passiva com infração funcional, § 332 StGB [*Bestechlichkeit*]

O delito de corrupção passiva com infração funcional do § 332 StGB pressupõe que a vantagem obtida influencie uma ação violadora do dever, que já tenha sido executada ou venha a ser executada futuramente, ou uma decisão discricionária inapropriada. Um exemplo de decisão discricionária é a seleção e o pedido de medicamentos. O fato de um serviço futuro prometido ou de uma decisão discricionária virem a ser de fato realizados é irrelevante. O fator decisivo é que o médico dê a impressão de que se deixará influenciar pela vantagem concedida em sua futura decisão. Ele deve se mostrar disposto, de acordo com o § 332 Abs. 3 StGB, a ser influenciado pela vantagem. **20**

21

Esquema de análise do § 332 StGB

1. Tipicidade
   - a) Tipo objetivo
     - aa) sujeito ativo
     - bb) vantagem em razão do exercício da função do médico
     - cc) requerer, aceitar promessa ou obter
     - dd) pacto de injusto
     - **ee) adicionalmente ao § 331: vantagem como contraprestação para uma ação de serviço violadora do dever que tenha sido ou ainda venha a ser realizada**
   - b) Tipo subjetivo
2. Antijuridicidade
3. Culpabilidade

3. O delito de corrupção passiva com infração funcional nas relações comerciais, § 299 StGB

O tipo penal do § 299 foi adicionado ao StGB pela Lei de Combate à Corrupção de 13.08.1997. Ao contrário dos delitos de corrupção passiva, ele não protege a confiança coletiva na integridade do serviço público, mas sim a concorrência livre e justa. **22**

Segundo o § 299 StGB, é punível quem, como empregado ou encarregado de uma empresa, nas relações comerciais, **23**

> 1. requer, aceita promessa ou obtém uma vantagem para si ou para outrem como contraprestação por, na obtenção de bens

ou serviços, dar preferência a um outro em uma concorrência nacional ou internacional de forma desleal, ou

2. sem o consentimento da empresa, requer, aceita promessa ou obtém uma vantagem para si ou para outrem como contraprestação por realizar ou omitir uma ação na obtenção de bens ou serviços e, com isso, viola seus deveres em relação à empresa.

24 Assim como o delito de corrupção passiva sem infração funcional, o tipo penal do § 299 StGB é um delito especial. Só pode ser sujeito ativo do delito o empregado ou encarregado de uma empresa. Hospitais são considerados empresas comerciais, de modo que o delito abrange médicos empregados em hospitais e clínicas.

25 Por outro lado, é controverso se o médico conveniado, como encarregado dos planos de saúde, também é sujeito ativo do delito. Essa questão tem considerável relevância prática, uma vez que ela decide, segundo o direito vigente, se o médico conveniado pode cometer o delito por doações de empresas farmacêuticas ou não. Segundo uma opinião, o médico conveniado é representante no sentido do § 299 Abs. 1 StGB. O plano de saúde é uma empresa. Em razão da procuração que lhe é conferida pelo plano de saúde para firmar contratos de compra de medicação ou outros meios de tratamento em nome do plano de saúde, o médico é um encarregado.[27] No entanto, esse ponto de vista é questionado pelo fato de que o médico conveniado trabalha como profissional liberal e, como tal, não é obrigado em relação aos planos de saúde. Em particular, não há relações contratuais entre médicos conveniados e seguros de saúde que o confiram poderes para a celebração de contratos,[28] uma vez que a Associação dos Médicos Conveniados está interposta em relação a estas duas partes.[29] Mesmo na visão do BGH, o médico conveniado não é um encarregado no sentido do § 299 StGB.[30] A iniciativa legislativa para o combate à corrupção no sistema de saúde também é vista como uma reação às lacunas jurídicas em relação à aceitação de doações por médicos conveniados.[31]

26 A ação delitiva do § 299 StGB corresponde àquela dos delitos de corrupção passiva. A elementar "de forma desleal" tem o mesmo significado que o pacto de injusto nos delitos dos §§ 331, 332 StGB.

27. *Pragal* NStZ 2005, 133 (134 s.).

28. *Geis* wistra 2005, 369 (370); *Ulsenheimer* ArztStrafR nm. 1048 s.

29. *Geis* wistra 2007, 361 (362); *Klötzer* NStZ 2008, 12 (14).

30. BGH NJW 2012, 2530.

31. BT-Drs. 18/6446; a esse respeito, a seguir.

Esquema de análise do § 299 StGB 27

1. Tipicidade
   a) Tipo objetivo
      aa) sujeito ativo
      bb) atuação em relação comercial
      cc) requerer, aceitar promessa ou obter vantagem
      dd) pacto de injusto
   b) Tipo subjetivo
2. Antijuridicidade
3. Culpabilidade

4. O projeto de uma lei para combate à corrupção no sistema de saúde

Em 21 de outubro de 2015, o governo federal alemão apresentou um projeto de lei para o combate à corrupção no sistema de saúde.[32] O projeto contém, dentre outros, os novos tipos penais de "corrupção passiva com infração funcional no sistema de saúde" (§ 299a-E) e "corrupção passiva sem infração funcional no sistema de saúde" (§ 299b-E). Essas regras têm como objetivo principal proteger a concorrência justa no sistema de saúde e a confiança dos pacientes na integridade das decisões no âmbito do tratamento médico.[33] 28

O § 299a-E diz o seguinte:

> "(1) aquele que, como membro de uma profissão médica, cujo exercício ou utilização do título profissional exija formação técnica regulamentada pelo Estado, em função do exercício de sua profissão, ao prescrever ou fornecer medicamentos, remédios, produtos auxiliares ou produtos médicos ou ao encaminhar pacientes ou requerer material de exame, requer, aceita promessa de ou obtém uma vantagem para si próprio ou para outrem para
>
> 1. favorecer alguém em concorrências nacionais ou internacionais de forma injusta ou

32. BT-Drs. 18/6446.

33. BT-Drs. 18/6446, 12 s.

> 2. violar o seu dever profissional de preservar a independência da profissão médica, é punido com pena restritiva de liberdade de até três anos ou pena de multa.
>
> (2) Aquele que, como membro de uma profissão médica no sentido da Abs. 1, requer, aceita promessa ou obtém uma vantagem como contraprestação para, ao obter medicamentos, remédios, produtos auxiliares ou produtos médicos destinados à entrega a pacientes, violar seu dever profissional de preservar a independência da profissão médica, é punido da mesma forma."

29 O projeto é essencialmente motivado pela decisão do BGH[34] de que o médico conveniado não é funcionário público nem encarregado dos planos de saúde estatutários e, por isso, não está sujeito à aplicação dos § 331, 299 StGB.[35] O âmbito de aplicação pessoal do § 299a-E vai – também por isso – além daqueles dos §§ 299, 331 s. StGB. Em relação ao recebedor, o tipo penal abrange todos os membros de "uma profissão médica que dependa de formação regulamentada para o seu exercício ou utilização do título profissional".[36] Isso inclui, por exemplo, médicos e farmacêuticos, mas também os chamados profissionais da saúde, como enfermeiros ou fisioterapeutas.[37] Estruturalmente, o § 299a-E corresponde ao vigente § 299 StGB, cuja interpretação, por isso, poderia ser muito frutífera caso os novos tipos penais entrassem em vigor[*].[38]

5. O financiamento privado

30 O delito de corrupção passiva com infração funcional, em princípio, também é aplicável ao financiamento privado. No entanto, sem contribuições financeiras da indústria farmacêutica, a pesquisa médica é praticamente impossível. Os médicos e as universidades não têm meios financeiros para executar estudos complexos e dispendiosos, para participar de conferências no exterior e trocar informações com os seus colegas estrangeiros em conferências, simpósios etc. Por esta razão, o financiamento privado não é inadmissível *per se*. Pelo contrário, a jurisprudência tende a afirmar sua

34. BGH NJW 2012, 2530.

35. BT-Drs. 18/6446, 1, 11.

36. BT-Drs. 18/6446, 7.

37. BT-Drs. 18/6446, 17.

[*] NT: O projeto de lei foi aprovado pelo parlamento alemão e os tipos penais dos §§ 299a e 299b StGB entraram em vigor no dia 4 de junho de 2016 (BGBl 2016, I 1254 ss.), com algumas diferenças em relação ao texto exposto acima.

38. Da mesma forma, já em BT-Drs. 18/6446, 1, 17 s., 21.

admissibilidade desde que o procedimento prescrito pelo direito relativo aos financiamentos privados seja respeitado.[39]

Segundo a decisão do BGH de 23 de maio de 2002, o principal é que a transparência do fluxo de caixa seja respeitada, ou seja, deve haver "o maior grau possível de transparência". Igualmente importante é a possibilidade de controle, que é alcançada, por um lado, por uma abrangente documentação e, por outro, pelos deveres de autorização e de notificação às autoridades de controle.[40] Com isso, o BGH acentua os seguintes princípios que sempre devem ser respeitados no financiamento privado: *o princípio da transparência, o princípio da documentação e o princípio da autorização ou da notificação.* Caso eles sejam respeitados, a elementar do pacto de injusto é negada (cf. → Cap. 10 nm. 12 ss.). 31

Paralelamente, em diversos códigos de conduta, o princípio da separação é adicionalmente citado como pressuposto fundamental para a obtenção de financiamento privado. O *princípio da separação* estabelece que deve haver uma separação estrita entre o setor com responsabilidade pela obtenção de financiamentos privados e o setor com responsabilidade pelas despesas, ou seja, pelas compras, pelos pedidos etc. A pessoa que recebe as subvenções da indústria farmacêutica não pode ser a responsável pela compra de medicamentos, de dispositivos médicos etc.[41] Dessa maneira, evita-se o surgimento de impacto nas prestações e contraprestações. 32

Outros princípios são o princípio do *cash-free* [*Bargeldlosigkeit*], da *distância das contas*, do *proveito comum* e da *proporcionalidade*.[42] Os benefícios financeiros não podem ser pagos em dinheiro vivo. Do princípio da separação deriva-se o princípio da distância das contas, ou seja, o médico receptor não pode ter acesso a contas do setor de obtenção de recursos. Os benefícios financeiros, além disso, também devem ser de interesse comum, ou seja, devem beneficiar a clínica, a pesquisa e/ou o paciente, os interesses privados do médico devem ser desconsiderados.[43] Caso o financiamento privado se relacione a uma contraprestação, ele tem que ser proporcional. 33

Mesmo levando em consideração as prescrições do BGH, há sempre um perigo para o médico de ser exposto à aparência de recebimento de vantagens. Tendo em vista o fato de que os promotores têm que iniciar suas investigações já a partir da existência de uma suspeita inicial, recomenda-se 34

39. BGHSt 47, 295 (306).

40. BGHSt 47, 295 (307 s.).

41. *Ulsenheimer* ArztStrafR nm. 1061.

42. *Ulsenheimer* ArztStrafR nm. 1064 ss.

43. *Ulsenheimer* ArztStrafR nm. 1066.

fortemente, na literatura, que todos esses princípios, inclusive o princípio da separação, sejam respeitados com exatidão no exercício de cooperações entre a indústria e a ciência médica, para não se expor a qualquer suspeita.[44] É especialmente importante que os princípios não sejam interpretados pelas partes de forma restritiva a seu favor, mas de forma objetiva e de acordo com a jurisprudência dos tribunais superiores.[45]

II. Estelionato em cobranças

1. Introdução

35 O delito de estelionato em cobranças desempenha um grande papel na prática, mesmo porque em razão dele há um enorme prejuízo econômico a cada ano.[46] Deve ser feita uma distinção entre o estelionato em cobranças praticado por médicos conveniados em prejuízo da Associação dos Médicos Conveniados, que lida com todo o faturamento destinado aos seguros de saúde, e o estelionato em cobranças praticado pelo médico particular. Nos dois âmbitos, há grupos de casos típicos que serão discutidos a seguir.[47] Eles têm em comum, no entanto, o fato de que todos eles são abrangidos pelo tipo penal de estelionato do § 263 Abs. 1 StGB.

2. Pressupostos

36 O tipo objetivo do estelionato pressupõe que o autor seja enganado, que surja um erro por conta dessa fraude (engano), que haja uma disposição patrimonial e um dano patrimonial. No plano subjetivo, o autor tem que agir dolosamente e com a intenção de enriquecer. O dolo tem que abarcar a antijuridicidade objetiva do enriquecimento intencionado.

a) Fraude

37 O estelionato em cobranças pressupõe, de acordo com o § 263 Abs. 1 StGB, primeiramente, uma fraude. Essa fraude consiste na simulação de fatos falsos ou na distorção ou supressão de fatos verdadeiros. No âmbito do faturamento médico, existem inúmeras maneiras de simular fatos falsos ao plano de saúde ou ao paciente privado. Isso é facilitado em razão de ser muito difícil controlar o médico: o paciente não tem conhecimento sobre o processo de faturamento médico e a Associação dos Médicos Conveniados

44. *Ulsenheimer* ArztStrafR nm. 1060; *Satzger* ZStW 2003, 469 (497 s.); *Laufs* NJW 2002, 1770.

45. *Ulsenheimer* ArztStrafR nm. 1060.

46. Diferenciando, *Ulsenheimer* ArztStrafR nm. 1075.

47. Cf. Wabnitz/Janovsky HdB Wirtschafts-/SteuerstrafR/*Hilgendorf* § 13 nm. 12 ss.

só pode comprovar a fatura com base na documentação médica, mas não é possível verificar se o serviço profissional foi de fato realizado.

Exemplos de simulações de fatos falsos por médicos conveniados aos planos de saúde são a cobrança por serviços não realizados ou não totalmente realizados e a cobrança de serviços que, contrariando o dever do médico, não são realizados pessoalmente por ele. Outra possibilidade de fraude consiste na valoração de taxas ou na atribuição de serviços conscientemente falsas.[48] **38**

Até mesmo o médico particular pode fraudar informações sobre serviços não prestados. Além disso, a fraude também é afirmada quando o médico chefe finge, em seu faturamento privado, ter realizado serviços para os pacientes que, na realidade, foram realizados por seus assistentes. **39**

Em ambos os casos, no entanto, é necessário haver uma fraude sobre um fato.[49] Mas a mera cobrança de honorários não contém, segundo a opinião majoritária, uma fraude de um fato.[50] Pelo contrário, o médico, nessa situação, estaria expressando uma opinião jurídica. Portanto, segundo essa visão, só é possível haver fraude por parte do médico em relação a fatos subjacentes à cobrança. De acordo com outra visão preferencial, uma afirmação jurídica incorreta também pode conter uma falsa afirmação de fato, relevante ao estelionato.[51] **40**

Em relação a isso, o grupo de casos nos quais o médico conveniado não inclui na fatura o desconto ou bônus que recebe dos fabricantes é problemático. Considera-se uma fraude por omissão, cuja punibilidade, entretanto, pressuporia um dever legal de revelação. Se um tal dever existe é controverso.[52] **41**

b) Surgimento de um erro

Outro pressuposto do estelionato é o surgimento de um erro. Nesse aspecto, por meio da fraude, surge um erro por parte do respectivo funcionário responsável pela fatura na Associação dos Médicos Conveniados. Em relação a isso, não é necessário que o funcionário verifique as faturas individuais **42**

48. Outros exemplos em Roxin/Schroth HdB MedStrafR/*Schroth/Joost* 187 ss.

49. A lei, no § 263 StGB, fala em simulação de um fato inverídico [*Vorspiegelung einer falschen Tatsache*]: a rigor, no entanto, apenas afirmações sobre os fatos, e não os próprios fatos, podem ser "inverídicas".

50. *Fischer* StGB § 263 nm. 11.

51. *Hilgendorf*, Tatsachenaussagen und Werturteile, 205 ss.; cf. Também roxin/Schroth HdB MedStrafR/*Schroth/Joost* 192.

52. A esse respeito, *Ulsenheimer* ArztStrafR, nm. 1114 ss.; Roxin/Schroth HdB MedStrafR/*Schroth/Joost* 192 s.

ou colha amostras aleatórias. É suficiente ter a confiança geral de que os médicos conveniados só cobram pelos serviços e custos verdadeiros.[53]

43 No faturamento particular realizado pelo médico chefe, não se afirma um erro por parte do paciente caso ele tenha, como é prática comum em hospitais, assinado um contrato no qual ele se decide por um médico de sua escolha [*Wahlarztvereinbarung*]. Desse contrato advém o fato de que a fatura pessoal do médico chefe se iguala à fatura dos médicos subordinados que estejam sob sua supervisão profissional e instrução.[54] Um estelionato em cobranças é negado, nesses casos, especialmente porque, em razão da cobrança de honorários juridicamente efetiva não advém um dano patrimonial.

c) Disposição patrimonial e dano patrimonial

44 A vítima deve dispor de seu patrimônio por erro, por exemplo, transferindo um certo valor de seu patrimônio para o autor. De forma mais genérica, disposição de patrimônio é qualquer ação, tolerância ou omissão que afete diretamente o patrimônio.[55] A disposição de patrimônio tem quer ser realizada pela pessoa que restou em erro.

45 Nos casos de fraude pelo médico conveniado, a disposição e o dano patrimoniais não recaem sobre o plano de saúde. O respectivo funcionário do plano de saúde, do qual a Associação dos Médicos Conveniados cobra a remuneração total pelo serviço, até pratica disposição patrimonial. No entanto, essa disposição não está baseada em um erro do funcionário. A disposição patrimonial é praticada pela própria Associação dos Médicos Conveniados: ao afirmar a remuneração total, ela dispõe do patrimônio de seus médicos conveniados, e eles sofrem danos patrimoniais.[56] Isso é suficiente para se afirmar um estelionato do § 263 StGB, uma vez que quem dispõe do patrimônio não precisa necessariamente ser o mesmo a tomar o prejuízo.

46 No caso de uma cobrança médica privada, a disposição patrimonial é realizada pelo paciente. O dano ocorre ao patrimônio dele ou, no caso de reembolso, do seu plano de saúde privado ou do órgão público de assistência.

47 No caso de danos patrimoniais, surge um problema quando o médico conveniado frauda meramente o cumprimento das formalidades, como, por exemplo, o emprego de um assistente não autorizado ou o emprego de sociedades aparentes. A jurisprudência afirma, nesse caso, um dano

53. BGH MedR 2006, 721 (724).

54. *Ulsenheimer* ArztStrafR nm. 1118.

55. *Heinrich* em AWHH StrafR BT § 20 nm. 69.

56. *Ulsenheimer* ArztStrafR nm. 1105 ss.

patrimonial em razão da visão estritamente formal da lei de seguros sociais, mesmo que os serviços tenham sido realmente praticados.[57] No entanto, esta opinião é criticada, com razão, na literatura. O conceito de patrimônio do estelionato não é formal, mas econômico.[58] Economicamente, no entanto, não há qualquer dano, caso o paciente tenha sido tratado de forma adequada e este fato tenha sido faturado de forma correta. A mera violação de formalidades não pode, portanto, fundamentar um dano patrimonial.[59]

d) Dolo e intenção de enriquecer

O médico tem que atuar, pelo menos, com dolo eventual, ou seja, ele **48**
deve, ao menos, reconhecer a possibilidade da fraude e do erro, da disposição e do dano patrimoniais e aceitá-los. A delimitação entre culpa consciente e dolo eventual pode ser difícil nos casos concretos. E isso especialmente nos casos em que a questão não é relativa à prestação real de serviços, mas a taxas e procedimentos. Caso o médico, aqui, considere seu faturamento correto, ele não está atuando dolosamente.

Além disso, o médico deve querer obter uma vantagem patrimonial **49**
ilícita "correlata" [*stoffgleich*] ao dano patrimonial. Isso significa que a vantagem almejada pelo autor tem que ser a "outra face da moeda" do dano sofrido pela vítima. A "correlação" do dano patrimonial sofrido pelo plano de saúde é negada no caso em que o médico conveniado prescreve serviços desnecessários ao paciente. Nesse caso, o paciente é enriquecido por esses serviços, o dano ao seguro de saúde, no entanto, consiste na omissão do direito de regresso em relação ao médico.[60]

57. BGH NStZ 1995, 85 s.; OLG Koblenz MedR 2001, 144 (145).

58. *Heinrich* em AWHH StrafR BT § 20 nm. 69.

59. *Volk* NJW 2000, 3385 (3388); *Ulsenheimer* ArztStrafR nm. 1121 ss.; Schönke/Schröder/*Cramer/Perron* StGB § 263 nm. 112a ss.

60. BGH NJW 2004, 454 (455); *Fischer* StGB § 263 nm. 189.

50

Esquema de análise do estelionato em cobranças

1. Tipicidade
   a) Tipo objetivo
      aa) engano
      bb) erro
      cc) disposição patrimonial
      dd) dano patrimonial
   b) Tipo subjetivo
      aa) dolo
      bb) intenção de enriquecer
2. Antijuridicidade
3. Culpabilidade

§ 11. Novos desafios

O avanço tecnológico na medicina coloca médicos, pesquisadores, pacientes e sociedade diante de questões sempre novas. O direito penal da medicina também deve enfrentar esses novos desafios. 1

I. A auto-otimização do homem: o aperfeiçoamento [*enhancement*]

1. A tendência à auto-otimização

Já há alguns anos é possível observar uma nova evolução na medicina: ela é cada vez mais usada não apenas para a cura dos doentes, mas também para o aperfeiçoamento da condição de pessoas saudáveis. Cirurgia estética, doping e engenharia genética são apenas alguns exemplos dessa mudança. Esses aperfeiçoamentos não são realizados apenas na aparência externa, os desempenhos esportivo ou profissional também são aperfeiçoados, por exemplo, pela ingestão de medicamentos. Em um futuro não muito distante, será até mesmo possível, com os métodos da engenharia genética, otimizar as propriedades das próximas gerações, mais ou menos, "por encomenda". 2

Até o momento, essa evolução só foi discutida no direito em relação a certos aspectos, como doping esportivo, financiamento de cirurgias estéticas, admissibilidade da manipulação genética de embriões etc. Nos países de língua anglo-saxã, o fenômeno como um todo é muitas vezes referido como tendência ao aperfeiçoamento humano [*human enhancement*].[1] Sob esse título estão incluídas "todas as intervenções corretivas no corpo humano que não sirvam ao tratamento de qualquer doença ou não tenham indicação clínica".[2] Também se pode falar em auto-otimização humana. 3

1. Cf. *Lenk*, Therapie und Enhancement; *FLHRBS*, Enhancement.

2. *Fuchs*, "Enhancement" em Korff/Beck/Mikat, Lexikon der Bioethik, 604.

4 A busca pela auto-otimização não é nova. Qualquer treinamento mental ou esportivo ou até mesmo o uso de maquiagem nada mais é que uma forma de "aperfeiçoamento". No entanto, os recursos mudaram tão significativamente, que é necessário lançar um novo olhar para o fenômeno e seus aspectos individuais. Novas técnicas estão ampliando o leque de possibilidades de otimização além dos limites do que se podia imaginar até aqui. O crescente controle sobre a evolução, em especial, tem o potencial de mudar essencialmente a sociedade.[3] Entender esses desenvolvimentos pode ajudar a estruturar de forma mais clara muitas das discussões atuais no direito da medicina e no direito penal da medicina assim como a compreender melhor a situação problemática.

2. Desenvolvimentos atuais

a) Cirurgias estéticas

5 A cirurgia estética, atualmente, tem taxas de crescimento significativas. Na Alemanha, foram realizadas cerca de 344.000 cirurgias estéticas em 2013, como as de aumento de mama. Somam-se a isso as cerca de 311.000 medidas não-cirúrgicas, como aplicações de Botox.[4]

6 Essa "indústria do embelezamento humano" está influenciando cada vez mais nossas exigências sobre a aparência externa e a atitude em relação à "condição natural" da constituição humana. Paulatinamente, as diferenças individuais e o envelhecimento são vistos, ao que parece, mais como fatores de tormento do que como parte da vida humana. Em países emergentes, talvez especialmente nesses, a cirurgia estética é uma tendência atual. Na Ásia, estão se tornando cada vez mais populares não apenas as cirurgias a laser para correção de distúrbios de visão – que também têm aspectos cosméticos –, mas também a mudança na forma dos olhos ou no design de um corpo "feminino". Nos EUA, a mudança de traços étnicos é um movimento já observado há um bom tempo, que parece problemático em termos de identificação com a própria individualidade e ascendência.[5]

b) Doping físico e mental

7 Embora o doping já exista desde a antiguidade, suas dimensões atuais e o atual envolvimento de médicos também o transformaram, hoje, em

3. Neste sentido, já *Flämig* APuZ 1985 B3, 3 ss.

4. *Kaufmann*, Deutsche spritzen immer häufiger Botox, Handelsblatt vom 24.8.2014, acessível em: https://www.handelsblatt.com/technik/medizin/trend-bei-schoenheit-soperationen-deutsche-spritzen-immer-haeufiger-botox/10746612.html (acesso em 5.5.2015).

5. *Brock* em Parens, Enhancing Human Traits, 63 s.

um problema da medicina.[6] O uso de drogas para aumentar o desempenho nos esportes é conhecido.[7] O objetivo do doping não é apenas melhorar o desempenho atlético, mas também otimizar a aparência externa, por exemplo, com a utilização, por razões puramente estéticas, de esteroides anabolizantes para aumento da massa muscular ou de "pílulas de emagrecimento".

O doping está se difundindo cada vez mais em outras áreas da vida. É possível, por exemplo, encomendar substâncias na internet para aumentar a capacidade de memória e de concentração ou para auxiliar na luta contra o estresse causado pelas provas. Embora essas substâncias possam provocar menos efeitos colaterais do que o consumo de anfetaminas, já difundidas há muito tempo, ou de outras drogas ilegais, também devem ser esperados sérios riscos à saúde. Além disso, a concorrência é prejudicada em detrimento daqueles que se recusam a consumi-las. 8

A questão voltou à pauta midiática por meio do advento da nova Lei Antidoping.[8] Atletas que querem obter vantagens competitivas por meio de doping podem ser punidos com pena restritiva de liberdade de até três anos. No entanto, esse delito abrange apenas atletas que, enquanto membros de um grupo de testes de um sistema de verificação de doping, estejam sujeitos a controles de treinamento ou que almejem "rendimentos substanciais" por meio do esporte. Atletas amadores, portanto, estão excluídos do âmbito de aplicação da pena por prática de doping proibido. Se um atleta estrangeiro na Alemanha viola a lei, ele também pode ser apenado. Além disso, a aquisição e a propriedade de substâncias proibidas para fins de doping também sujeitam os autores de forma irrestrita (ou seja, sem qualquer restrição quantitativa) às penas do referido delito. 9

c) O aperfeiçoamento da geração futura – IVF, PID, tecnologia genética

Um novo nível de aperfeiçoamento poderia ser alcançado no futuro por meio da medicina reprodutiva e da genética. Já é prática comum em outros países eliminar embriões geneticamente doentes para a inseminação artificial. Pelo menos teoricamente, essa seleção poderia se estender a outras características, quais sejam, aos gêneros, à aparência externa ou até mesmo, em dadas circunstâncias, ao caráter. Por meio da combinação da inseminação artificial com a alteração de material genético, no futuro, poderia ser possível não apenas a seleção, mas até mesmo a manipulação da geração futura, ou seja, a criação de um "bebê desejado". 10

6. *Linck* NJW 1987, 2545 (2546).

7. Doping, FAZ online, acessível em: http://www.faz.net/aktuell/sport/sportpolitik/doping/ (acesso em 5.5.2015).

8. BGBl. 2015 I, 2210 ss.

d) Avaliação conjunta

11 Os desenvolvimentos esboçados têm semelhanças relevantes na avaliação moral e jurídica. Eles estão, sem exceção, vinculados a intervenções, de maior ou menor intensidade, no estado físico, cujos efeitos colaterais são, às vezes, significativamente conhecidos, outras vezes, nem sequer conhecidos. É também digno de nota o fato de que a maioria dessas novas intervenções requer a participação direta de terceiros. Muitos "aperfeiçoamentos" convencionais só foram mais ou menos possíveis em razão da ação de alguém que aspirava melhorar uma de suas características. Por outro lado, em relação a cirurgias estéticas, consumo de medicamentos para aperfeiçoamento de desempenho ou manipulações genéticas, é a participação de pesquisadores, médicos ou farmacêuticos que se faz essencial.

12 Muitos dos novos métodos também são, além disso, caros e, muitas vezes, é questionável quem deve pagar seus custos. Em relação à cirurgia estética, o problema da categorização de intervenções pagas e intervenções não pagas pelos planos de saúde é conhecido.[9] Mas esse problema pode aumentar: quem deve pagar pela seleção de embriões geneticamente saudáveis, pelas substâncias de dopings para estudantes, pela correção de defeitos estéticos? A princípio, a resposta parece óbvia: aquele que deseja se aperfeiçoar. Mas, por outro lado, é questionável se é justo que pessoas com melhor situação financeira possam continuar a expandir suas vantagens sociais, ao passo que os financeiramente desafortunados não usufruem dos aperfeiçoamentos modernos.[10]

13 A importância da aparência externa, da inteligência artificialmente aprimorada e do aperfeiçoamento genético aumenta com a possibilidade de sua otimização e também por meio da demanda.[11] A pressão para implementar tais medidas a fim de "manter o passo" está aumentando e deve, portanto, ser considerada ao se discutir a admissibilidade de tais medidas.

II. O diagnóstico genético preditivo

14 O diagnóstico genético preditivo é um campo futuro interessante no contexto da genética e da pesquisa de medicamentos. Isso se tornou possível por meio da pesquisa e (pelo menos parcialmente) da decodificação do genoma humano. Já não é mais necessário pesquisar o histórico de doença dos parentes de um paciente, senão que já se espera, a partir das características genéticas do próprio paciente, poder conhecer a probabilidade de que ele

9. *Lanzerath*, Krankheit und ärztliches Handeln, 327.

10. Neste sentido, já *Lanzerath*, Krankheit und ärztliches Handeln, 328.

11. *Brock* em parens, Enhancing Human Traits, 62 s.

esteja sofrendo ou venha a sofrer de uma doença específica. No entanto, os diagnósticos genéticos preditivos também levantam algumas questões éticas e jurídicas.

As primeiras questões que surgem são: em quem se deve realizar tais exames? Há necessidade de uma forma especial de esclarecimento aos pacientes e, em caso afirmativo, em que medida devem ser recomendados aos familiares cuidados posteriores ou a extensão de cuidados já praticados? Além disso, também é problemático saber como lidar com a informação genética obtida e, especialmente, em que medida será possível limitar esse uso por meio de médicos.[12] **15**

Mesmo em relação a exames e tratamentos "normais", os médicos às vezes enfrentam problemas a respeito da extensão do esclarecimento, sobre quem envolver nesse esclarecimento e também sobre quais exames poderiam ser contraproducentes para o paciente.[13] Esses problemas se agravam no contexto de investigações genéticas. O impacto dos resultados no paciente e em seu círculo pode ir muito além daquele proveniente de um diagnóstico normal. Apenas como um exemplo, pode-se mencionar a possibilidade de se descobrir que pessoas fisicamente saudáveis irão desenvolver uma doença de Huntington e morrerão em razão dela.[14] Caso o defeito genético seja diagnosticado, isso significa cem por cento de probabilidade do desenvolvimento da doença, mas também que os pais, filhos e irmãos do paciente igualmente poderiam possuir o mesmo defeito genético sem que saibam. **16**

Portanto, caso haja a suspeita de que um paciente possua esse específico defeito genético, vários aspectos devem ser considerados antes de um exame. É preciso se questionar a respeito de como o paciente pode lidar com a notícia de que, nos próximos anos, morrerá inevitavelmente de uma doença extremamente dolorosa. Portanto, é necessário esclarecer com antecedência, além de discutir durante a consulta, se, em certos casos, a falta de conhecimento da doença não pode ser melhor para o paciente ou ainda de que maneira ele pode reagir à informação.[15] Em qualquer caso, é necessário assegurar que o paciente não seja abandonado sozinho com os resultados de um teste genético. **17**

Soma-se a isso o problema do impacto sobre os parentes do paciente. **18**
Os interesses deles devem ser levados em consideração especialmente em

12. A respeito das reações sociais aos desenvolvimentos da tecnologia genética, cf. *Stockter*, Verbot genetischer Diskriminierung, 37 ss.

13. → Cap. 2 nm. 66.

14. *Kovács*, Prädiktive genetische Beratung in Deutschland, eine empirische Studie, 2008, acessível em: www.ssoar.info/ssoar/handle/document/21613.

15. Meincke/Kosinski/Zerres/Maio Der Nervenarzt 2003, 413 ss.

relação a doenças como a Coreia de Huntington, que certamente levam à morte e em relação às quais a probabilidade de parentes também sofrerem da doença é muito alta.

19 Uma decisão recente do BGH[16] tratou do problema neste contexto: a requerente não acusava o médico de um esclarecimento incorreto ou omisso. Em vez disso, ela pedia indenização ao médico por danos morais e materiais em razão de ter informado ao seu ex-marido sobre ser portador da doença de Huntington. Devido à ausência de parentesco genético com o doente, a autora da ação, que não era paciente do médico acusado, não era diretamente afetada pela doença que havia sido diagnosticado em seu ex-marido, mas os filhos em comum provavelmente sim.[17] A requerente sofria de depressão reativa desde que tomara conhecimento da doença do ex-marido, o que conduziu a uma doença certificada como permanente e a uma incapacidade laboral.

20 No entanto, o BGH negou à demandante uma indenização nos termos do § 823 Abs. 1 e 2 BGB. O bem jurídico afetado seria, por um lado, a saúde da autora da ação. No entanto, o direito à indenização não existiria devido à falta de nexo de imputação entre o esclarecimento prestado e o dano à saúde. O fato de uma doença grave de um dos pais, que possivelmente também atinge a saúde dos filhos em comum, ser identificada e de um dos outros pais vir a ser comunicado seria um destino que os pais poderiam vivenciar em qualquer momento e, portanto, constitui um risco geral da vida. Esse risco não é um dos perigos que o § 823 Abs. 1 BGB deveria proteger. Por outro lado, também o direito geral à personalidade poderia ter sido violado em sua dimensão de um direito a não saber. O direito a não saber sobre a própria predisposição genética é reconhecido. No entanto, o BGH negou qualquer direito à indenização, uma vez que a requerente não poderia ter sido afetada em seu direito a não saber, por lhe faltar parentesco genético com o paciente.[18]

21 Investigações genéticas também levantam outros problemas em relação à proteção individual, especialmente, em relação ao tratamento dos dados obtidos durante o exame genético e à sua possível disponibilidade para outras pessoas (empregadores, companhias de seguros etc.). As pessoas que, por meio de testes genéticos, são conhecidas por terem disposição genética para uma doença genética correm o risco de não serem empregadas e/ou não serem asseguradas por alguma companhia de seguro (privado). Portanto, é necessário discutir como evitar o perigo de que grupos inteiros de pessoas,

16. BGH NJW 2014, 2190.

17. *Schneider* NJW 2014, 3133.

18. A esse respeito, *Schneider* NJW 2014, 3133 ss.

cuja disposição genética para doenças até então não é conhecida, possam ser postos “de lado”.

Neste contexto, questiona-se a existência de um dever estatal de prevenir tal discriminação. Um dever estatal de proteção como esse poderia advir do Art. 3 Abs. 1 GG (princípio da igualdade) ou do Art. 2 Abs. 1 c/c o Art. 1 Abs. 1 GG (direito geral da personalidade), que também fundamentam a Lei Geral de Igualdade de Tratamento de 2006.[19] 22

III. Técnicas de geração de imagens

As modernas técnicas de geração de imagens apresentam também sérios desafios médicos e jurídicos. Como exemplos, podem ser mencionadas a tomografia por emissão de pósitrons (PET) e a ressonância magnética (RM), por meio das quais tornou-se possível, nas últimas décadas, obter percepções espetaculares da estrutura e função do sistema nervoso central. O uso desses procedimentos não-invasivos também possibilita novas abordagens para a elucidação de processos mentais de importância central para a autocompreensão do ser humano. Consciência, memória, sentimentos, livre arbítrio e moralidade são apenas algumas das palavras-chave indicadoras das controversas discussões sobre a concepção de ser humano evocadas por meio das novas técnicas de geração de imagens.[20] 23

Esses procedimentos registram a atividade cerebral das pessoas examinadas em determinadas situações. O neuropesquisador americano Libet realizou experimentos espetaculares, nos quais foram investigadas a sequência temporal da atividade cerebral e a percepção da decisão consciente. Durante a investigação, verificou-se que o cérebro já está ativo antes mesmo que o próprio sujeito pensasse ter tomado uma decisão. A partir disso foi possível concluir parcialmente que a nossa crença em possuir um livre-arbítrio é uma ilusão, já que nossos cérebros tomam decisões de forma antecipada. Enquanto isso, há muitos outros experimentos de neurocientistas que podem ter efeitos sobre o direito (penal) e sua interpretação. Entre outras coisas, deve-se provar por meio da atividade de certas áreas cerebrais se uma pessoa não diz a verdade. Desta forma, a discussão sobre o detector de mentiras será levada a um outro nível.[21] 24

IV. Robótica médica e a conexão entre homem e máquina

Cada vez mais a medicina de hoje vem sendo moldada pelo uso de máquinas. Por um lado, aumenta-se constantemente o emprego de máquinas 25

19. BGBl. 2006 I, 1897 s.

20. *Hillenkamp* JZ 2005, 313 ss.; *Fischer* StGB Vor § 13 nm. 9 ss.

21. *Hilgendorf* FS Yenisey, 913 ss.

enquanto "ferramentas", como, por exemplo, de robôs cirúrgicos, mas, por outro lado, também há uma conexão cada vez maior entre homem e máquina. Esses desenvolvimentos podem impactar significativamente a realidade da medicina e sua integração social e jurídica, bem como nossa concepção de ser humano.

26 O emprego de robôs conduz, entre outras coisas, a novas questões relacionadas à responsabilidade civil e criminal. Afinal, ao contrário dos casos em que um cirurgião atua sozinho (e, por isso, é o único responsável pelas consequências de suas ações), a "divisão de tarefas" com robôs pode levar a novas distribuições de responsabilidade. Caso, por exemplo, o robô tenha sido programado de forma incorreta e venha a causar danos, obviamente, não é apenas o cirurgião o responsável por tais danos. Por isso, nesse contexto, é particularmente importante investigar com exatidão as causalidades dos danos.

27 E essa discussão ainda adquire uma importância particular quando o robô "aprende" sozinho, ou seja, quando incorpora novas experiências ao seu antigo horizonte de experiências e extrai novas conclusões a partir delas. A questão aqui é saber se o responsável por tais falhas é o programador, que define as condições, o usuário, que está ensinando, ou até mesmo – como alguns defendem – o próprio robô.[22] Em última análise, essa questão continua sendo relegada ao caso individual, mas é necessário acompanhar de perto os desenvolvimentos e definir as condições da responsabilidade.

28 No futuro, a conexão entre homem e máquina será de grande significado: a substituição de partes do corpo humano por peças tecnológicas artificiais ou, em sentido limitado, por "máquinas" não é sequer novidade – articulações ou próteses dentárias artificiais já pertencem há um bom tempo ao dia a dia da prática médica. O uso de cadeiras de rodas também representa, em certo sentido, uma conexão entre homem e máquina. Esses métodos, até agora, não criaram desafios para a valoração de métodos médicos ou do conceito de ser humano. No entanto, considerando-se os efeitos da possibilidade de uma respiração artificial – em última análise, também da substituição dos pulmões por uma máquina – para o debate sobre a eutanásia, a autonomia do paciente e os limites do comprometimento da medicina com a cura, a fusão incipiente entre homem e máquina se mostra relevante em relação à abordagem e tratamento das pessoas.[23] Há algum tempo, pacientes com a chamada "síndrome do encarceramento" adquiriram a possibilidade de se comunicarem diretamente com seus cérebros por meio de conexões diretas

22. Panorama sobre o estado da discussão em *Schulz*, Verantwortlichkeit bei autonom agierenden Systemen.

23. A esse respeito, ver as contribuições de *Beck* e *Hilgendorf* em: Menschenwürde und Medizin, 997 ss. e 1047 ss.

do cérebro com máquinas. Em alguns desses pacientes, quase todos os músculos estão paralisados, e o funcionamento do corpo só é possível por meio da conexão com máquinas.

Outra evolução relevante é o uso dos chamados "marca-passos cerebrais". Esses dispositivos foram originalmente projetados para permitir que os pacientes de Parkinson vivessem uma vida livre de sintomas. No entanto, eles criam consideráveis problemas éticos e jurídicos: o emprego de dispositivos tecnológicos que têm influência sobre os fluxos eletrônicos do cérebro humano já é por si só um desafio para o conceito de ser humano e para a regulamentação legal. Caso um determinado movimento de um paciente de Parkinson não seja causado pela vontade própria do mesmo, mas em razão de uma máquina, passa a ser questionável se esse movimento ainda se trata de um movimento "seu" e se ele é responsável por possíveis consequências advindas desse movimento. **29**

Vale ainda mencionar as questões gerais adicionais que todo novo método médico levanta: quais são os riscos para a saúde? Até onde é possível fazer experimentos com pessoas? Até onde é possível salvaguardar a autonomia dos pacientes? Quais podem ser os impactos de uma implantação em massa? E finalmente: de que forma esses procedimentos devem ser financiados? **30**

De um jeito ou de outro, seria problemático esperar para responder a essas questões até que a realidade tecnológica tenha alcançado a sociedade. A fusão entre homem e máquina já está em pleno andamento. Mesmo que as novas possibilidades ainda não possam ser previstas na íntegra, esta tendência possivelmente mudará a sociedade de forma mais permanente do que as tecnologias tão problematizadas como a clonagem, a manipulação genética de seres humanos e a seleção de embriões humanos. **31**

V. Sobre a delimitação entre tratamento e aperfeiçoamento

1. Delimitações na medicina e na ética

Em relação a todos esses temas, surge uma questão: como se pode distinguir entre tratamento e aperfeiçoamento? Basicamente, o tratamento é usado para curar doentes, o que vai além disso se trata de aperfeiçoamento de pessoas saudáveis. Assim, o ponto crucial é saber a partir de que momento um estado físico ou mental específico deve ser definido como "doente". **32**

Uma definição de saúde muito difundida foi estabelecida pela OMS: "saúde é um estado de completo bem-estar físico, mental, espiritual e social".[24] Por óbvio, esse estado só pode ser alcançado raramente e, portanto, **33**

24. "Health is a state of complete physical, mental and social well-being and not merely the absence of disease or infirmity." Definição de saúde para a OMS, em Preamble to the

é pouco adequado para servir como critério útil de delimitação no debate ético e jurídico. Por isso, a princípio, faz mais sentido trabalhar com a definição de "doença".

34 Basicamente, "doença" significa um desvio negativo da normalidade. No entanto, é necessário saber qual é o normal subjacente a esse conceito e em que condições um desvio deve ser considerado suficientemente grave para se enquadrar na categoria de doença. Em relação a esse aspecto, são defendidas diferentes visões. Uma categorização é feita por meio da perspectiva pela qual se executa a delimitação entre doença e saúde: objetiva, subjetiva ou social.[25]

35 Segundo o *conceito objetivo de doença*, a condição do paciente é comparada com o "estado normal", ou seja, com as funções normais do corpo, e desvios desse estado normal são chamados de "doença". A normalidade é determinada com referência a valores médios. Esse conceito é analisado com base em diversos exames de sangue, por exemplo, no que respeita à questão de saber se o número de leucócitos no sangue está aumentado (para tanto, há uma certa margem, determinada a partir da média, considerada normal e, portanto, não vista como representativo de doença). Um desvio, ou seja, um número maior ou menor, indica um desvio das funções corporais e, portanto, uma doença.

36 O *conceito subjetivo de doença* é baseado na percepção da pessoa em questão. Em última instância, é doente aquele que se sente doente. Esse sentimento subjetivo pode se desviar do estado objetivo ou não ser perceptível por meio de testes objetivos. Por exemplo, alguém pode estar sentindo dores sem que a causa se manifeste em um desvio do funcionamento normal do corpo ou que algum estado objetivamente normal possa ser sentido como uma debilidade. Especialmente em relação a doenças mentais, pode ter algum significado o fato de a pessoa em questão entender sua condição como uma debilidade.

37 O *conceito social de doença* é baseado na percepção social ou nos efeitos sociais de uma determinada condição. Se essa percepção ou esses efeitos são entendidos como indicativos de "doença" no ambiente social mais próximo e mais distante da pessoa em questão, então afirma-se a existência de uma doença. Isso é possível de ser imaginado, por exemplo, no caso de

Constitution of the World Health Organization as adopted by the International Health Conference, New York, 19-22 June, 1946; signed on 22 July 1946 by the representatives of 61 States (Official Records of the World Health Organization, no. 2, p. 100) and entered into force on 7 April 1948: http://www.who.int/kobe_centre/about/faq/en/ (acesso em 27.9.2018)

25. *Lenk*, Therapie und Enhancement, 27 s.

vítimas da síndrome de "Burn-Out", cujo estado físico não necessariamente se desvia da normalidade e que também não se percebem como doentes, mas não são eficientes no trabalho e, na vida social, não se integram e nem são receptivas, sendo, portanto, consideradas doentes em seu ambiente.

2. Relevância no direito, especialmente no direito penal da medicina

Os termos doença e saúde são relevantes em vários campos do direito. 38
A Constituição Alemã (Art. 2 Abs. 2 Alt. 2) protege a "integridade física", conceito que não abrange a saúde do ser humano apenas em um sentido bio-fisiológico, mas também psíquico (no entanto, o bem-estar social não é abrangido).[26] Além disso, os termos são discutidos dentro de áreas específicas do direito ou de forma relacionada a específicos grupos de casos, porque, dentre outras coisas, se assume não ser possível trabalhar com uma definição unificada devido às especificidades de cada questão.[27] Na realidade, é possível e muitas vezes até necessário definir um conceito específico com um conteúdo diferente para cada área do direito, com a finalidade de atender ao propósito da norma.[28]

Na Lei de Medicamentos, o termo "doença" desempenha um papel 39
na classificação de uma substância como medicamento ou não (§ 2 Abs. 1 Nr. 1 AMG). Essa delimitação também é relevante para a Lei de Drogas.[29] Neste âmbito, o BGH definiu doença como "qualquer perturbação, mesmo que insignificante ou transitória, da condição normal ou da atividade normal do corpo que possa ser curada". O problema dessa definição é que o critério "normal" não possui uma medida de referência expressiva.

A distinção entre saúde e doença também é necessária para a 40
determinação dos deveres médicos civis ou profissionais que, segundo os códigos profissionais, se referem apenas à saúde, não à beleza, à inteligência ou ao desempenho atlético (§ 1 Abs. 1 MBO-Ä 1997, na versão da decisão do 118º Congresso Médico Alemão de 2015 em Frankfurt am Main).

No âmbito dos planos de saúde, a assunção dos custos é decidida com 41
base no termo "tratamento curativo". Embora o conceito tenha sido alargado há alguns anos, as medidas destinadas exclusivamente ao aperfeiçoamento não devem ser custeadas pela coletividade.[30] A esse conceito corresponde

26. *PSKP* StaatsR II nm. 420; O BVerfG deixou o âmbito de proteção aberto para além da saúde no sentido psíquico, cf. BVerfGE 56, 54, 73.

27. Assim, por exemplo, a respeito do conceito de doença, ver *Rieger*, Lexikon des Arztrechtes, 502 nm. 1113.

28. BGH NJW 1981, 1316 (1317); BGHSt 11, 304 (309).

29. BGH NJW 1991, 2359.

30. Com dúvidas, *Brock* em Parens, Enhancing Human Traits, 64 ss.

a definição restrita de doença que se refere a um estado mental e corporal irregular que requer medidas terapêuticas ou se torna perceptível no caso de incapacidade para o trabalho. Portanto, ele se refere a critérios objetivos e à necessidade de medidas terapêuticas.

42 No direito do trabalho, a distinção entre doença e saúde é relevante para o pagamento do salário durante o período de licença e para aspectos da demissão. Basicamente, há uma referência, como no direito social, à definição médica de doença, que deve incluir, além disso, uma incapacidade para o trabalho. O conceito de doença no direito do trabalho inclui, em parte, também o sofrimento psicológico.[31] No entanto, é questionável a partir de que momento e de que gravidade um sentimento de inferioridade, que deve ser combatido por uma medida de aperfeiçoamento, pode ser considerado um transtorno mental.

43 Dos privilégios da profissão médica também surge no direito tributário a necessidade dessa distinção, já que pessoas que tratam doenças não precisam pagar nem imposto comercial nem imposto sobre transações, nos termos do § 14 GewO, § 4 Nr. 14 UStG. Isso deve ser discutido de novo caso o médico não esteja realizando uma atividade de tratamento ou de cura, mas de "aperfeiçoamento".[32] Para tanto, a fim de se avaliar se uma a cirurgia serve "ao tratamento médico de uma doença ou de outro distúrbio de saúde"[33] e, portanto, à proteção da saúde humana, deve-se recorrer à indicação médica e à indicação de reembolso pela instituição de seguro social.[34]

44 A nível internacional, por exemplo, no campo da engenharia genética, também se reconhece tal distinção entre medidas para terapia e para aperfeiçoamentos. Assim, de acordo com o art. 13 da Convenção sobre Biomedicina do Conselho Europeu,[35] uma intervenção destinada a alterar o genoma humano só é permitida para fins preventivos, de diagnóstico ou terapêuticos.

45 A apresentação das várias questões jurídicas nas quais a diferenciação entre saúde e doença é relevante já sugere que as divergências entre os conceitos são problemáticas. As diferenças em relação à classificação de

31. BAG julg. em 5.4.1976, AP nota 40 em relação ao § 1 LohnFG.

32. BFH julg. em 15.7.2004 – V R 27/03; *Linck* NJW 1987, 2545 (2547).

33. BFH julg. em 15.7.2004 – V R 27/03.

34. Em BFH julg. em 15.7.2004 – V R 27/03, não se encontra qualquer fundamentação para a utilização do conceito jurídico-social. Ele está em contradição com BGH NJW 1958, 916 (917), que atenta para o fato de que uma transferência irrefletida de conceitos entre diferentes âmbitos do direito pode contrariar as finalidades das leis.

35. Acessível em http://conventions.coe.int/Treaty/en/Treaties/Html/164.htm (acesso em 7.5.2015).

uma condição como uma doença ou de uma ação como cura não geram dificuldades relacionadas apenas à aplicação das normas, mas também a contradições valorativas.

Uma notável mudança social é visível ao se observar o desenvolvimento geral. Cada vez mais formas de mal-estar, fragilidade, insatisfação etc. são vistas como doenças.[36] Por outro lado, supõe-se que o desenvolvimento de um conceito geral de doença não é viável.[37] Esses problemas talvez pudessem ser resolvidos pelo desenvolvimento sistemático de novos termos. Exemplos podem ser encontrados no direito do trabalho, (no § 3 Abs. 1 EFZG, a incapacidade para o trabalho também consta ao lado do termo doença), ou no direito previdenciário, que se refere à necessidade de tratamento.[38] Dever-se-ia, portanto, encontrar e discutir elementos uniformes de definição para os termos doença e saúde, terapia e aperfeiçoamento, que poderiam ser suplementados ou limitados nos respectivos contextos em razão de especificidades. A questão central sobre se ou sob quais condições e até quais limites o aperfeiçoamento dos seres humanos deve ser admitido só pode ser respondida, pelo menos com base no estado atual de conhecimento da medicina, se houver pelo menos alguns critérios de acordo com os quais a cura pode ser distinguida do aperfeiçoamento, e a doença, da saúde. **46**

36. Laufs/Kern HdB ArztR/*Laufs* § 1 nm. 21.

37. *Schipperges* em Schipperges/Seidler/Unschuld, Krankheit, Heilkunst, Heilung, 485.

38. Laufs/Kern HdB ArztR/*Laufs* § 1 nm. 21.

BIBLIOGRAFIA

Andreas/Debong/Bruns HdB ArztR/*Autor*	Andreas/Debong/Bruns, Handbuch Arztrecht in der Praxis, 2007
AWHH StrafR BT	Arzt/Weber/Heinrich/Hilgendorf, Strafrecht Besonderer Teil, 3. Aufl. 2015
Badura-Lotter, Forschung an embryonalen Stammzellen	Badura-Lotter, Forschung an embryonalen Stammzellen, Zwischen biomedizinischer Ambition und ethischer Reflexion, 2005
Baier, Medizin im Sozialstaat	Baier, Medizin im Sozialstaat, Medizinsoziologische und medizinpolitische Aufsätze, 1978
Beck, Stammzellforschung	Beck, Stammzellforschung und Strafrecht, Zugleich eine Bewertung der Verwendung von Strafrecht in der Biotechnologie, 2006
Becker/Schipperges, Krankheitsbegriff	Becker/Schipperges (Hrsg.), Krankheitsbegriff, Krankheitsforschung, Krankheitswesen, 1995
Below, Der Arzt im römischen Recht	Below, Der Arzt im römischen Recht, 1953
Benda/Maihofer/Vogel HdB VerfassungsR	Benda/Maihofer/Vogel, Handbuch des Verfassungsrechts der Bundesrepublik Deutschland, 2. Aufl. 1994
Binding/Hoche Freigabe der Vernichtung lebensunwertes Leben	Binding/Hoche, Die Freigabe der Vernichtung lebensunwerten Lebens. Ihr Maß und ihre Form, 1920; neu hrsg. und mit einer Einführung versehen von Naucke, 2006.

BJTW, Selbstbestimmung im Sterben	Borasio/Jox/Taupitz/Wiesing, Selbstbestimmung im Sterben – Fürsorge zum Leben: Ein Gesetzesvorschlag zur Regelung des assistierten Suizids, 2014
Bockelmann, Strafrecht des Arztes	Bockelmann, Strafrecht des Arztes, 1968
Borowy, Postmortale Organentnahme	Borowy, Die postmortale Organentnahme und ihre zivilrechtlichen Folgen, 2000
Byrd/Hruschka/Joerden, Jahrbuch für Recht und Ethik	Byrd/Hruschka/Joerden (Hrsg.), Jahrbuch für Recht und Ethik/Annual Review of Law and Ethics, Bd. 15, 2007
Czeguhn/Hilgendorf/Weitzel, Eugenik und Euthanasie 1850 – 1945	Czeguhn/Hilgendorf/Weitzel (Hrsg.), Eugenik und Euthanasie 1850 – 1945. Frühformen, Ursachen, Entwicklungen, Folgen, 2009
Czerner, Euthanasie-Tabu	Czerner, Das Euthanasie-Tabu: Vom Sterbehilfe Diskurs zur Novellierung des § 216 StGB, 2004
Dabrock/Ried, Therapeutisches Klonen als Herausforderung	Dabrock/Ried (Hrsg.), Therapeutisches Klonen als Herausforderung für die Statusbestimmung des menschlichen Embryos, 2005
Damschen/Schönecker, Moralischer Status menschlicher Embryonen	Damschen/Schönecker (Hrsg.), Der moralische Status menschlicher Embryonen. Pro und contra Spezies-, Kontinuums-, Identitäts- und Potentialitätsargument, 2002
Darwin, Die Entstehung der Arten	Darwin, Die Entstehung der Arten durch natürliche Zuchtwahl, übersetzt von Neumann, 1963
Decker, Signatur der Freiheit Dettmeyer, Medizin & Recht	Dettmeyer, Medizin & Recht, Rechtliche Sicherheit für den Arzt, 2. Aufl. 2006
Dierks/Wienke/Eisenmenger, Rechtsfragen der Präimplantationsdiagnostik	Dierks/Wienke/Eisenmenger (Hrsg.), Rechtsfragen der Präimplantationsdiagnostik, 2007
Eser/Lutterotti/Sporken, Lexikon Medizin, Ethik, Recht	Eser/Lutterotti/Sporken (Hrsg.), Lexikon Medizin, Ethik, Recht, 1992
Esser, Verfassungsrechtliche Aspekte der Lebendspende	Esser, Verfassungsrechtliche Aspekte der Lebendspende von Organen zu Transplantationszwecken, 2000

Fabrizy	Fabrizy, Strafgesetzbuch und ausgewählte Nebengesetze (Kurzkommentar), 11. Aufl. 2013
Fischer	Fischer, Strafgesetzbuch und Nebengesetze, 62. Aufl. 2015
FLHRBS, Enhancement	Fuchs/Lanzerath/Hillebrand/Runkel/Balcerak/Schmitz, Enhancement. Die ethische Diskussion über biomedizinische Verbesserungen des Menschen, 2002
Frister StrafR AT	Frister, Strafrecht Allgemeiner Teil, 7. Aufl. 2015
FS Brohm	Der Wandel des Staates vor den Herausforderungen der Gegenwart. Festschrift für Winfried Brohm zum 70.Geburtstag, hrsg. von Eberle/Ibler/Lorenz, 2002
FS Horn	Zivil- und Wirtschaftsrecht im Europäischen und Globalen Kontext, Private and Commercial Law in a European and Global Context, Festschrift für Norbert Horn zum 70. Geburtstag, hrsg. von Berger/Borges/Herrmann (u.a.), 2006
FS Kühl	Festschrift für Kristian Kühl zum 70. Geburtstag, hrsg. von Heger/Kelker/Schramm, 2014
FS Lenckner	Festschrift für Theodor Lenckner zum 70. Geburtstag, hrsg. von Eser/Schittenhelm/Schumann, 1998
FS Miyazawa	Festschrift für Koichi Miyazawa: Dem Wegbereiter des japanisch-deutschen Strafrechtsdiskurses, hrsg. von Kühne, 1995
FS Roxin	Strafrecht als Scientia Universalis. Festschrift für Claus Roxin zum 80. Geburtstag, hrsg. von Heinrich/Jäger/Achenbach/Amelung/Bottke/Haffke/Schünemann/Wolter, 2011
FS Schreiber	Strafrecht – Biorecht – Rechtsphilosophie, Festschrift für Hans-Ludwig Schreiber zum 70. Geburtstag, hrsg. von Amelung/Beulke/Lilie/Rüping/Rosenau/Wolfslast, 2005
FS Schwartländer	Würde und Recht des Menschen, Festschrift für Johannes Schwartländer zum 70. Geburtstag, hrsg. von Heiner/Brugger/Dicke, 1992

FS Sootak	Nullum ius sine scientia, Festschrift für Jaan Sootak, hrsg. von Parmas/Pruks, 2008
FS Tröndle	Festschrift für Herbert Tröndle zum 70. Geburtstag, hrsg. von Jescheck/Vogler, 1989
FS Tübinger Juristenfakultät	Tradition und Fortschritt im Recht, Festschrift gewidmet der Tübinger Juristenfakultät zu ihrem 500jährigen Bestehen, von ihren gegenwärtigen Mitgliedern und in deren Auftrag, hrsg. von Gernhuber, 1977
Gesang, Perfektionierung des Menschen	Gesang, Perfektionierung des Menschen, 2007
Gethmann-Siefers/ Huster, Präimplantationsdiagnostik	Gethmann-Siefers/Huster (Hrsg.), Recht und Ethik in der Präimplantationsdiagnostik, 2005
GS Schröder	Gedächtnisschrift für Horst Schröder, hrsg. v. Stree/Lenckner/Cramer/Eser, 1978
Günther/Taupitz/ Kaiser/*Autor*	Günther/Taupitz/Kaiser, Embryonenschutzgesetz, Juristischer Kommentar mit medizinisch-naturwissenschaftlichen Grundlagen, 2. Aufl. 2014
Hilgendorf, Tatsachenaussagen und Werturteile	Hilgendorf, Tatsachenaussagen und Werturteile im Strafrecht entwickelt am Beispiel des Betruges und der Beleidigung, 1998
Hilgendorf/Valerius StrafR AT	Hilgendorf/Valerius, Strafrecht Allgemeiner Teil, 2. Aufl. 2015; em português, *Direito Penal, Parte Geral*, trad. Por Orlandino Gleizer, São Paulo: Marcial Pons, 2019.
Hippokrates, Ausgewählte Schriften	Hippokrates. Ausgewählte Schriften. Aus dem Griechischen übersetzt und herausgegeben von Hans Diller, 1994
Höfling/*Autor*	Höfling (Hrsg.), Transplantationsgesetz Kommentar, 2. Aufl. 2013
Hörnle, Gutachten C zum DJT 2014	Hörnle, Kultur, Religion, Strafrecht – Neue Herausforderungen in einer pluralistischen Gesellschaft, Gutachten C zum 70. Deutschen Juristentag, 2014

Hoerster, Sterbehilfe im säkularen Staat	Hoerster, Sterbehilfe im säkularen Staat, 1998
Honnefelder/ Streffer,Jahrbuch für Wissenschaft und Ethik	Honnefelder/Streffer (Hrsg.), Jahrbuch für Wissenschaft und Ethik, Bd. 8, 2003
Isensee/Kirchhof HdB StaatsR	Isensee/Kirchhof, Handbuch des Staatsrechts. Bd. V: Rechtsquellen, Organisation, Finanzen, 3. Aufl. 2007
Jäger StrafR AT	Jäger, Examens-Repetitorium Strafrecht Allgemeiner Teil, 7. Aufl. 2015
Jakobs, Tötung auf Verlangen	Jakobs, Tötung auf Verlangen, Euthanasie und Strafrechtssystem, öffentlicher Vortrag vom 2. Februar 1998, vorgelegt von Claus Roxin am 8. Mai 1998
Joerden/Szwarc, Europäisierung des Strafrechts	Joerden/Szwarc (Hrsg.), Europäisierung des Strafrechts in Polen und Deutschland, 2007
Korff/Beck/Mikat, Lexikon der Bioethik	Korff/Beck/Mikat (Hrsg.), Lexikon der Bioethik, 3 Bände, 2000
Kress, Ethik der Rechtsordnung	Kress, Ethik der Rechtsordnung. Staat, Grundrechte und Religionen im Licht der Rechtsethik, 2012
Kress, Medizinische Ethik	Kress, Medizinische Ethik. Gesundheitsschutz, Selbstbestimmungsrechte, heutige Wertkonflikte. 2. Aufl. 2009.
Krey/Heinrich/Hellmann StrafR BT 1	Krey/Heinrich/Hellmann, Strafrecht Besonderer Teil, Band 1, 15. Aufl. 2012
Kühl StrafR AT	Kühl, Strafrecht Allgemeiner Teil, 7. Aufl. 2012
Laufs/Katzenmeier/Lipp ArztR	Laufs/Katzenmeier/Lipp, Arztrecht, 7. Aufl. 2015
Lackner/Kühl	Lackner/Kühl, Strafgesetzbuch mit Erläuterungen, 28. Aufl. 2014
Lanzerath, Krankheit und ärztliches Handeln	Lanzerath, Krankheit und ärztliches Handeln, Zur Funktion des Krankheitsbegriffs in der medizinischen Ethik, 2000

Laufs HdB ArztR/ *Autor*	Laufs, Handbuch des Arztrechts, 2. Aufl. 1999
Laufs/Kern HdB ArztR/*Autor*	Laufs/Kern, Handbuch des Arztrechts, 4. Aufl. 2010
Laufs/Uhlenbruck HdB/*Autor*	Laufs/Uhlenbruck Handbuch des Arztrechts, 3. Aufl. 2002
Lenk, Therapie und Enhancement	Lenk, Therapie und Enhancement. Ziele und Grenzen der modernen Medizin, Münsteraner Bioethik-Studien, Bd. 2, 2002
Lifton, Ärzte im Dritten Reich	Lifton, Ärzte im Dritten Reich, 1988
LK-StGB/*Autor*	Leipziger Kommentar: Strafgesetzbuch, hrsg. v. Laufhütte/Rissing-van Saan/Tiedemann, 12. Aufl. 2006 ff.
Maio/Just, Forschung an embryonalen Stammzellen	Maio/Just, Die Forschung an embryonalen Stammzellen in ethischer und rechtlicher Perspektive, 2003
Maio, Ethik in der Medizin	Maio, Mittelpunkt Mensch: Ethik in der Medizin, 2011
Mann, Biologismus im 19. Jahrhundert	Mann, Biologismus im 19. Jahrhundert, Vorträge eines Symposiums vom 30. bis 31. Oktober 1970 in Frankfurt am Main, 1973
Maurach/Schroeder/ Maiwald StrafR BT 1	Maurach/Schroeder/Maiwald, Strafrecht Besonderer Teil. Teilband 1: Straftaten gegen Persönlichkeits- und Vermögenswerte, 10. Aufl. 2010
Merkel, Tod den Idioten	Merkel, "Tod den Idioten" – Eugenik und Euthanasie in juristischer Rezeption vom Kaiserreich zur Hitlerzeit, 2006
Mitscherlich/Mielke (Hrsg.), Medizin ohne Menschlichkeit. Dokumente des Nürnberger Ärzteprozesses, 1949/1960	Mitscherlich/Mielke (Hrsg.), Medizin ohne Menschlichkeit. Dokumente des Nürnberger Ärzteprozesses (die Zeit des Nationalsozialismus), 1989
Morus, Utopia	Morus, Der utopische Staat: Utopia. Sonnenstaat. Neu-Atlantis, hrsg. v. Heinisch, 1960

MüKoStGB/*Autor*	Münchner Kommentar zum Strafgesetzbuch, hrsg. von Joecks/Miebach, 2. Aufl. 2011 ff.
NK-MedR/*Autor*	Nomos Kommentar zum gesamten Medizinrecht, hrsg. v. Bergmann/Pauge/Steinmeyer, 2. Aufl. 2014
NK-StGB/*Autor*	Nomos Kommentar zum Strafgesetzbuch, hrsg. v. Kindhäuser/Neumann/Paeffgen, 4. Aufl. 2013
Oduncu/Schroth/ Vossenkuhl, Stammzellenforschung und therapeutisches Klonen	Oduncu/Schroth/Vossenkuhl (Hrsg.), Stammzellenforschung und therapeutisches Klonen, 2002
Osterlow, Biostrafrecht	Osterlow, Biostrafrecht. Eine neue wissenschaftliche Teildisziplin. Das Strafrecht vor neuen Herausforderungen, Bd. 6, 2004
Parens, Enhancing Human Traits	Parens (Hrsg.), Enhancing Human Traits: Ethical and Social Implications, 2000
Ponsold, Lehrbuch der gerichtlichen Medizin	Ponsold (Hrsg.), Lehrbuch der gerichtlichen Medizin, 3. Aufl. 1967
PSKP StaatsR II	Pieroth/Schlink/Kingreen/Poscher, Grundrechte Staatsrecht II, 30. Aufl. 2014
Putz/Steldinger, Patientenrechte	Putz/Steldinger, Patientenrechte, 5. Aufl. 2014
Rieger, Lexikon des ArztR	Rieger, Lexikon des Arztrechts, 1984
Roxin/Schroth HdB MedStrafR	Roxin/Schroth (Hrsg.), Handbuch des Medizinstrafrechts, 4. Aufl., 2010
Saliger, Selbstbestimmung bis zuletzt	Saliger, Selbstbestimmung bis zuletzt. Rechtsgutachten zum Verbot organisierter Sterbehilfe, 2015
Schipperges/Seidler/ Unschlud, Krankheit, Heilkunst, Heilung	Schipperges/Seidler/Unschuld, Krankheit, Heilkunst, Heilung, 1991
Schulz, Verantwortlichkeit bei autonom agierenden Systemen	Schulz, Verantwortlichkeit bei autonom agierenden Systemen. Fortentwicklung des Rechts und Gestaltung der Technik, 2015

Schönke/Schröder/*Autor*	Schönke/Schröder, Strafgesetzbuch, 29. Aufl. 2014
Singer, Praktische Ethik	Singer, Praktische Ethik, 2013
SKGO/*Autor*	Schroth/König/Gutmann/Oduncu, Transplantationsgesetz, Kommentar, 2005
Stockter, Verbot genetischer Diskriminierung	Stockter, Das Verbot genetischer Diskriminierung und das Recht auf Achtung der Individualität, 2008
Ulsenheimer ArztStrafR	Ulsenheimer, Arztstrafrecht in der Praxis, 5. Aufl. 2015
Wabnitz/Janovsky HdB Wirtschafts-/SteuerR	Wabnitz/Janovsky (Hrsg.), Handbuch des Wirtschafts- und Steuerrechts, 4. Aufl. 2014
Wessels/Beulke/Satzger StrafR AT	Wessels/Beulke/Satzger, Strafrecht Allgemeiner Teil, 45. Aufl. 2015
Wessels/Hettinger StrafR BT 1	Wessels/Hettinger, Strafrecht Besonderer Teil 1, Straftaten gegen Persönlichkeits- und Gemeinschaftswerte, 36. Aufl. 2012
Wiesing, Ethik in der Medizin	Wiesing (Hrsg.), Ethik in der Medizin, Ein Studienbuch, 4. Aufl. 2012

ÍNDICE REMISSIVO

(Os números em **destaque** indicam o capítulo, enquanto os outros representam a numeração marginal)